资源枯竭地区经济转型公共政策研究

孔微巍　孙延华　著

中国财富出版社

图书在版编目（CIP）数据

资源枯竭地区经济转型公共政策研究／孔微巍，孙延华著．—北京：中国财富出版社，2017.5

ISBN 978－7－5047－6476－8

Ⅰ.①资…　Ⅱ.①孔…　②孙…　Ⅲ.①区域经济—转型经济—公共政策—研究—中国　Ⅳ.①F127②D63－31

中国版本图书馆 CIP 数据核字（2017）第 115272 号

策划编辑　寇俊玲　　**责任编辑**　李彩琴

责任印制　梁　凡　　**责任校对**　杨小静　胡世勋　　**责任发行**　王新业

出版发行　中国财富出版社

社　　址　北京市丰台区南四环西路 188 号 5 区 20 楼　　**邮政编码**　100070

电　　话　010－52227588 转 2048/2028（发行部）010－52227588 转 307（总编室）

010－68589540（读者服务部）　010－52227588 转 305（质检部）

网　　址　http://www.cfpress.com.cn

经　　销　新华书店

印　　刷　北京九州迅驰传媒文化有限公司

书　　号　ISBN 978－7－5047－6476－8/F·2759

开　　本　710mm×1000mm　1/16　　**版　　次**　2017 年 6 月第 1 版

印　　张　18.25　　**印　　次**　2017 年 6 月第 1 次印刷

字　　数　328 千字　　**定　　价**　56.00 元

前　言

传统经济时期在推进工业化的进程中，大批资源型城市伴随着资源开发相继兴起，研究结果显示，在我国 118 座资源型城市中，煤炭城市占 53%；森工城市占 18%；有色冶金城市占 10%；石油城市占 8%；黑色冶金城市占 7%；其他城市占 4%。资源型城市的主导产业是在当地优势资源基础上发展起来的，这种资源导向型的发展模式在工业化和城市化的初期阶段是有其现实意义的。但经过多年的高强度开发，随着城市发展和资源优势的弱化，长期以来以生产为中心的资源型城市发展模式难以适应以市场为中心的经营环境，单纯依赖本地自然资源禀赋以及外来资本的做法可能造成脆弱的区域经济。在资源逐步枯竭的情况下实现资源型城市的产业转型、实现资源型城市向城市经济转变，从而实现资源型城市的可持续发展是当前备受瞩目的问题。

资源型城市战略转型是一个世界性的难题。近年来，随着石油、煤炭、林业等资源萎缩及开采成本增加，我国资源型城市经济发展受到严重制约。在经济改革的进程中，资源型城市在经济转型过程中不同程度地面临着资源枯竭，产业效益下降；产业结构单一，产品结构层次较低，替代产业尚未形成；就业问题突出，社会稳定压力激增；突出的环境污染和自然灾害频发等难题。

为解决资源枯竭地区经济转型问题，2007 年 12 月，国务院出台的《关于促进资源型城市可持续发展的若干意见》（国发〔2007〕38 号），在整合前期扶持政策的基础上，进一步丰富了政策内容，标志着国家有关资源型城市经济转型的政策基本成熟。根据 2013 年国务院最新统计，我国现有成长型资源型城市 31 个，成熟型资源型城市 141 个，资源衰退型城市 67 个，共计 239 座资源型城市。自 2007 年 12 月，国务院出台《关于促进资源型城市可持续发展的若干意见》后，国家发改委自 2008 年以来在财政、金融政策上及财力性转移支付资金方面给予支持。《国务院关于印发全国资源型城市可持续发展规划（2013—2020 年）的通知》（国发〔2013〕45 号文，以下简称《规划》）

确定了成长型、成熟型、衰退型资源型城市共计239座。《规划》的划分为枯竭型资源型城市实施转型和产业升级提供了难得的政策机遇。

然而，在上述政策体系中，政策的具体化和政策的系统性扶持方面还很欠缺。如金融政策方面仅提出“鼓励金融机构在防范金融风险的前提下，设立促进资源型城市可持续发展专项贷款”，与资源型城市的普遍期望差距比较大；同时这些地区由于历史积累的问题较多，非资源产业存量尚待整合、安全生产基础设施薄弱，一些老矿区、老林区的发展仍然存在着较大的困难，缺少实行接续产业项目优先立项政策扶持；缺少实行战略转移开发新区政策等一些更为具体明确和系统化的政策扶持系统。所以解决资源枯竭地区经济转型问题，需要体制的更新、资金的配套、保障体系的健全，同时更需要政府科学制定资源枯竭地区经济转型的各种有效政策，从而充分发挥政策传导效应，这是本书重点阐述和研究的核心内容。

作为2009年国家教育部人文社会科学研究项目基金资助（项目编号：09YJA790055）、2014年国家社科基金项目资助（项目编号：14BJY032）阶段性成果、学科项目HX2016001、省社科联2014年度黑龙江省经济社会发展重点研究课题（项目号：0103）“黑龙江省用好资源型城市接续替代产业政策战略研究”阶段性成果，本书共分九个专题。专题一是在资源枯竭地区经济转型中公共政策系统建设的理性认识中，对公共政策系统的基本理论及资源枯竭地区经济转型与公共政策的内在逻辑进行分析与阐述；专题二对资源枯竭地区经济转型中公共政策传导效应现状及其评价进行分析，重点从资源枯竭地区公共政策主导政策系统和配套政策系统的传导效应程度出发，完善主导、配套政策系统的长效传导机制，做好政策传导效应的评估及评价体系构建对策。同时以五大连池市经济转型效果作实证分析，选取26个指标，从经济发展、社会发展、资源环境发展三个维度出发，通过运用模糊层次综合评价方法，对五大连池市实施转型政策的效果进行评价；专题三对国外资源枯竭地区经济转型中公共政策实施的经验及启示进行分析，分别对德国鲁尔“综合式”政策传导效应、美国休斯敦实施产业链带动地区发展的政策模式、法国洛林资源型城市转型中的金融支持体系政策模式及夏威夷新能源开发“组合拳”的公共政策支持模式进行分析借鉴；专题四主要对资源枯竭型城市经济转型中公共政策系统传导效应进行研究，同时重点对典型资源枯竭型城市焦作市、枣庄市、伊春市、盘锦市、双鸭山市等地的经济转型中公共政策系统传导效应实证分析后，提出了重构资源枯竭城市公共政策系统实现经济成功转型的建议；专题五对资源枯竭地区经济转型中公共政策系统途径进行了分析与阐述，重点应从完善资源枯竭地区主导政策系统的长效传导机制、健全配套政策系统的辅助传导效应、建立规范的公共政策评价指标体系、建立与政策评估信息系统相配套的信息收集制度六方面构建资源枯竭地区经济转型中公共政策系统；专题六主要以构建黑龙江省资源枯竭地区新兴产业公共政策体系为研究对象，分析了黑龙江省资源枯竭地区经济转型中新兴产业公共政策缺失，提出了完善森林资源生态补偿机制的财税政策与东部煤电化基地财政投融资政策，同时，通过设立煤电化产业基金，积极采取 BOT、TOT、PPP 等项目融资模式与直接融资方式来促进煤电化基地建设的政策建议；专题七主要对资源枯竭地区经济转型中的金融支持问题进行了深入研究，本书在对资源枯竭地区经济转型的特殊性分析的基础上，进一步提出了以大庆市、伊春市为依托搭建资源型城市经济转型融资平台的金融政策建议，在对东北地区资源型城市企业价值与融资结构的现状及模型实证研究基础上，得出企业价值与融资结构呈正相关的结论，通过优化融资结构可以提高东北资源型城市上市公司的企业价值，并提出东北资源型城市的各项融资扶持政策；专题八主要对林业资源型城市经济转型策略与公共政策选择进行了研究。在分析林业资源型城市经济转型背景的基础上，对伊春市经济转型策略及产业升级中公共政策实施作了深入阐述，最后提出了完善资源型城市森林资源生态补偿机制财税政策为主的公共政策选择。

本书采用了多学科与新兴学科交叉的综合研究方法，对“资源枯竭型城市经济转型中公共政策系统传导效应实证研究”“构建以大项目为核心的新兴产业体系政策”“资源枯竭地区公共政策系统指标体系构建”“夏威夷新能源开发模式对中国资源型城市经济转型的启示”“建设东部煤电化基地依托财政投融资政策”等内容进行创新性研究。

本书研究的前沿性体现在从宏观视角把控资源枯竭地区经济转型问题，并以公共政策系统与经济转型的关联关系为突破口，以资源枯竭地区经济转型为背景进行了创新性研究。特别是对资源枯竭城市经济转型中公共政策系统传导效应进行量化分析，尤其是在资源枯竭地区经济转型问题中，对“公共政策系统、金融政策、社会保障政策、财税政策、产业政策、政策评价”六个方面都进行创新研究，在国内该领域的研究中处于先进水平；本书研究的创新性主要表现在对公共政策系统、金融政策、社会保障政策、财税政策、产业政策、政策评价六个方面都进行了探索性的创新研究。尤其是在公共政策系统方面实证分析了我国资源枯竭型城市经济转型中公共政策系统传导效应，用模糊层次分析法对资源型城市经济转型政策效果进行评价并创新构建了以矿业为主的资源枯竭地区转型中公共政策评价指标体系。

在开展研究的同时，我们深感这方面的研究只是开个头，需要进一步研究和探索的问题还很多，如资源枯竭型城市在观光农业、生态农业、农业环境保护、农业农田水利等问题及资源枯竭地区就业公共服务体系建设等政策性研究，还需要在现有研究的基础上进行前瞻性与应用性的探讨与分析。

由于可资借鉴的资料与数据有限，研究本身还有许多不足之处，面对较宽泛的内容体系和诸多崭新的研究领域及不断出现的新问题，需要我们做进一步深入探索。

在围绕课题开展实际调研工作中，得到了黑龙江省发改委，黑龙江省人力资源和社会保障厅，中国人民银行哈尔滨中心支行、伊春市中心支行，大庆市市政府，肇东发改委，双鸭山市发改委及五大连池市政府的大力支持和帮助，在此表示诚挚的谢意。

本书由孔微巍教授与孙延华副教授共同完成，其中孔微巍教授对全书的体系结构与内容进行总体设计，负责撰写了第一、第二、第三、第四、第五、第六、第七及第九专题；孙延华老师撰写了第八专题；同时本书在撰写过程中研究生秦伟新、郭世东、王铁坤、王琪、王非非、李金萍、王端坤、赵春蕾、刘仁香、窦慧彬等参加了调研、资料数据收集及部分内容的撰写工作，研究生程坤、李南竹、刘爽、刘聪、程睿参加了数据收集及文字校对工作。同时，本书在撰写中借鉴了一些专家学者的观点，在此一并表示衷心感谢！由于作者水平有限，书中的偏差和疏漏及阐述不妥之处，敬请业界朋友及广大读者赐教！

作　者

2017 年 3 月

目　录

专题一

资源枯竭地区经济转型中公共政策系统建设的理性认识

摘要：近年来，随着我国石油、煤炭、林业等资源萎缩，传统经济时期的大批资源型城市或地区伴随多年的高强度开发，长期以生产为中心的资源型城市发展模式难以适应以市场为中心的经营环境，单纯依赖本地自然资源禀赋以及外来资本的做法可能造成脆弱的区域经济。

根据2013年国务院最新统计，我国现有成长型资源型城市31个，成熟型资源型城市141个，资源衰退型城市67个，共计239座资源型城市。在经济改革的进程中，资源型城市面临着一系列的发展难题。2007年12月，国务院出台《关于促进资源型城市可持续发展的若干意见》后，国家发改委于2008年3月和2009年3月先后确定了44座资源枯竭型城市，并在财政、金融政策上及财力性转移支付资金方面给予支持。2011年国家“十二五”规划纲要提出促进资源枯竭地区转型发展。《国务院关于印发全国资源型城市可持续发展规划（2013—2020年）的通知》（国发〔2013〕45号文）（以下简称《规划》）中确定了成长型、成熟型、衰退型资源型城市共计239座。《规划》的划分为枯竭型资源型城市实施转型和产业升级提供了难得的政策机遇。该类城市在经济转型过程中，不同程度地存在着随着资源枯竭，产业效益下降；产业结构单一，产品结构层次较低，替代产业尚未形成；就业问题突出，社会稳定压力激增；突出的环境污染和自然灾害频发等问题。

我们认为在经济下滑的严峻形势下，应客观审视资源枯竭地区作为一种特殊的区域类型对我国经济发展所起的重要作用，在未来发展潜力的基础之上正视其在可持续发展中面临的诸多问题和矛盾。解决资源枯竭型城市经济转型问题，需要体制的更新、资金的配套、保障体系的健全，同时更需要政府科学制定资源枯竭地区经济转型的各种有效政策，从而充分发挥以公共政策为核心的政策传导效应。资源型城市经济转型在我国属于新事物，原有的政策体系对其无法实施功能保障。对这一类型经济地区需要在城市功能定位、产业升级、社会保障、公共服务等方面给予新的、特殊的政策系统配套支持。

为实现资源枯竭地区经济转型，给予政策功能保障。如何在资源逐步枯竭的情况下实现资源型地区的经济转型、实现资源型地区由资源经济向城市经济的转变，从而实现资源枯竭地区的可持续发展是当前备受瞩目的问题。如今，国家高度重视资源枯竭地区的发展问题，在实现资源型城市经济转型过程中，如何提供政策支持，以及在哪些方面支持，怎样支持，如何评价支持效果等一系列问题，是我们研究的主要目的之一。

本专题主要对公共政策系统、金融政策、社会保障政策、财税政策、产业政策、政策评价等进行了探索性的创新研究。尤其是对公共政策系统、公共政策系统传导效应、公共政策评价等进行了系统性阐述，为资源枯竭地区经济转型提供理论支持。

一、中国资源型城市经济转型中公共政策研究背景及目的

（一）研究背景

资源型城市战略转型是一个世界性的难题。人类社会进入 21 世纪后，资源与人口、环境和经济发展的矛盾越来越突出。我国改革开放 30 多年来，随着石油、煤炭、林业等资源日益萎缩，传统经济时期的大批资源型城市或地区伴随多年的高强度开发，长期以生产为中心的资源型城市发展模式难以适应以市场为中心的经营环境，单纯依赖本地自然资源禀赋以及外来资本的做法可能造成脆弱的区域经济。

发达国家发展的历史经验证明，任何开发不可再生资源的地区都会面临资源枯竭的问题，政府必须对此提出适时的解决办法。近年来，党中央、国务院对做好资源型城市经济转型工作高度重视，先后在 2002 年党的十六大报告、2007 年党的十七大报告、2008 年政府工作报告中提出了把资源型城市经济转型问题作为重点和难点加以解决。从 2007 年 12 月国务院下发了《关于促进资源型城市可持续发展的若干意见》，确定了 118 个资源型城市后，2008 年 3 月国务院正式确定了国家第一批 12 个资源枯竭地区。其后，又分别于 2009 年 3 月初公布了第二批 32 个资源枯竭地区，2011 年 11 月确定了第三批 25 个资源枯竭地区。截至目前，国家先后分三批共确定了 69 座资源枯竭地区，以及确定了大小兴安岭林区 9 个县级单位参照执行资源枯竭地区财政转

移支付政策。

过去几年间，在国家政策的有效传导和地区转型的自身努力下，第一批、第二批共计44个资源枯竭型城市的历史遗留问题得到了初步解决，产业转型取得了较大进展，朔州市、广州市、宁波市、黄石市、昆明市、唐山市、枣庄市、柳州市、伊春市、白银市被评为2010年度“中国十大经济转型示范城市”（2010中国经济发展论坛）。这些城市自我转型发展的内生动力逐步增强，转型中政策传导有了一定的基础，但还存在不少问题。因此，继续深入研究资源枯竭地区经济转型问题，为第三批以及其他环境资源枯竭地区提供经验借鉴，构建科学合理的公共政策系统以及完善政策系统间的有效传导成为关系我国经济发展和社会稳定的重要课题。

客观审视资源枯竭地区作为一种特殊的区域类型对我国经济发展所起的重要作用，在发掘未来发展潜力的基础之上，正视其在可持续发展中面临的诸多问题和矛盾：产业结构高度单一、生态环境破坏严重、城市失业问题严重、城乡二元结构突出、人才相对匮乏。解决资源枯竭型城市经济转型问题，需要体制的更新、资金的配套、保障体系的健全，同时更需要政府科学制定资源枯竭地区经济转型的各种有效政策，从而充分发挥主要以公共政策为核心的政策传导效应。

（二）研究目的

在实现资源枯竭地区经济转型过程中，要不要提供公共政策支持，应该供给哪些公共政策，以及如何提供公共政策，这对推动资源枯竭地区实现经济转型具有积极的作用。

（1）为实现资源枯竭地区经济转型，给予政策功能保障。如何在资源逐步枯竭的情况下实现资源型地区的经济转型、实现资源型地区由资源经济向城市经济的转变，从而实现资源枯竭地区的可持续发展是当前备受瞩目的问题。如今国家高度重视资源枯竭地区的发展问题，在实现资源型城市经济转型过程中，如何提供政策支持，以及在哪些方面支持，怎样支持，如何评价支持效果等一系列问题，是我们研究的主要目的之一。

（2）进一步创新公共政策体系建设。资源型城市经济转型在我国属于新事物，原有的政策体系对其无法实施功能保障。对这一类型经济地区需要在城市功能定位、产业升级、社会保障、公共服务等方面给予新的、特殊的政策系统配套支持。

(3) 通过对黑龙江省诸如大庆市、伊春市、鹤岗市等资源型城市经济转型中的现状分析，试图以金融支持为黑龙江省资源型城市经济转型问题研究突破口，针对目前黑龙江省资源型城市经济转型的融资需求与金融体系供给缺口的实际情况，科学论证黑龙江省资源型城市经济转型中金融政策支持体系，从而为实现资源型城市产业结构优化、产业链条延长、替代产业发展、绿色生态产业、城市综合开发和可持续发展，最终为实现资源型城市资源—环境—人口—经济的协调统一发展提供了金融政策支持的具体对策。

(4) 客观地审视资源型城市在经济发展中起着重要作用和发展潜力的基础上，为科学制定资源型城市经济转型规划提供有效的政策扶持系统。积极利用财政、金融政策及其手段和培育良好的政策发展环境为资源型城市转型、产业升级、替代产业的发展提供理论支持。

二、资源枯竭地区经济转型与公共政策的内在逻辑

(一) 资源枯竭地区的界定

资源开采的最大特点就是周期性，与此相对应，资源型城市的发展也具有周期性的特点。一般来讲，资源型地区的发展分为起步期、成长期、成熟期和衰退期。资源枯竭地区是资源型城市发展到一定阶段的产物，是资源型城市的特殊发展阶段，即处于资源型城市地区发展的衰退期。

对于资源枯竭的含义，目前，学界还没有确立一个统一、科学、严谨的衡量标准来加以定义。但综合各学者对资源枯竭的定义，无外乎遵从定性与定量两个标准。本书将资源枯竭地区理解为主体资源的开发进入衰退或枯竭过程的地区，一般也被称为资源衰退型地区。评价某一地区是否进入资源枯竭阶段，一般可使用累计采出储量已达初步测定总量的比重或以当前技术水平及开采能力仅能维持开采年限加以判断，当累计采出量达到储量50%以上或70%以上时及开采能力仅能维持开采时间5年的地区。

(二) 经济转型含义的理解

经济转型主要是指产业转型、技术转型、增长方式转型、金融及经济体制转型的合成变动，其中主要是指由于技术进步导致的产业升级过程。产业升级是经济转型的内驱动力，二者相互促进、相互制约。

资源枯竭地区经济转型是指资源产业的结构调整和优化，资源型地区主

导产业的再选择，由现存的依靠自然资源的开采与加工的产业转向其他产业，摆脱对资源的依赖，实现资源型地区经济的可持续发展。在经济转型中伴随着生态环境的恢复、劳动力的转移等，并导致政治、文化等诸多方面的变革。

资源枯竭地区经济转型的参与主体呈现多元化趋势，包括政府、企业、个人，由于各主体的目标不同，在转型过程中可能出现利益冲突，因此，需要调节好三者之间的关系，寻求利益的平衡点。一般来讲，个人和企业灵活性较大，对产业的更新有较大选择空间，但退出和进入一个市场需要付出很大成本，投入很多时间和精力，且不确定性强，面临着巨大的风险，因此，绝大多数企业和个人不愿意实施转型政策。政府部门在地域方面无从选择，只能在本地区实施转型，政府部门要指导企业和个人做好转型工作，在资金上提供补助，政策上给予扶持。

（三）资源枯竭地区经济转型与公共政策关系的认识

（1）公共政策是我国资源枯竭地区经济成功转型的中枢纽带。公共政策是政府发挥公共职能，促进经济系统与人、经济系统与社会之间协调发展的纽带。经济的发展离不开政府公共政策的扶持和推动。资源枯竭地区经济转型，既是中央政府又是地方政府需要履行的职能。所以在资源枯竭地区经济转型中，我们绝对不能忽视政府关于资源型城市战略发展的公共政策对经济发展所产生的巨大影响。我们必须通过公共政策调整与创新，为资源型城市的发展创造良好的制度环境。

（2）积极的公共政策是资源枯竭地区经济成功转型的有效工具。作为政府实施与调整资源枯竭地区经济转型的重要手段与工具，其运用得当可以保持该类地区经济的持续、稳定和健康发展；反之，会引起经济的波动和失衡。如积极的财政政策可以通过增加政府公共投资、实施结构性减税以及加大低收入群体补贴等一系列举措，对拉动经济复苏发挥着重要作用，同样对资源型城市的可持续发展和产业升级也发挥着重要作用。资源型城市的转型可以促进城市的国民生产总值的提高，促进新兴产业发展，促进人民生活水平的提高，从而创新政府公共政策的制定与实施。

（3）公共政策传导效应作为一种外部输入的原始推动力，起到一种外因和“催化剂”的作用。通过营造资源枯竭地区与环境不断进行广义资源（物质、能量、信息等）交流、生产要素自由流动和转移的宏观机制，有助于推动资源枯竭地区由稳定的经济结构经过变化过渡到另一种新的有序的经济结构。对于资源枯竭地区来说，这种包括国家政策支持在内的外部援助显得尤为重要，可以推动处于经济极度低迷、陷入困境中的资源枯竭地区成功进行转型。

（4）资源配置方式的转变需要公共政策的重新调整。资源配置方式或稀缺资源的配置问题，历来是现代经济中具有决定性意义的重要问题。资源型城市经济转型需要对原有的稀缺资源按照现代经济的发展需求进行重新“洗牌”，进一步讲就是把当下有限的资源如何在不同地区、不同部门之间进行配置，使之得到最有效的运用，这直接关系到资源枯竭地区的经济效益与社会发展问题。而有效地配置资源，又需要做出相关的制度安排和规则设定及一系列公共政策的调整，其中包括财政政策、金融政策、社会保障政策、产业政策、科技创新政策等，因此，在我国资源型城市经济转型中，若发挥市场配置资源的决定作用，就必须对现有的公共政策针对资源型城市转型作出相应的调整。

（5）政府经济职能的转变需要公共政策的重新定位。美国经济学家斯蒂格列茨（Stiglitz）认为，“作为一经济组织的政府和其他组织相比有很多不同之处，在这些不同之处中，政府有两大显著特性：第一，政府是对全体社会成员具有普遍性的组织；第二，政府拥有其他经济组织所不具有的强制力”。随着经济的不断发展和居民收入水平的提高，为居民提供必要的社会福利及保障也逐渐成为政府的主要职能，向“有限政府”服务型政府转变，重新定位公共政策在资源配置方式、政府角色、宏观经济调控模式转变中的角色。资源型城市转型问题是我国经济转型进程中的一个重要转型，对其采取的公共政策也应随着政府职能的转变而重新进行调整与定位。

三、公共政策系统的基本理论

（一）公共政策系统界定

公共政策系统是公共政策运行的载体，是政策过程开展的基础。20 世纪 20 年代，奥地利学者贝塔朗菲在研究理论生物时首次提出系统思想。他认为：“系统可以定义为相互关系诸要素的集合，处于相互关系中并与环境发生关系的各组成部分的总体。”现代社会科学领域，系统概念已经规范化，认为系统是指由两个以上相互关系的要素组成的，具有一定结构和功能，与外部环境发生联系的有机整体。

在系统思想的基础上，可将公共政策系统理解为构成公共政策系统的各要素和单元按照特定的组合方式在客观的政策环境下相互联系、相互作用，从而影响政策整体目标价值实现的总体。并进一步将公共政策系统传导看作是贯穿于政策系统整体的各个阶段或环节，或者说它是由一系列的功能活动所组成的一个过程。具体内容构成分为以下两方面。

（1）公共政策系统的主体支持系统，是实现政策总体目标效益最大化的，表现为具有方向性的政策要素的集合。在资源枯竭地区的特定环境下是指对实现经济转型起到“治本”作用的各项政策要素，分为衰退产业援助政策和资源开发补偿政策两大方面，具体可通过国家财政、税收、金融等政策建立援助基金，解决历史欠账问题。

（2）公共政策系统的配套支持系统，是指间接影响政策效果、对政策目标的实现起到“治标”作用的政策因素，这类政策因素形成辅助政策方案。资源枯竭地区根据当地实际，可制定配套政策链，如生态修复政策、招商引资政策、中小企业发展政策、技术创新政策、体制创新政策等各项具体政策措施。

（二）公共政策系统构成内容

从狭义角度出发，公共政策系统的内容构成可看作由公共政策主体、公共政策客体及其与公共政策环境和政策资源相互作用而构成的社会政治系统。即以单项政策为例，每项公共政策都包括这四项要素。其中公共政策主体为直接或间接地参与政策制定、执行、评估和监控的个人、团体或组织，包括官方的主体（立法机关、行政机关、执政党和司法机关）、非官方的主体（利益团体、公民和大众传播媒介）以及现代公共政策研究组织（思想库）；公共政策客体指的是政策所发生作用的对象，包括政策所要处理的社会问题（事）和所要发生作用的社会成员（人）两个方面；政策环境就是指影响政策产生、存在和发展的一切因素的总和，主要包括社会经济状况、制度或体制条件、政治文化、国际环境等。政策资源是指政策运行活动可以获得并利用来促进运行过程的各种支持和条件，通常分为物质、人力、信息、权威资源等几大类别。

从宏观角度出发，可以将公共政策系统看作是一个由政策主体系统、政策支持系统、政策反馈系统三个子系统构成的政策母系统，涉及从中央到地方各级各类相关政策机构及其运行机制的总体构架。首先，政策主体系统是由各种政策行为者，特别是各类政策主体相互作用所构成的系统。这一系统又包括三个子系统，即政策制定系统、政策执行系统、间接主体系统。其次，政策支持系统，又称政策配套系统，这一系统又是由信息传播系统（信息沟通系统）、政策咨询系统、政策监控系统、政策评估系统四个子系统构成的。最后，政策反馈系统是将政策主体与政策对象、政策系统与政策环境连接起来的一个特殊系统。

在综合上述两种角度的政策系统构成的基础上，根据资源枯竭地区的特殊现状，将对资源枯竭地区有正向传导效应的政策构成系统进行研究，具体分解为由公共政策主体支持系统和配套支持系统构成的政策集合体。

（三）公共政策系统的传导原理

公共政策系统的传导表现为各个阶段或者环节，或者说它是由一系列的功能活动所组成的一个过程。关于这个传导过程究竟由多少个阶段、环节或功能活动所组成的问题，政策科学家们有不同的说法。德洛尔在《公共政策制定检讨》一书中，将政策传导过程或者政策系统的运行分为四个阶段18个环节，即前政策制定阶段——对制定政策的政策进行分析，包括处理价值，处理问题，调查、处理和开发资源，设计、评估与重新设计政策系统，确认问题、价值和资源，决定政策战略七个环节；政策制定阶段：包括资源的细分，按优先顺序建立操作目标，按优先顺序确立其他一系列主要的价值，准备一组方案，比较各种方案的预测结果，并选择最好的一个，评估这个最优的方案并确定其好坏七个环节；后政策制定阶段：包括发起政策执行，政策的实际执行，执行后的评估三个环节；反馈阶段：多层面联结所有阶段的交流与反馈。

拉斯韦尔在《决策过程》论著中将政策分为七个功能活动环节，即情报、建议、规定、行使、运用、评价、终止。

安德森在《公共决策》一书中将政策过程的功能活动划分为五个范畴：问题的形成、政策方案的制定、政策方案的通过、政策的实施、政策的评价。

琼斯在《公共政策研究导论》一书，将政策系统运行看作是由十一个功能活动环节或阶段所构成的过程，即感知/定义、汇集或累加、组织、表述、确立议程、方案形成、合法化、预算、执行、评估、调整或终结。

参考国外学者的看法，结合我国政策实践的情况，我们将政策系统的传导过程看作是由政策制定、政策执行与监控、政策评估、政策变迁等环节所组成的过程，这些环节构成了一个政策传导周期。其传导原理及内容如下。

政策制定——从发现问题到政策方案出台的一系列的功能活动过程，包括政策问题的形成与认定、政策目标的确定、公共政策方案的规划、公共政策方案的比较与择优等环节。

政策执行与监控——政策方案付诸实践、解决实际政策问题的过程，也就是将政策理想变为政策现实的过程，包括政策执行原则与模型、政策执行的过程、资源与工具、影响政策执行的因素、公共政策执行偏差及其矫正、政策执行中的监控等功能环节。

政策评估——依据一定的标准和程序，对政策的效果做出判断，确定某项政策的效果、效益以及优劣，并弄清该政策为什么能取得成功，或者因为什么导致失败。主要阐述公共政策评估的作用与主体，过程与模式以及评估方法等。

政策变迁——在政策实施并加以认真评估之后，依据评估结果对其进行周期性调整，以至采用措施予以终止的过程或行为。

四、资源枯竭地区及公共政策系统传导效应的相关理论

（一）资源诅咒—传导机制理论

1．资源诅咒的含义

“资源诅咒”理论是指自然资源的丰富反而拖累经济发展的一种经济现象。它是对“荷兰病”（Dutch Disease）的一种简单叫法。20 世纪 50 年代荷兰因发现海岸线盛藏巨量天然气，而迅速成为以出口天然气为主的国家，其他工业逐步萎缩。资源带来的财富使荷兰国内创新的动力萎缩，国内其他部门失去国际竞争力以致后来荷兰经历一场前所未有的经济危机。因此，资源诅咒被定义为是一个经济学的理论，多指与矿业资源相关的经济社会问题。丰富的自然资源可能是经济发展的诅咒而不是祝福，大多数自然资源丰富的国家比那些资源稀缺的国家增长得更慢。经济学家将原因归结为贸易条件的恶化，“荷兰病”或人力资本的投资不足等，主要由对某种相对丰富的资源的过分依赖导致。

2．资源诅咒——传导机制理论

“资源诅咒”的传导机制（Transmission Mechanisms）是指一个地区自然资源如果对其他要素产生“挤出”效应，就会间接地对经济增长产生负面影

响。常见的传导机制包括“荷兰病”、资源寻租和腐败、轻视人力资本投资、可持续发展能力衰退。与国际上这一领域较为丰富的研究成果相比，国内探讨自然资源禀赋与经济增长关系的文献并不多见。

单一的资源型产业结构容易使资源丰裕地区患上“荷兰病”，资源部门的扩张和制造业的萎缩必将降低资源配置的效率。例如，我国能源大省的产业结构特征就是以采掘和原料工业为主的工业比重过大，各类产品的加工链很短，中间产品比例高，最终消费品比例低，挤占了技术含量和附加值高的最终产品工业和高新技术产业的发展。资源部门的扩张性在一定程度上会“挤出”制造业，而中国过去正是工业尤其是制造业加快发展的时期。

资源丰裕地区的资源型产业扩张导致人力资本积累不足，难以支撑持续高速度的经济增长。单一的资源型经济结构导致资源丰裕地区严重缺乏人力资本积累的内在动力，这是因为资源型产业与加工制造业相比，不管是对于人力资本的需求还是人力资本的投资报酬率，都存在着较大的差异。在中国一些过度依赖资源经济的地区，人力资本的投入无法得到额外的收入补偿，人们接受教育的意愿普遍降低，大量具有较高知识水平和技能素质的劳动力流出，知识创新缺乏机会，人力资源开发滞后，而在现代经济结构中，人力资本是推进经济增长的主要动力，其作用与收益大于自然资源，而资源产业扩张同样地把人力资本的积累效应给“挤出”了。

（二）外部效应理论

外部效应又称外溢作用，是指经济主体（包括自然人与法人）经济活动对他人造成的影响而又未将这些影响计入市场交易的成本与价格之中。理论发展经历了马歇尔的“外部经济”、庇古的“庇古税”和科斯的“科斯定理”三个阶段，这三个阶段被称之为外部效应理论发展进程中的三块里程碑。马歇尔在1890年发表的《经济学原理》中，首次提出了外部经济和内部经济两个概念。马歇尔把企业内分工而带来的效率提高称作是内部经济，而把企业间分工而导致的效率提高称作是外部经济。之后，福利经济学创始人庇古在《福利经济学》（1920）中提出了私人边际成本、社会边际成本、边际私人纯产值和边际社会纯产值等概念，他认为新古典经济学中的完全依靠市场机制可以形成资源的最优配置从而实现帕累托最优在现实中是不可能的。因此，要依靠政府征税或补贴来解决经济活动中广泛存在的外部效应问题。新制度经济学的奠基人罗纳德·哈里·科斯在《社会成本问题》（1960）中批评了庇古关于“外部效应”问题的补偿原则（政府干预），提出了在交易费用为零的前提下，无论权利如何界定，都可以通过市场交易和自愿协商达到资源的最优配置；如果交易费用不为零，制度安排与选择是很难进行的。这就是说，解决外部效应问题可能可以用市场交易形式即自愿协商替代庇古税手段。

外部效应理论指出，只要某人的效用函数所包含的变数是在另一个人的控制之下，就有外部效应的存在。也就是说，在经济活动中，一个人的行为或某些资源的使用影响到另外一些人的利益或福利，但他们之间却没有使用某种交换手段来协调两者之间的关系。也就是说外部效应就是未在价格中得以反映的经济交易成本或效益。根据外部效应的结果的不同，可以将外部效应分为正的外部效应和负的外部效应。正的外部效应，亦称外部效益或外部经济，指的是给交易双方之外的第三者所带来的未在价格中得以反映的经济效益。负的外部效应亦称外部成本或外部不经济，指的是给交易双方之外第三者所带来的未在价格中得以反映的成本费用。

（三）公共选择理论

公共选择理论（Public Choice Theory）是当代西方经济学的一个分支，也是现代政治学的一个重要研究领域。它是诺贝尔经济学奖获得者美国学者詹斯·布坎南（J. M. Buchanan）创建的。它运用现代经济学的逻辑和方法，分析现实生活中政治个体的行为特点和政府的行为特点；研究非市场决策的集体决策；并以人的自身利益作为出发点，分析个人在政治市场上对不同的决策规则和集体制度的反应（即公共选择问题），以期阐明并构造一种真正能把个人的自利行为导向公共利益的政治秩序。该理论认为政治市场是由供求双方组成的。需求者是选民和纳税人，供给者是政治家和政府官员。政治家和政府官员负责向社会提供一定数量和质量的公共物品，选民和纳税人获得公共物品并支付一定的税收款项，至于具体的公共物品种类、数量、税收额等内容的确定，则是通过选举过程“讨价还价”完成的。每一个政治市场的参与者，无论是选民还是政治家，在进行选择时，都如同“经济人”一样，先要对个人的成本与收益进行计算，如果一项集体决策给他带来的收益大于他投赞成票时所承担的实际成本，那么，他就会支持这项决策；否则，就不支持甚至反对。但政治市场也存在不完全性，即信息的不完全性、公共物品组合的不完全性、选民权力的不平衡性、投票的“短见效应”，由此在政治选择过程中，政治家是理性的自利者，投票人是理性的、短视的甚至无知的，这种选择机制预先造就了政府的优先地位。政府行为缺乏内在刺激与约束机制，依据自身利益偏好行事，以“预算最大化”为工作目标，导致机构膨胀、“寻租”（Rent Seeking）泛滥、政策失败，最终“政府失效”。

公共选择理论分析和研究了公共政策产生的缘由、规则和运行及其结果，采用经济学的假设理论和方法研究非市场的决策，详尽地告诉我们政策系统的“暗箱”运作过程，公共政策实质上是公共选择的过程。瑞典皇家科学院在为布坎南颁发诺贝尔奖的公告中指出，公共选择理论弥补了传统经济理论缺乏独立的政治决策分析的缺陷，有助于解释政府预算赤字难以消除的原因。同样，它在政策科学上产生了相当大的影响，从而推动公共政策学的不断发展。但是现实政治生活中也并非人人都是理性的自利者，并非人人都是“经济人”，而且集体决策也并非全都公正，多数人决策有可能造成集体行动的困境以及“多数人暴政”的后果；此外改变不好的公共政策，也并非仅仅改变产生领导人和约束领导人的规则所能做到的，它还包含许多自然的、社会的复杂因素。

（四）投融资政策传导效应相关理论

所谓投融资政策传导效应，是指各种政策工具在投融资政策发挥作用的过程中，通过某种媒介的相互作用而形成的一个有机联系的整体。投融资政策发挥作用的过程，实质上是投融资政策工具变量经由中介变量的传导转变为政策目标变量的复杂过程。投融资政策的传导效应十分复杂，不同的经济环境和不同的制度约束下，投融资政策传导效应会表现出不同的特征。对基础设施建设投融资政策传导效应问题的研究，国内外学者所处的经济条件不同，研究的侧重点各有不同，所持的观点也有较大的差异。

1. 利率传导机制及传导效应

在凯恩斯的利率渠道传导机制理论中，利率是核心环节。投融资政策通过利率渠道发挥效应的关键途径有两条：一是货币与利率的关系，即流动性偏好；二是利率与投资之间的关系，即投资利率弹性。凯恩斯利率渠道传导可能受到如下几种情形制约而无效。①当中央银行实施扩张性投融资政策时，财政投资总量增加，货币供应量增加，利率下降。当利率十分低时，货币供应量的扩张被货币流通速度的减缓所抵消，投资的利率弹性非常低，投融资政策进入“流动性陷阱”，投融资政策传导机制中断，投资量扩张不可能对现实经济生活产生实质性的影响。②即使在利率达到“流动性陷阱”之前，如果社会公众的流动性偏好比货币数量增加得更快，增加货币供应量也不可能降低利率，从而导致投融资政策传导效应失效。③中央银行通过投资量的扩张实现了利率水平的下调，但资本的边际效率下降，且下降的速度比利率下降的速度还要快时，扩张性投融资政策效应也基本是失效的。

2. 信贷配给传导机制及传导效应

传统的投融资政策传导机制假设前提是金融市场完全竞争，银行贷款与其他资产完全替代，信息完备，资产价格具有充分弹性，市场能够出清，因而强调投资数量即货币供应量传导的效应，忽略了金融中介和信贷的传导效应。信用传导效应理论认为，银行贷款与其他资产不完全替代，因而金融中介在信用供给中具有重要作用。同时，由于金融市场的不完全性，实际经济运行中普遍存在信息不对称、合约成本等问题，借款者通过内部融资付出的机会成本和获得外部融资所付出的成本就会有所不同，即存在外部融资风险溢价，这种外部融资风险溢价是借款人因借贷双方存在委托—代理问题而支付的沉没成本，银行在减轻信贷市场上不完全信息、分散风险、降低交易成本方面发挥特殊且重要作用，因此，信贷构成了投融资政策传导的重要渠道。

卡什亚普等（Kashyap，Stein，Wilcox，1994）通过分析紧缩的投融资政策对厂商融资构成的影响，发现厂商获得银行贷款额的下降幅度大大超过通过其他渠道获得资金额的下降幅度，以此用来解释独立的“信贷渠道”的存在。并在此基础上系统地论述了信贷传导渠道成立的三个必要条件：第一，至少在一些公司资产负债表的负债方，公司向银行的借款与其他形式的公司债务并不是完全替代关系。第二，投融资政策必然会影响到银行等金融中介贷款的供给，如针对某些行业的优惠贷款，作为整个银行体系，它不能完全使其贷款活动不受到利率的影响。第三，假定经济社会存在某种形式的不完全价格调整，这使得投融资政策影响非中性化。按存量和流量的标准可将信贷渠道区分为两种不同的机制，即银行贷款渠道和资产负债表渠道，用来解释投融资政策如何通过信用传导渠道影响实体经济。

银行贷款渠道强调的投融资政策是如何通过影响银行向厂商提供贷款的数量和价格来影响实际经济。伯南克和格特勒认为，在大多数国家，银行是中介信用的主要来源，由于银行贷款与其他资金之间不能完全替代，某类特定的借款人只能通过银行贷款来满足，成为银行依赖者，如果银行贷款供给受到阻碍，如限制某些行业的发展而提高其行业的贷款利率，那么，那些对银行贷款依赖程度较大的借款人，就不得不花费时间和成本去寻找新的贷款人，并重新建立与新贷款人之间的借贷关系。这一机制的重要含义是，投融资政策可以不依靠利率而是通过影响信贷市场上的可得性发挥作用。投融资政策主要通过以下几种方式影响借款人的财务状况：一是紧缩的投融资政策将导致利率的上升，直接增加借款人的利息支出，减少其现金流，直接削弱其财务状况；二是利息上升会导致其资产价格下降，使企业净值下降，可用作抵押实体资产价值下降；三是下游企业和消费者支出的减少将使上游企业净现金流入下降，影响其财务状况，从而影响其融资成本和投资。

（五）可持续发展理论

1. 可持续发展的定义与基本内容

1980 年，联合国大会首次使用了可持续发展的概念，它标志着人们开始慎重地思考人与自然、社会与自然的关系，结束了自现代工业发展起来之后人们对于“大自然似乎只是人类控制和索取的对象”的观点和认识。但是真正比较明确和系统地提出可持续发展概念的是 1987 年挪威首相夫人提交的经过论证的报告《我们共同的未来》，这篇文章将可持续发展定义为“既满足当代人的需要，又不对后代人满足其需要的能力构成威胁和危害的发展”。分析以上定义，可知可持续发展主要关注以下两个方面关系。

第一，当前与未来的关系。当代人不能提前使用未来人的资源，不能以牺牲后代人为代价来满足当代人的需要。换句话说，当代人与后代人应具有平等的权利。

第二，经济发展与环境的关系。“可持续发展”概念的提出，使人们明确了人类社会的发展要在生态系统允许承载的能力之内，保证可再生资源的持续利用，使不可再生资源消耗最小化。也就是说，要保证人类社会与自然界的同步发展。可见，良好的环境能够促进经济发展，相反，如果人们只是一味地追求经济发展速度，而忽视了对环境的保护，就会对环境造成极大的破坏，致使空气质量下降，资源过早出现枯竭趋势，此时环境就会对经济发展起到制约的作用。总之，环境与经济发展是一种相辅相成、互相制约的关系，两者都应引起人类高度的关注。

1992 年，联合国环境与发展大会上又通过了《21 世纪议程》，它是一个更为广泛的行动计划，并且提供了从当时到 21 世纪在全球范围内各国政府、联合国组织、发展机构、非政府组织和独立团体在人类活动对环境产生影响的各个方面的综合的行动蓝图。从此，各国政府采取各种具体措施实施可持续发展纲要。

2. 可持续发展与资源型城市转型的联系

资源问题和城市问题都将是可持续发展的全球焦点，而作为具有资源和城市双重属性的资源型城市，在资源持续性和城市可持续发展中将担当特殊的角色，城市的转型与可持续发展两者密不可分。可持续性的资源型城市至少包含资源的持续性、产业的持续性和城市的持续性三大部分。资源的持续性就是不仅要维持现有的经济社会发展对资源供给的不断需求，而且还要考虑子孙后代的持久需要。随着工业化和人口的发展，人类对能源和矿产资源的巨大需求以及大规模的开发消耗，已导致资源基础的削弱和枯竭。伴随传统的经济发展过分依赖于资源和能源的投入，造成了大量的资源浪费和严重的环境污染，加之不适当的对资源进行行政干预及资源定价，严重限制了现阶段资源的有效配置。

由于矿产资源为非再生资源，随着矿业持续发展，资源系统必将面临枯竭，城市可能出现矿竭城衰，这是资源型城市发展所必须面临的资源持续性障碍。并且，由于资源产业是资源型城市的支柱产业，“一兴百兴、一损百损”，因此，支柱性资源产业的可持续性将直接或间接地制约城市的健康发展。由此可知，资源型城市的可持续发展问题首先是伴随“矿衰城竭”的问题。以不可再生矿产资源为经济基础和驱动力的资源型城市在持续的矿石开采之后，是否像美国“鬼城”（Ghost City）一样因主体资源的枯竭而人去城空，还是如休斯敦一样及早实现经济转型而继续繁荣？不论答案如何，有一点是不能忽视的，即资源型城市在经济发展的后期都面临着同样问题：主体资源的衰减、资源结构单一、产业结构序次低、经济稳定性差、后续产业发育迟缓、人口比例失调、婚姻与犯罪、环境质量下降、城市功能不完善……“可持续发展”强调的和谐性、公平性、发展性、共同性和人本性成为人们研究资源型城市的指导思想。

五、公共政策评价体系的基本理论

（一）公共政策评价体系含义

公共政策评价是指对各项公共政策全过程、政策的方法及政策的对象等大范围的评价，重点是政策效果的评价。政策评价的最终目的是运用一定的原则和方法，评价该项政策达成既定目标的效果，确认政策对问题的解决程度和影响程度，从政策本身和其他干扰项中辨识政策效果的成因，以优化政策运行机制，适时终止不当政策，强化和推广有益政策。

公共政策评价体系的内涵，是指将政策评价的主体、方法、内容等形成一套完整的、规范的体系，用来评价某些政策是否达到了预期的政策效果。其中包括评价主体的选择、评价信息的收集、评价标准的确定、评价方法的选择、评价指标体系的构建、评价结果的运用等。

（二）公共政策评价体系的构建标准

1. 价值标准

价值标准以对政策意义的分析为基础，评价政策的目标是否值得追求，政策的手段是否可以接受。在我国现实条件下，政策评价的价值标准集中体现了中国人民建设一个富强、民主、文明的社会主义现代化国家的共同愿望。它包括两个层次：第一个层次是一般价值标准。它具有对政策做出肯定或者否定判断的绝对意义，又可以称之为绝对价值标准。第二个层次是比较价值标准。这是在对政策做出比较的基础上，选择政策的标准。在资源有限的条件下，政策为了追求某种目的而不得不放弃另一种目的，实行某种政策不得不放弃实行另外的政策。那么，我们就需要比较所追求的和所放弃的哪个更重要。这就是比较政策的相对价值问题，又称相对价值标准。

2. 行为标准

行为标准以对政策的实证分析为基础确认政策的客观效果如何。在我国现实条件下，政策评价的行为标准主要表现在三个方面：第一，政策效益标准。这是根据政策的投入产出关系评价政策质量的标准。第二，政策力度标准。是指政策措施的轻重和政策投入资源的集约程度。政策力度太大，可能会因矫枉过正而导致社会正常秩序的破坏或导致事物发展动态平衡格局的崩溃，这两种情况都可能有违制定政策的初衷。第三，政策组合标准。政策总是配套使用的，政策作用的发挥不仅与单项政策有关，而且与政策组合是否优化有关。

3. 公平标准

公共政策通常有两种效应，即财富效应和分配效应。一项有效率的公共政策可以为整体经济带来财富；公共政策关注的另一方面是公平问题，这主要涉及财富的分配和再分配。对公共政策的评价，有时公平标准比效率标准更容易引起争论。这是因为人们对于什么是公平的看法更多地融入了个人的主观感受，并且公平的问题主要涉及收入分配，公共政策可以影响收入分配或再分配，这关系到每个人的切身利益。值得注意的是，无论是哪一种标准，都不是一成不变的，都会随时间和条件的变化而演变。

（三）公共政策评价体系的构建原则

政策评价原则是政策评价的前提和基础，如果政策评价原则模糊不清，就很难保证政策评价的科学、准确、公正。有国内学者认为，制定政策评价的标准应该遵循以下原则。

（1）独立性原则。确立独立的公共政策评价机制不仅有利于提高政策评价结论的客观性和可操作性，而且有利于建立健全合理的执行监督和决策咨询的体制与机制。

（2）统筹兼顾原则。公共政策评价要统筹兼顾经济效益、生态效益和社会效益，分析相关问题，综合权衡利弊。

（3）全面性原则。公共政策评价指标体系应全面涵盖可持续发展战略目标的内涵，社会发展、经济发展、资源的保有和利用水平、生态保护等主要构成要素都应在指标体系中得到反映。

（4）评价方法的先进性原则。公共政策评价是多个工作环节组成的系统工程，要尽量采用先进的手段和方法，以提高评价工作的效率性和实际性。

（5）实用性原则。公共政策评价指标的设置要简单明了、容易理解，数据容易收集，最好是利用现有的统计资料。

（四）构建公共政策评价体系的必要性

公共政策评价作为新公共管理的重要内容，承载着评估政策结果、提高行政效益的重任，受到各方的重视。具体作用有以下几个方面。

1. 公共政策评价为判断政策效果和制定后续政策提供有效信息

评价政策效果是政策评价的主要目的。一项投入运行的政策究竟能够产生多大的效果，是否实现预期目标，长期效果和涉及效应如何，是否产生了相关的经济、政治、文化效果，都需要运用政策评价手段进行判断。

2. 公共政策评价为政策过程的各个环节提供利益分析和价值判断

公共政策的制定与选择是一个多角度多层面的动态连续过程，这一过程的运行，都需要政策评价给出利益分析和价值判断，以确定政策的取舍和走向。

3. **公共政策评价是有效配置资源的重要基础**

通过政策评价，分析比较各类政策行为的成本与效益，确认政策选择的价值和合理程度，以最大限度地节省政策运行成本，获取最佳的政策效益，达到政府宏观经济有效调控和公共服务的目的，使稀缺的政策资源得到合理的配置。

4. **公共政策评价有利于政策运行的科学化和民主化**

通过分析和评价，政策评价在政策运行的各个层面提供更充足的信息，可以更加理性地分析政策制定主体决策行为的科学性和可行性，从而推动政策决策由传统经验型决策向现代科学化决策转变。公共政策评价工作的顺利实现，要有一个稳定的、完善的政策评价体系作为支撑。因此，构建政策评价体系成为新公共管理的重中之重。

参考文献

[1] 黄溶冰．资源枯竭地区经济转型研究［M］．北京：经济科学出版社，2010：35－57.

[2] 孔微巍，胡芳晶．大庆资源型城市经济转型中公共政策选择研究［J］．经济研究导刊，2009：83－85.

[3] 刘溶沧．中国经济体制转型与公共政策的重新定位［J］．财贸经济，1999（1）．

[4] 斯蒂格列茨．政府为什么干预经济［M］．北京：中国物资出版社，1998.

[5] 张以诚．世界性难题的破解——国外矿业城市经济转型扫描［J］．国土资源，2007（6）：4－19.

[6] MARTIN RAVALLION，JYOTSNA JALAN. Growth divergence due to spatial externalities［J］. Economics Letters，2006（2）：227－232.

[7] BERNARD. Externalities，Economic Geography and Spatial Econometrics：Conceptual And Modeling Development［J］. International Regional Science Review，2007（2）：197－207.

[8] YUII KUBO. Scale Economies，Regional Externalities and the Possibility of Uneven Regional Development［J］. Journal of Regional Science，2008（1）：29－42.

[9] WILLIAM D WATSON，KING LIN，THOMAS BROWNE. US policy instruments to protect coal – bearing fragile lands [J]. Resources Policy，2000 (5)：125 – 140.

[10] E S SAVAS. Privatization and Pubicpriate Partnerships [J] . New York：Chatham House，2002：186 – 195.

[11] BRADBURY，MARTIN. Winding Down a Quebec Mining Town：A Case Stud Seheffervillе [J] . Canadian Geographer，2002，2 (2)：128 – 144.

[12] UN – HABITAT. Slums of the World：the face of urban poverty in the new millennium [R] . New York：Academic Press，2003.

[13] HELENA MCLEOD. Compensation for land owners affected by mineral development：the Fijian experience [J] . Resources Policy，2000 (6)：115 – 125.

专题二
资源枯竭地区经济转型中公共政策传导效应现状及其评价

摘要:“十二五”时期,对于资源枯竭地区来讲是一个非常重要的发展阶段。做好资源枯竭地区转型工作不仅需要各级政府和城市自身的共同努力,还需要国家公共政策系统的完善和政策效应的有效传导。对此,本专题从资源枯竭地区公共政策的主导政策系统和配套政策系统的传导效应程度出发,分析了部分典型资源枯竭地区公共政策系统传导的现状和问题,提出了强化公共政策系统传导权威性的意见;完善主导、配套政策系统的长效传导机制;做好政策传导效应的评估与总结等具体影响政策系统传导效应的对策建议。同时以五大连池市经济转型效果作实证分析,选取26个指标,从经济发展、社会发展、资源环境发展三个角度出发,通过运用模糊层次综合评价的方法,对五大连池市实施转型政策的效果进行评价。从而,为进一步推进资源枯竭地区经济转型政策评价工作的顺利进展,提出相应的对策建议。本专题按照《国务院关于促进资源型城市可持续发展的若干意见》(国发〔2007〕38号)文件精神,在试点工作取得初步成效的基础上,总结经验,做好政策评价工作,建立规范、有效的政策评价体系。

一、资源枯竭地区主导扶持政策系统传导效应现状

(一)传统产业援助政策传导效应现状

1. 传统产业链延伸政策传导工具缺失

由于历史原因,资源开发地区的主导产业仍是以资源依托为主的传统单一的原材料工业,而根据工业的演变规律,单纯的传统的原材料工业必然走向衰退。对此,当前我国对于衰退产业援助政策的传导效应主要体现为实现传统产业链延伸过程中的财政、金融等各项政策工具使用的协调效应。具体

现状为：一是在财政政策传导工具的使用上，2008—2014 年，国家发改委会同国土资源部、财政部分三批界定了全国 69 座资源枯竭城市，并经国务院批准累计下达财力性转移支付基金、矿山环境治理专项资金、充分吸纳就业项目中央预算内投资资金共计 900 亿元。其中，以石嘴山市为例，截至 2015 年 6 月，石嘴山市共争取资源枯竭型城市财力性转移支付资金 26.8 亿元。以淮北市与伊春市为例，2009 年 3 月，淮北市被国务院正式批准为第二批资源枯竭城市。淮北市 2008 年、2009 年、2010 年、2011 年、2012 年、2013 年、2014 年分别获得 1.64 亿元、2.41 亿元、3.51 亿元、4.33 亿元、5.25 亿元、5.69 亿元、5.9 亿元财力性转移支付资金支持，共计 28.73 亿元。其中，2014 年获得中央财政预算安排资源枯竭城市财力性转移支付资金 5.9 亿元，比 2013 年增加 2100 万元，占国家全部转移支付资金的 3.3%，比全国平均水平高 1.8 个百分点；而伊春市 2008 年、2009 年累计获得国家财力性转移支付资金分别为 1.13 亿元、1.36 亿元，对发展当地接续替代产业作用较小。二是在税收政策传导工具使用上，资源税与增值税配套调控作用有限，国家虽然从 2004 年开始先后调高了煤、铅、锌、铜、钨等资源税的税额，但仍低于近三年资源价格的上涨幅度，税收的调控有局限性。而增值税若一味降低税率，又会带来资源开发的暴利，不利于国家的能源安全。因此，国家应注意税收政策的调整与地方财力之间的关系。此外，在金融政策传导工具方面，基金的管理和使用缺乏灵活性，在处理小型项目时尤为明显，国家规定只有达到评定指标的地区才能被纳入衰退目标区，进而获得国家专项基金的支持，而这类目标区一般为小型项目，难以达到金融政策支持标准，这导致小型项目融资困难，难以转型。

2. 重点产业结构调整政策传导原则模糊

目前我国的整体水平还处于工业化的中期后半阶段，发展重化工业仍然是整个经济的重心和不可缺少的产业环节。从全国产业布局来看，许多重化工业仍布局在东部地区，西气东输、西煤东运等不仅耗费大量的人力、物力、财力，也给铁路运输带来巨大的压力。进行重点产业结构调整也是改进资源枯竭地区衰退产业援助机制的一个重要方面，现阶段我国对重点产业调整政策传导机制的统筹与选择无论在模式或者原则上都很模糊。主要表现为传导关联效应原则模糊。传导关联效应原则是指政府选择对多数产业产生积极效应的产业，作为优先发展的重点产业制定产业结构调整政策前应该遵守的原则，资源枯竭地区大多数产业结构单一，特别需要能够带动更多产业发展的、产业关联度大的接续主导产业的调整与选择。因此，关联效应原则是重点产业结构调整政策传导效应能否发挥最大化的前提，应积极推进。

3. 商业银行和企业对投融资政策传导信号不敏感

资源型城市在传统体制下已经适应了高度集中的计划经济体制，依靠计划和财政手段实现全国物资、财政、信贷、外汇的综合平衡，促进经济增长的模式。计划时期的投融资政策传导过程简单直接，围绕着现金计划和信贷政策的制定，形成投融资政策直接调控传导系统，这一调控系统服从、服务于整个经济计划管理系统。投融资政策手段单一，从政策手段直接传导到政策目标，投融资政策直接传导到微观经济主体。这种传导模式适应于当时资源型城市的经济发展，投融资政策传导迅速、简单、直接，但比较僵化。然而，对改革开放后的我国基础设施建设投融资政策传导不敏感。主要依赖现金计划、贷款规模等直接工具，利率、再贴现等间接投融资政策工具只发挥辅助作用，金融市场在投融资政策传导中作用也很微弱；产权制度不明晰，行为短期化，对政府的投融资政策信号反应迟钝，影响了投融资政策的传导。

（二）资源开发补偿政策传导效应现状

1. 资源价值补偿政策传导力度较弱

基于不可再生资源的特点，对于资源枯竭地区要有针对性地进行开发补偿，主要是通过价值补偿，克服地区发展的内部成本外部化问题。资源枯竭地区的开发补偿政策包括两个方面的内容，一是资源价值补偿政策方面，包括对地区资源开发利用的补偿政策、资源储量的补偿政策、地方政府资源权益的补偿政策；二是生态补偿政策，补偿在资源开发的生态恢复、环境修复、资源保护方面的支出，这既包括一般的资源开发产业过程的生态补偿政策，也包括地区之间的空间过程的生态补偿政策。在我国，资源开发补偿政策比较复杂，资源枯竭地区既要求政府援助，也要求补偿历史欠账，地方财政补偿压力较大，政策传导方式和力度都比较弱，资源开发补偿政策仍停留在初级应急阶段，政策效果对于保障未来资源开发与补偿的政策力度很弱。这就成为政策有效传导的障碍。同时，资源枯竭地区的产业发展与生态环境之间的矛盾决定了资源枯竭地区的开发补偿政策的传导是一个长期的过程。

2. 生态补偿政策传导范围较窄

资源枯竭地区都存在严重的生态环境问题，主要体现为空气质量恶劣、空气污染严重；林区植被采伐过度，水土流失；矿类地区出现沦陷，地面坍塌等。如大庆市由于开采石油造成森林覆盖率大幅下降，草原退化、盐碱化和沙化的面积已占总面积的84%，伊春市的红松林被砍伐98%，小兴安岭等地生态功能急剧下降，蓄水固土抗风沙能力明显减弱。东北三省原国有重点煤矿采煤沉陷区总面积990平方千米，受影响居民超过90万人，严重威胁人民群众的生命财产安全。这些问题形成的历史原因错综复杂，依靠环境管理的方式不能够从根本上解决问题，而我国现有的财政、税收、价格等补偿性政策对资源枯竭地区的生态修复的覆盖范围较窄，一方面，在对环境治理的统筹规划上，国家对于生态环境方面的历史欠账问题的解决门槛较高，在资源基金及财政转移支付的获取比例较小，国家规定，在对资源枯竭地区环境治理中，除棚户区改造国家按面积的50%投放资金外，其他项目国家投放资金都不超过项目预算的10%。另一方面，在对企业和项目的政策支持上，各级政府对企业无完全自治能力但具备公共产品特性部分的资金补偿处理不到位，使部分矿区企业为降低处污成本，自主处污，导致环境进一步恶化。

二、资源枯竭地区配套扶持政策系统传导效应现状

（一）城市经营政策传导效应现状

1. 城市规划政策传导效应

资源枯竭地区的城市经营必须以城市科学规划为基础和前提。要对城市进行合理的功能定位，科学地规划好城市的环境、交通、基础设施等城市功能。结合国家政策的有效传导，整合好已有的城市资源，从可持续发展的角度显化城区功能，按照城市的总体规划，合理布局和优化城区分工。比如，将新城区内的某些区位发展成为中心城区，主要是新兴工业和配套工业园区；某些区位为科学文化区，重点发展科研、教育、文化及高新技术产业；某些区位以风景旅游和居住功能为主，重点完善休闲居住环境和公共服务设施配套建设；某些区位以对外交通、仓储及商贸功能为主等。如何处理好新区建设和旧城区改造的关系，实现两者的良性互动，涉及城市的长远发展、资源的有效利用以及城市居民的切身利益，是资源枯竭地区健康协调发展的关键。新区建设应将整个城市的协调与可持续发展作为建设经营原则，通过建设高标准的街道、绿地、广场、公园等基础设施，兴建功能全、环境美、有安全保障的大型居民区，完成城市政治、经济、文化中心的转移，为旧城区的土地复垦、棚户区改造、市民搬迁提供空间和条件。旧城区可以通过搬迁工厂，

减少环境污染，进一步完善交通等措施，发展工业旅游等项目。但当前，我国由于缺乏对资源型城市功能的前瞻性认识，部分现有资源型城市在城市选址上过于靠近矿产地，许多后续加工业则只能选择放在其他城市，这在很大程度上是由于资源枯竭型城市规划政策滞后造成的。

2. 城市品牌经营政策传导效应

城市经营与企业经营一样，应有品牌意识和名牌战略。资源枯竭地区品牌定位有两种方式。一是以品牌发展城市，通过创建品牌企业、品牌产品、品牌工程，塑造城市品牌，大多数资源枯竭地区在这方面都有其先天的优势，例如“油城大庆”“绿色伊春”“煤城大同”“钢城鞍山”等都是深入人心的品牌城市。二是利用城市创造品牌，通过城市经营优化城市环境，树立城市品牌。以城市的品牌吸引国内外商家投资，吸引国内外游客观光、游玩和购物，带动整个城市的经济和社会发展，而这一方面恰恰是资源枯竭地区比较欠缺的地方。我国资源枯竭地区城市建设雷同现象普遍，缺乏个性化与特质化，城与城之间没有自己的个性和特色，成了名副其实的“克隆城市”。对此，我国在资源型城市品牌经营政策上，应主要鼓励和发展创新功能。包括对资源型城市物质空间环境系统的创新，美化环境，塑造资源型城市新形象；社会组织系统的创新，包括管理系统和保障措施的创新，要建设与管理相结合，建立高效廉洁的城市管理机构和组织管理体系；此外，还应包括生活环境的创新，提供高层次的工作环境、生活环境等。

3. 城市土地经营政策传导效应

土地作为自然资源，是资源枯竭地区除矿产资源之外的重要财富，是具有活力和增值潜力、政府能够直接经营运作的国有资产，也是财政收入的一大来源。开发和盘活城市土地资源，以土地融资搞城市建设，是资源枯竭地区城市经营的切入点。在土地经营政策传导机制上，存在以下比较明显的问题：一是我国现有的有形土地市场比较缺乏，没有形成健全的土地储备制度，对待开发的土地，没有及时进行整治，造成资源型城市基础设施建设相对落后，影响了土地价值的开发。二是在土地功能的置换问题上，土地的存量资产盘活效果不佳。由于资源型城市在发展过程中，中心地区产业结构和布局不合理，在城区土地挂牌授权时，影响了资源型城市建设资金的回笼优化。三是在房地产开发政策上，资源枯竭地区普遍存在的生态环境问题，城区居民受居住条件和居住环境的影响，客观上形成了小区建设的障碍因素，不利于房地产开发政策的有效实施，进而影响周边地区的土地升值等问题。

（二）区域创新政策传导效应现状

1. 文化创新政策的导向效应

资源枯竭地区是基于其先天自然资源优势发展起来的，因而依托自然资源谋求发展成为该类地区共同的思维方式，从而形成一种资源文化。长期以来，我国资源枯竭地区基本上实施的是资源导向战略，以直接掠夺式开采资源、出售资源为城市经济快速发展的主要特征，并且形成了一种狭隘的资源观和发展观，受其自身特点及管理方式的限制，形成了“等”“靠”“要”的传统的、僵化的思想观念，一切服从上级，一切依赖上级，等上级部门给计划、给出路，缺乏自主创新的能力及动力。面对上述情况，资源枯竭地区的管理者和企业的经营者们必须更新观念与意识，从“油老大”“煤老大”“铁老大”的优越感中走出来，面向市场，转变发展思路，营造市场文化和创业文化。将城市文化的创新作为城市发展的导向力量，对整个城市进行市场化运作、市场化经营、社会化管理和产业化发展，地方政府管理层积极出台文化创新政策，发挥政策导向的积极效应来提高资源型城市与资源枯竭地区的区域价值和收益。

2. 体制创新的基础效应

体制创新为资源枯竭地区的区域创新的集成提供基础和源泉。然而，资源型城市发展过程中存在着体制机制问题。如资源型城市的产业结构单一、经济结构不合理、城市基础设施滞后、下岗失业问题严重、生态环境破坏严重等社会和经济问题。造成这些问题除矿产资源开发利用过程中本身产生的原因外，还存在一些体制机制上的原因。一是考核制度存在偏差。长期以来，我国对领导干部的考核是以 GDP（国内生产总值）指标为核心，相对于产业结构、生态环境、下岗失业、信用等级、社会公益等指标来讲，地方干部的功利意识就体现出来，牺牲环境、牺牲长远利益、牺牲社会公共服务、牺牲信用等现象就不足为奇了。二是产权改革不到位。对于长期争执的矿产资源采矿权等问题，产权不到位。法律规定的矿产资源属国家所有，但开采权长期以来一直是政府部门行使，产权主体模糊，谁都不对矿产资源开采率低下、矿产资源浪费严重等问题负责。只有明晰矿产资源的开采权，才能够从根本上解决矿产资源浪费严重的问题。三是基础设施投融资体制不完善。资源型城市与资源枯竭地区基础设施投入不足，造成城市建设、百姓住房、社会保障等历史欠账太多。过去靠国家投入改善基础设施水平的办法，已经无法满足城市扩展、升级改造的需要。四是环境保护体制不顺。国家环保总局是环境保护的主管部门，但在实际工作中，环境问题已经不单是污染物排放所引起的，资源的过度开采、高耗能产业过度发展，以及矿产资源综合利用率低等问题，不是环保部门所能掌控的，需要从经济与社会活动的各个方面加以综合治理。

综上所述，体制创新才是资源型城市转型的基础效应。主要是指改革资源枯竭地区存在的不适宜市场经济体制、影响并阻碍新兴产业发展的体制方面的各种因素。我国资源枯竭地区国有大中型企业多，在建立现代企业制度上有陈旧因素与体制障碍。应理顺企业产权关系，完善法人治理结构，健全组织机构和管理制度，为结构调整、企业兼并重组和吸收社会投资创造良好的体制、机制条件、发展新型经济体制。

3. 区位创新的前提效应

过去长期高度依赖资源的发展方式，形成了根深蒂固的思维惯性和资源情结，已成为资源枯竭地区城市转型的最大障碍。受矿业活动地域的局限，传统资源枯竭地区城市的布局，主要围绕矿区展开，往往会出现基础设施不全、城市环境差，并且多受到诱发地质灾害的影响，严重制约城市的发展。因此，资源枯竭地区新城区的规划与扩张，应采取区位创新的原则，强化区位辐射、产业聚集、示范引领、生态宜居的功能，创建现代服务产业名城、生态宜居名城、矿冶文化名城，在新址规划中心区（包括新的商务中心、开发区、新型产业发展区）加快经济发展。

4. 技术创新的核心效应

长期以来，资源枯竭地区主要以自然资源的开发为主，技术结构比较单一，科研力量和高、精、尖技术主要集中在产业链的前端。技术创新是以创新的构思（新产品、新工艺、新服务），从研发一直到创造价值和实现市场价值及价值升值的全过程。它包括生产工具、工艺、方法及技术规则体系，将先进技术引入体系产业，是新兴产业形成的重要原因，技术创新也是产业升级的原动力。资源型城市若转型成功，技术创新是其核心效应。资源型城市通过技术创新可以延长资源产业的生命周期，通过改善产品性能或提供新产品来创造需求，拉动众多产业的发展，扩展延伸产业链，增强科技成果转化能力，提升产业整体技术水平。资源型城市转型没有技术创新是不可能实现的；技术创新的主体即人力资源与人力资本的专业素养与创新能力不足，技术开发结构的弹性较弱、重点产业的增进性创新领域覆盖面小等问题，大大地限制了资源枯竭城市发展的区域集成创新，应加快技术开发，培养专业人才，提高产业活动的技术层次和技术含量，从而有效地推动资源枯竭地区经济实现转型。

（三）中小企业发展政策传导效应现状及问题

中小企业是国民经济的重要构成部分，在市场经济的发展中扮演着越来越重要的角色。中小企业是资源枯竭地区经济转型中替代产业及新兴产业发展的载体，是吸纳剩余劳动力的重要场所和高科技产业发展的主导力量。特别是中小企业发展可以影响劳动力价格的涨落和第三产业的发展，最终促进中小企业与大型企业的共生发展。然而，由于资源型城市的中小企业的经济、资金、技术等方面原因，其发展大大落后于经济发达地区，成为制约资源枯竭地区发展的重要因素之一。因此急需政府给予政策扶持，以解决该类地区中小企业发展中面临的政策缺乏可操作性、融资困难、公共服务体系不完善等问题。我国当前资源枯竭地区中小企业的发展和转型还存在很多不足，应该引起重视。

1. 中小企业信贷融资政策传导效应问题

当前我国资源枯竭地区中小企业的经济发展与经济转型的融资方式与融资政策的传导渠道都比较单一。具体体现在：一是在融资方式上，主要依靠银行信贷资金，对外资及其他政策性融资的利用率较低，这既增加了银行的信用风险，又增加了融资政策的执行难度，影响了融资政策的传导效应。二是在融资政策传导渠道上，主要依靠货币政策传导机制中的利率传导机制，而相对于汇率传导机制、信贷配给传导机制等组合方式的传导效应并没有充分发挥作用，单一的政策传导渠道使传导效应出现级层性效应递减现象。因此，资源枯竭地区中小企业的发展不仅要制定灵活的信贷融资政策，同时也应积极开发多元化的融资渠道。

2. 中小企业自主创新经营政策传导效应问题

技术水平不高也是制约资源枯竭地区中小企业转型与自主化规模式发展的瓶颈，因而，提供技术服务成为政府的主要任务之一。适当的财政补贴和税收优惠，是保证中小企业资金积累和成长的重要方面。目前，资源枯竭地区中小企业的自主创新政策传导主要存在两方面的问题：一是创新能力较弱，名牌院校与科研机构的科研课题，在对中小企业的技术指导和企业诊断以及帮助中小企业开发出适销对路的产品上没有取得理想的效果。二是经营负担重，中小企业吸收了社会剩余劳动力，为社会稳定做出了贡献，但是对中小企业的各项优惠政策不多，导致了中小企业发展负担重，出现成长过程缓慢甚至倒退的现象。因此，资源枯竭地区中小企业的自主经营创新要有倾斜性地采用税率降低、税收减免、起征点提高、折旧加速等手段。

3. 财税政策支持效应难以发挥作用

由于资源型城市没有建立政策贯彻落实长效工作机制，因此导致中小企业财税政策落实不到位，中小企业能够获得的财税支持较少，财税政策支持效应难以发挥作用，主要表现在以下两个方面。

（1）财政资金规模较小。资源型城市对中小企业的财政支持主要用于中小企业发展专项基金，按照相关政策规定，资源型城市中小企业发展专项资金在现有基础上，视财力状况逐年扩大资金规模，但是由于资源型城市经济基础薄弱，财源有限，财力不足，财政用于支持中小企业发展的资金较少，中小企业发展专项基金规模依然较小。据统计，2010 年黑龙江省哈尔滨市设立中小企业发展专项基金 3000 万元，农垦总局 2000 万元、鹤岗市和七台河市各 1000 万元。而 2009 年上海市中小企业发展专项资金就资助中小企业项目 5000 万元，2010 年的资金总额增加到了 6000 万元，几乎等同于黑龙江省主要市（地）和农垦总局的发展专项资金总额度。

（2）政府采购导向作用不明显。虽然资源型城市在政府采购中优先采购中小型企业产品，如 2010 年上半年黑龙江省政府采购总规模的 98% 来自中小型企业，但是对于科技含量高、附加值较大的采购，政府采购更倾向于向实力较强的大型企业采购，如 2010 年上半年，政府采购东风雪铁龙轿车 2238 辆，占上半年小轿车采购总量的 82%；采购联想笔记本 9661 台，占上半年计算机采购总量的 44%。因此，对于资源型城市中的大多数实力较薄弱、技术含量低的中小企业，政府的财政政策很难发挥其促进重点扶持中小企业发展和鼓励中小企业转型、进行技术升级和调整产业结构的导向作用。

4. 公共服务体系功能效应未能充分发挥

由于支持中小企业服务体系的法规尚不完善，未能有效地为中小企业服务机构的建设与发展提供完善的法制保障环境，因此，资源型城市的公共服务体系功能效应未能充分发挥，主要表现在以下两个方面。

（1）信息化建设受限。尽管资源型城市近年来在信息化建设等方面已取得了一定的成绩，但在信息化网络建设、社会公共服务平台建设和信息咨询机构建设等方面仍存在许多问题。由于资源型城市对于中小企业信息化服务建设资金多来源于国家财政扶持，许多省市的资源型城市已经建成的中小企业网，大多是由国家投资投建的。各级政府扶持资源型城市中小企业专项资金中用于扶持中小企业信息化建设的份额较少，资金总量不大，因此，中小企业信息化建设比较受限。大部分中小企业仍自己承担市场的信息收集、人才的辅导培训等本应由社会公共服务体系来承担的任务。

（2）创业机构服务能力不强。资源型城市面向中小企业创业的专业服务机构，由于成本和需求等原因，发展缓慢，规模较小。创业机构的服务能力不强，开展的针对中小企业的创业服务内容和项目较少，功能不全，服务层次偏低，还没有建立起完整的创业培训、创业实习、创业辅导等创业服务链，不能为创业者提供优质高效的社会化服务。因此资源型城市中小企业创业所需的大量人力、技术、资金、场所等服务相互独立，没有相关政策加以引导相关资源，中小企业创业多数处于自然状态。

三、资源型城市经济转型公共政策评价体系问题及构建

资源型城市是因自然资源的开采而兴起或发展壮大，且资源性产业在工业中占有较大份额的城市。我国目前有118座资源型城市，占全国共有城市662座的18%，其中煤炭城市63座，占53%，森工城市21座，占18%，有色冶金城市12座，石油城市9座，黑色冶金城市8座，其他城市5座，分别占10%、8%、7%和4%。资源型地级城市47座，占全国地级城市的比重为18%；资源型县级城市71座，占全国县级城市的比重为18%。

根据《国务院关于促进资源型城市可持续发展的若干意见》（国发〔2007〕38号）（以下简称《意见》）的要求，国家发改委分两批界定了全国44座资源枯竭城市，中央财政给予了财力性转移支付。其中，首批12座资源枯竭城市财力性转移支付于2010年到期。为了客观评价转型工作取得的成效，国家发改委先后于2010年8月23日决定对这12座资源型城市的转型绩效进行评价；之后于2011年2月决定对其余资源型城市转型绩效进行评价。评价内容包括《意见》中提到的培育壮大接续替代产业、着力解决就业等社会问题、加强环境整治和生态保护、加强资源勘查和矿业权管理、建立健全资源型城市可持续发展长效机制、加大政策支持力度等重点任务实施情况，包括为完成任务采取的政策措施、建设的重大工程、取得的成效、存在的问题及原因等。

（一）资源型城市经济转型中公共政策评价存在的问题及其成因

1. 资源型城市经济转型公共政策评价体系存在的问题

（1）第三方评价的非独立性。公共政策评价主体是对政策进行评价分析的实施者，它可以是政策的制定者、执行者、政策对象或政策第三方。根据J. Q. 威尔生曾提出的两条关于政策评估的一般定律可知：假如一项政策研究是由实施该项政策的人进行的，那么，所有对社会问题做出政策干预都会得到预想的效果；如果政策评价是由独立的第三方，尤其是由对政策持谨慎态度的人进行的，那么，政策干预则很难产生预想的成果。一般来说，政府的人员常常偏好于证明自己的政策是有效的，而且在政府的内部也往往存在着各种各样利害关系的制约。因此，要求政府在对自己所制定政策进行评估的时候做到客观几乎是不可能的。也就是说，政策评价的主体中，第三方评价必不可少。政策第三方的概念最早来源于西方，它的人员组成多元化，大部分来自各高校、科研机构以及民间组织，与我国常见的政府或政府部门负责组织开展的评价工作相比，西方国家的第三方评价具有多样性、专业性和非营利性。在国外，很多发达国家都有第三方评价机构（如表2－1所示）。

表2－1　美、英、韩、日第三方评价组织机构的构成

国　家	第三方评价组织机构
美　国	兰德公司、斯坦福国际咨询研究所等学术团体、非营利组织
英　国	公众磋商
韩　国	政府经营诊断委员会（成员来自研究机构和大学学者）
日　本	独立行政法人评估委员会（国内5000名专家、学者、名望较高的人）

然而，在我国资源型城市经济转型政策评价主体中，第三方评价主体的组成却仍然是以政府部门为主的。2010年8月23日，国家发展改革委办公厅发出的《关于开展首批资源枯竭城市转型评价工作的通知》中，对于我国首批资源型城市经济转型的评价工作分为三个步骤：地方评价、第三方评价、总评价（如图2－1所示）。

由图2－1可见，我国资源型城市经济转型公共政策评价的主体无论是地方还是第三方评价，都是以政府及其委托机构为主的。这种单一的、非独立的评价主体往往只强调了政府行为，只代表政府的声音，而对于该政策给目

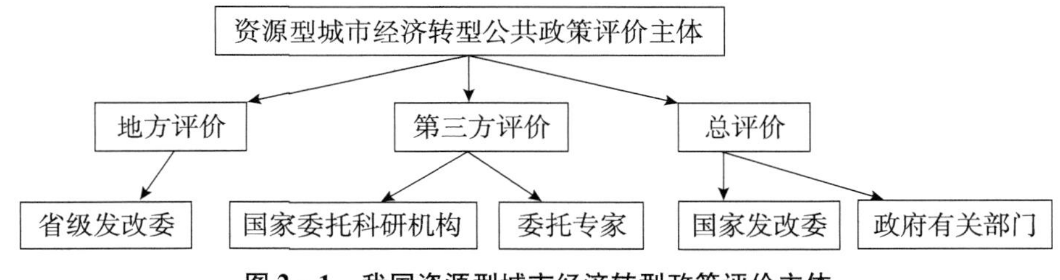

图 2－1　我国资源型城市经济转型政策评价主体

标群体究竟带来了多大的效用却没有提及，因此，得出的评价结果就会缺乏客观性。

（2）评价指标体系的非规范化。转型政策涉及经济、政治、法律、社会、文化等诸多领域，其中包括经济体制转型、发展模式转型、产业结构转型、生产方式转型等诸多方面。因此，要对众多试点城市进行客观的、全面的评价，就要建立一个规范的、能够体现资源型城市转型政策真实运行效果的评价指标体系，力求对各类资源型城市都能达到综合评价的目的。然而，目前我国各资源型城市转型的评价指标体系都不具有代表性，往往都是“避繁从简”“避难从易”，各资源型城市评价指标体系杂乱无章、各执一词。本书只选取两个具有代表性的资源型城市阜新市和焦作市的政策评价指标进行对比（如表 2－2 所示）作为论证。

表 2－2　　阜新市、焦作市经济转型政策评价指标体系对比

系统层	准则层	指标层	
资源型城市经济转型政策评价	城市	阜新市	焦作市
	经济指标	人均 GDP 总量（亿元），人均财政收入，GDP 中资源产业贡献率（%），GDP 中接替产业贡献率（%），资源产业销售收入资源产业税收，GDP 增长率（%），财政收入增长率（%），社会固定资产投资增长率（%），社会劳动生产率（元/人）	人均国内生产总值，重工业产值增长率，环保投资，固定资产投资增长率，轻工业产值比重
	社会指标	从业人员总数增加率，登记失业率，居民可支配收入，恩格尔系数，消费支出，安全事故起数，伤亡人数，刑事案件法案数	人口自然增长率，城市人均收入，城市人均居住面积，城市人口就业率，各类学校执教人数

续 表

系统层	准则层	指标层	
资源型城市经济转型政策评价	城市	阜新市	焦作市
	环境指标	工业废气排放量，工业废水排放量，工业固体废弃物排放量，工业废水处理排放达标率，工业废气净化处理率，城市污水处理率，空气质量指数	废水排放达标率，工业二氧化硫排放量，工业烟尘排放量，空气质量优良天数达标率，固废综合利用率
	资源指标	无	旅游资源开发收益，矿产资源保有储量，人均煤炭占有量，人均耕地面积，人均水资源，建成区绿化覆盖面积

从以上两个城市的指标选取中不难发现，指标选取的差异性较大。如阜新市在资源指标的设置上尚属空白，而焦作市的资源指标已经设置得比较完善。此外，两个城市的评价指标内容迥异，重合度低，这样十分不便于国家总评价机构对资源型城市进行客观评价。

（3）政策评价信息收集渠道不通畅。资料和信息是进行政策评价的基础。如果没有足够、可用的与政策及其运行相关的资料和其他方面的政策信息，政策评价就很难进行，更谈不上客观公正。然而，在我国资源型城市经济转型评价工作过程中普遍存在的情形是由于有些政策机关不重视资讯管理，出现资料不完整、统计数据不准确等现象，使得政策评价难以获得精确的资料，因而难以分析政策的运行过程及其结果。再加上那些抵制政策评价的人员会拒绝提供相关资料或者只提供那些对他们有利的资料，这样一来就更增加了评价的难度。

2．资源型城市经济转型公共政策评价体系存在问题的成因

（1）缺乏统一的政策评价标准。明确而有价值的目标和实事求是地确定政策结果，是政策效果评价的前提条件。要弄清一项政策的好坏，是否实现了预期的政策目标，关键是确定衡量政策目标实现的标准，即实现政策目标的具体要求。我国政策评估的标准有很多，如效率标准、效益标准、政策影响与回应标准、生产力标准、社会公正标准、可持续发展标准等。

我国资源型城市经济转型政策目标纷繁多样，衡量各项政策目标的标准又有差别，究竟要挑选哪些标准来衡量政策目标的实现，在众多衡量标准中究竟要以哪一项标准来优先进行政策衡量，目前还没有形成完整的统一的标准，在这种情况下得出的政策评价也是片面的、不客观的。

（2）政策评价环境的差异化。不同地区的政策评价面临着完全不同的评价环境，既有自然环境方面的差别，也有社会结构、经济发展水平、历史传统、民族文化等方面的差异。这些差异给政策实施与评价结果带来障碍。我国有 118 座资源型城市，各资源型城市政策不同，资源禀赋不同，转型侧重点也不同，政策评价环境亦不相同，给客观评价带来一定的难度。

①软环境的差异。包括政治法律环境、社会文化环境、技术环境等。政治法律环境包括普法程度、政务信息公开程度等方面；社会文化环境包括人口特征、民族、公共教育服务等方面；技术环境包括高新技术发展现状、科学评价机构等方面。本书选取了吉林省辽源市、山东省枣庄市和云南省个旧市进行对比，分析政策评价软环境的差异，如表 2 – 3 所示。

表 2 – 3　2009 年东北、华东、西南地区典型资源型城市软环境对比

软环境因素＼城市		吉林省辽源市	山东省枣庄市	云南省个旧市
政治法律环境	普法程度	较高	高	低
	政务信息公开程度	高	较高	不高
	少数民族占有率（%）	8.4	1.9	32.5
文化环境	电视人口覆盖率（%）	95.7	97	94
	公共图书馆（个）	5	3	1
技术环境	高新技术产业占 GDP 比重（%）	15	10.3	3
	大中专院校（所）	8	28	无

由表 2 – 3 可见，软环境中的政治法律环境与技术环境三个城市差异性较大。西南地区少数民族较多，东北及华东地区较少，在评价信息的收集方面，要注意重视少数民族的意见；在技术环境方面，云南地区的教育水平相对较低，然而技术作为手段，是评价工作必要的支撑。可见，各资源型城市间软环境的差异会直接影响政策评价工作与评价结果。

②硬环境的差异。包括自然环境、经济环境和社会环境等。本书选取东北三省资源枯竭型城市中具有代表性的黑龙江省伊春市、吉林省辽源市、辽

宁省阜新市三个城市。利用部分指标对三个城市的政策硬环境因素进行对比（如表2－4所示），分析政策差异性的根源所在。

表2－4　　2009年、2014年东北三省典型资源型城市硬环境对比

硬环境因素		黑龙江省伊春市		吉林省辽源市		辽宁省阜新市	
		2009年	2014年	2009年	2014年	2009年	2014年
自然环境	总面积（平方千米）	33000	39017	5125	5139	11281	10445
	森林覆盖率（%）	43.60	84.4	42.50	32.1	31.84	32.46
	资源类型	森林资源	森林资源	煤炭资源	煤炭资源	煤炭、石油、矿产资源	煤炭、石油、矿产资源
经济环境	人均GDP（万元）	1.35	2.28	7.3	6.24	2.77	3.39
	城镇年GDP总量（亿元）	173.614	261.6	342.08	760.02	286.24	606.2
	固定资产投资（亿元）	102.24	132.61	407.32	542.3	240.1	434.1
	第一、第二、第三产业结构比重	31.2：36.9：31.9	40.3：26：33.7	10.2：56.6：33.2	7.8：59.2：33.0	22.3：40.9：36.8	19.7：44.8：35.5
社会环境	总人口（万）	127.3	121.98	125	121.8	192.27	178.6
	就业人数（万）	49.75	—	33.48	—	40	—
	新增就业人数（万）	—	3.9	—	4.0	—	6.1
	人均居住面积（平方米）	20	—	25.7	—	25.72	—
	全年全社会建筑业增加值（亿元）	—	14.5	—	43.9	—	50.9
	最低生活保障救济人数（万）	13.6	15.6	10.64	6.5	16.7	13.8
	公路运输货物周转量（亿吨/千米）	46	18.5	24	43.6	39	80
	邮电业务总量（亿元）	9.45	9.55	6.92	9.44	20.63	20.04

资料来源：黑龙江省统计局网站、吉林省统计局网站、辽宁省统计局网站。

由表2－4可知，三个资源型城市的情况各不相同，经济结构、资源状

况、社会服务、资源类型等方面的差距加大了政策评价工作的难度。如黑龙江省伊春市属于森林资源型城市，政策评价指标的设置就要与煤炭资源型城市吉林省辽源市和辽宁省阜新市有所区别。此外，经济发展水平相对较高的吉林省辽源市在基础设施建设方面占据优势，因此，在评价信息收集与评价技术方面相对降低评价成本。这些都会对政策评价工作的顺利实施产生一定的影响，故此，应在政策评价中给予足够的重视。

（3）政策资源的混合与政策行为的重叠。公共政策不是孤立的、单独存在的，在实际政策实施过程中，往往会有许多政策同时被执行，也同时发挥作用。如在资源型城市经济转型中，要改变资源型城市以资源开采业为主的产业经济结构，就要同时实施多项政策，既要从控制开采量，保护濒临枯竭资源的角度提出政策措施，又要对后续接替产业给予优惠政策，鼓励其发展，多角度地推进产业结构调整。这样一来，导致政策资源的混合与政策行为的重叠，也就很难分清其中某项政策的实际效果和影响力，无论在信息收集方面，还是在指标选取方面，都增加了政策评估的难度。

（二）资源型城市经济转型公共政策评价指标体系构建

1. 资源型城市经济转型公共政策评价体系的构建准则

（1）评价体系的基本要素。因为各资源型城市的地域特点、社会状况、经济发展各不相同，经济转型政策评价指标体系设计需要充分考虑各地的特点，因地制宜地选取指标，但在评价体系的构建上，无论城市差异有多大，评价体系所具有的基本要素是一致的，应包括以下四个方面。

一是评价依据，这是政策评价工作的基础。随着现代社会经济的发展，建立法制国家和依法行政逐步成为政府行为的依据，法律的支持在管理社会经济、政府维护国家秩序的过程中，已经从要求走向必须。

二是评价主体，这是决定评价是否客观公正的主导因素。对评价主体的基本要求是客观、公正、权威、专业。因此，实践中通常会将评价的组织者与具体的评价主体相分离，使前者侧重评价政策、方法、程序等的制定，后者则侧重保障评价结果的客观性与真实性。

三是评价指标，这是评价工作的核心部分，决定着评价工作的水平和质量。指标制定的难点在于如何实现科学性与可实现性、完整性与专业性的平衡统一。在以评价结果为导向的政策评价体系中，评价指标起到了风向标和指南针的作用。

四是评价方法，这是实施评价工作的工具，决定着评价工作本身的水平。评价方法应由评价的范围和内容来确定，由于评价环境和评价对象的复杂性，很难确定哪一种方法是最优的，我们只能选取较优的方案或组合式评价方法进行评价。

此外，还包括评价信息、评价技术、评价环境、评价结果等要素，由于各资源型城市的差异性而导致以上因素中的某些因素无法确定，因此，本书侧重评价指标体系的建立和评价方法的选取，对资源型城市经济转型中的公共政策评价提供参考。

（2）评价体系的构建准则与框架。评价标准的确定是构建评价体系的基础性工作，是指导评价工作实施的风向标，我国资源型城市经济转型政策评价是一项系统、复杂的工作，评价标准也不是单一的，既要对政策价值标准进行界定，以合理利用现有资源和国家给予的政策来发展资源型城市的后续接替产业为主；同时又要对政策执行的行为标准进行确定，切实对资源型城市经济转型情况进行深入研究，了解政策实施方向与力度；同时兼顾公平标准。

在评价原则上，既要遵循公共政策评价体系的共有性原则、统筹兼顾原则、独立性原则，评价方法的先进性原则、全面性原则、科学性原则及实用性原则，同时又要考虑资源型城市的特点，遵循同一性和区域性相结合的原则，根据资源型城市自身的资源类型情况来确定不同的指标。根据以上原则，资源型城市经济转型中的公共政策评价体系应该由以下几部分组成，如图2－2所示。

由于资源型城市经济转型政策评价体系是一个复杂、庞大的系统，因此，评价的各个阶段都需要理论与实践的支撑。

评价环境的考察。需要评价人员切实进行实地调研，根据不同的资源型城市制定不同的评价标准、方法、指标等。

评价主体的选定。对于评价主体的选定要经过严格的筛选，既要体现效率原则，又要使选中的评价主体能够代表利益相关者，做出客观公正的评价。

评价信息的收集。对信息收集技术与收集方法有更高的要求，同时，要全方位、多角度地收集第一手信息，保障评价结果的真实性。

评价指标的选取。指标的选取关系到评价结果的好坏，所以要按照一定的标准与原则认真选取。

评价方法的选择。资源型城市经济转型政策评价方法有许多种，如不同年代对比分析法、成本—效益分析法、城市之间转型效果对比分析法、模糊

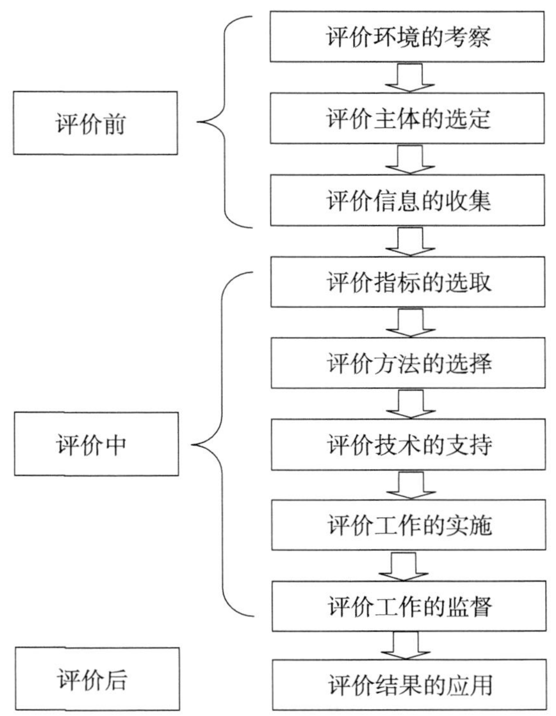

图 2－2　资源型城市经济转型政策评价体系

综合层次评判分析法等。

评价技术的支持。评价技术是指在评价过程中所用到的计算方法、公式、计算机软件等，如在层次分析法中，计算特征值时所采用的应用软件程序 MATLAB（矩阵实验室）等。

评价工作的实施。评价工作的实施是指在评价指标选定、评价信息确定的情况下，运用评价方法与评价技术，对评价指标进行分析的过程，这一过程对评价工作实施人员的技术能力要求较高，需要熟练掌握评价方法与操作评价软件。

评价工作的监督。评价工作的监督是指评价工作的全过程都要派出专人专管，对评价前、评价中、评价后全程进行监督，防止评价工作延误、失误等状况的发生。

评价结果的应用。评价结果的应用是指评价结果出来以后，要对结果高度重视，不可评价后就放手不管，要对评价结果进行深入分析，找出政策的不足，为后续政策提供制定的依据。同时，对政策执行效果进行赏罚，效果好要进行奖赏，效果不好要找出原因，如果是人为原因要及时做出处罚或人员调整决定，以免延误政策实施。

在众多的评价要素中，最基本、最重要、最不可或缺的就是评价指标体系的建立与评价方法的选择。我们从这两个角度出发对森工类资源型城市五大连池市经济转型政策效果进行实证分析。

2. 资源型城市经济转型公共政策评价指标体系构建方法

（1）评价指标的选取方法。采用理论分析法、频度统计法和专家咨询法来选择指标。理论分析法主要是对资源型城市的特征、内涵、主要问题、基本要素进行分析、比较、综合，选择那些针对性较强的指标；频度统计法主要是对目前有关资源型城市经济转型评价研究的科研成果进行一个频度统计分析，选择一些使用频率相对较高的指标；专家咨询法是在初步提出评价指标的基础上，进一步征询专家的意见，对指标进行调整。运用这三种方法最终得到评价指标体系。

在建立评价指标体系之后，考虑被评价政策的社会、经济和资源环境的发展状况以及指标数据的可得性，经过调整与优化，最终确定具体指标体系用于资源型城市转型的政策效果评价。

（2）评价指标的设置原则。建立资源型城市经济转型公共政策评价指标体系，首先涉及评价指标的选择。从总体上看，在选择指标时，一方面需要以现有的各项统计制度和数据为基础，另一方面是结合资源型城市的演变机理和规律，从经济、社会、资源环境等角度考虑。在选取指标时应遵循以下原则。

第一，代表性原则。在满足能够全面反映资源型城市经济转型政策的有效性的前提下，评价指标的选择和设置必须抓住资源型城市经济转型公共政策发展过程中的本质特征，选择能突出影响资源型城市经济转型公共政策发展变化的重点指标，即主要的、基本的、有代表性的指标。

第二，科学性和可操作性原则。这是建立任何指标体系都需要遵循的原则。尤其是资源型城市这种特殊的资源面临枯竭的城市形态。

第三，可持续性原则。这是资源型城市转型评价的出发点，只有站在可持续发展角度评价资源型城市的转型，建立的评价体系才更具有实际意义。

第四，可量化原则。任何一种指标都是从数量方面来反映它要说明的对象。资源型城市经济转型评价指标体系中各项指标必须有现实的、可行的收集渠道，要确保所选取的指标能够科学地反映出资源型城市的特点，并且能够实现测算和量化，还要解决好指标的系统性与可测性的矛盾。

（3）评价指标体系的基本框架。根据科学性、代表性、可量化性、可持续性等原则，从资源型城市经济发展水平、社会发展水平和资源环境保护三个角度选取指标，在考虑资源萎缩枯竭的条件下，以及保持城市的可持续发展的前提下，建立资源型城市经济转型政策评价指标体系框架，如图2－3所示。

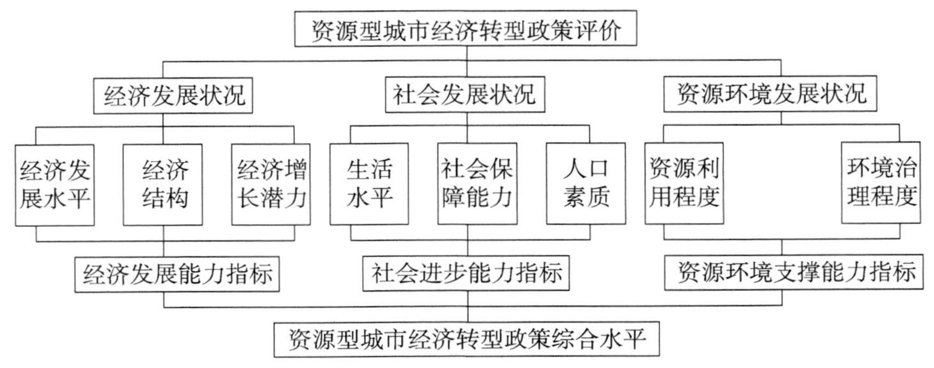

图2－3　资源型城市经济转型政策评价指标体系框架

（4）评价指标体系的基本内容。在对资源型城市发展规律充分认识的基础上，按照以上所介绍的评价指标的选取方法与评价指标体系构建的基本原则，并借鉴已有的资源型城市经济转型公共政策评价指标体系的研究成果，采用频度统计法、理论分析法和专家咨询法构建了初选指标体系，并经过优化最终建立了一套森工类资源型城市经济转型公共政策评价指标体系，如表2－5所示。

表2－5　资源型城市经济转型政策评价指标体系（森工资源）

系统层	子系统层	准则层	指标层	指标性质
资源型城市经济转型公共政策综合水平 U	经济发展状况（A）	经济发展水平（A_1）	A_{11}人均GDP（元/人）	定量指标
			A_{12}GDP增长率	定量指标
			A_{13}工业总产值	定量指标
			A_{14}资源型产业增加值占GDP比重	定量指标

续　表

系统层	子系统层	准则层	指标层	指标性质
资源型城市经济转型公共政策综合水平 U	经济发展状况（A）	经济结构（A_2）	A_{21}第三产业占 GDP 的比重	定量指标
			A_{22}第三产业从业人员比重	定量指标
			A_{23}GDP 中资源产业贡献率	定量指标
		经济增长潜力（A_3）	A_{31}固定资产投资总额	定量指标
			A_{32}地方财政收入占 GDP 的比重	定量指标
			A_{33}单位 GDP 能源消耗量	定量指标
	社会发展状况（B）	生活水平（B_1）	B_{11}城镇居民人均可支配收入	定量指标
			B_{12}恩格尔系数	定量指标
			B_{13}城镇居民人均住房面积	定量指标
		社会保障能力（B_2）	B_{21}社会保险综合参保率	定量指标
			B_{22}卫生机构床位数	定量指标
			B_{23}最低生活保障救济人数	定量指标
		人口素质（B_3）	B_{31}人均预期寿命（岁）	定量指标
			B_{32}受高等教育人口比例	定量指标
	资源环境发展状况（C）	资源利用程度（C_1）	C_{11}成过熟林种植面积	定量指标
			C_{12}森林覆盖率	定量指标
			C_{13}封山育林面积	定量指标
			C_{14}退耕还林面积	定量指标
		环境治理程度（C_2）	C_{21}工业“三废”排放量	定量指标
			C_{22}污染源治理本年投资总额	定量指标
			C_{23}生活垃圾无害化处理率	定量指标
			C_{24}城市人均绿地面积	定量指标

3. 资源型城市经济转型公共政策评价方法的选择

综合评价是一个十分复杂的过程，鉴于资源枯竭型城市经济转型政策效果评价的复杂性和特殊性，结合评价的基本原则，综合各种评价方法的优缺点，本书用模糊综合评判法对资源枯竭型城市经济转型政策效果进行评价。具体步骤如下。

（1）评价指标体系的建立。评价指标体系的建立由系统层、子系统层、准则层、指标层四个层次构成，系统层 U 也是目标层，是最终要得出的评价效果；子系统层是对系统层的进一步分解，从经济 A、社会 B、资源环境 C 的角度对效果进行评价；准则层 A_i、B_i、C_i 是对子系统层的进一步分解，更具体化的体现子系统层所包含的内容；指标层 A_{ij}、B_{ij}、C_{ij}是准则层的细化，是作为具体评价内容的可量化数据。本书主要从森工资源的角度对评价指标体系进行设置，选取 26 个评价指标作为评价依据。

（2）建立评价结论集。评价集是对各层次评价指标的一种语言描述，它是评审人对各评价指标所给出的评语的集合。本书的评语共分五个等级，具体的评价集为：假设 $\mathbf{F} = \{F_1, F_2, F_3, F_4, F_5\} = \{$很好、较好、一般、较差、差$\}$。

（3）权重的确定。确定权重的方法有很多，如专家估计法、层次分析法等，可根据系统的复杂程度和实际工作需要进行适当选择。本书采用层次分析法来确定权重。计算每个判断矩阵的权重向量和全体判断矩阵的合成权重向量。按指标的重要性，通过两两比较进行等级赋值，从而将定性分析过渡到定量分析。本书通过实地调研、与相关部门交换意见、查阅相关理论与资料，将准则层内的各项指标进行两两比较，经过计算，确定权重。此外，为了确定判断矩阵符合一致性，还要进行一致性检验，公式为：

$$CI = (\lambda_{\max} - n) / (n-1)$$

$$RI = \frac{\lambda'_{\max} - n}{n} / (n-1)$$

当随机一致性比率 $CR = CI/RI < 0.10$ 时，可以认为层次单排序的结构有满意的一致性，否则需要调整判断矩阵的元素取值。

（4）构建模糊判断矩阵。组成资源枯竭型城市经济转型政策效果评价组，以问卷调查的形式，进行单因素评价，进而构建单因素模糊判断矩阵。

$$\boldsymbol{R}_i = \begin{Bmatrix} R_{i_{11}} & R_{i_{12}} & \cdots & R_{i_{1n}} \\ R_{i_{21}} & R_{i_{22}} & \cdots & R_{i_{2n}} \\ \cdots & \cdots & \cdots & \cdots \\ R_{i_{m1}} & R_{i_{m2}} & \cdots & R_{i_{mn}} \end{Bmatrix}$$

其中，m 为评价指标集中元素的个数，n 为评价集 $\mathbf{V}$ 中元素的个数。

模糊综合评价模型为：$U = A \times R$

（5）综合评价。由第三步得到的权重以及第四步得到的单因素模糊评价判断矩阵，进行合成运算得出最终评价结果。

四、资源枯竭型城市经济转型政策效果评价及实证分析——以五大连池市为例

（一）黑龙江省五大连池市资源概况及转型政策的实施现状

1. 五大连池市地貌及资源概况

五大连池市位于黑龙江省北部，地处小兴安岭与松嫩平原的过渡带，总面积9874平方千米，总人口36.6万。辖7乡3镇，1个管委会。行政区内有7个国营农场、11个部队农场、4个监狱（所）和1个省属森工局。境内的五大连池风景名胜区是国家4A级风景名胜区、国家级自然保护区、世界地质公园；2007年，五大连池市入“中国县域经济旅游品牌百强县”，在首届中国休闲产业经济论坛上，与杭州、成都、昆明、桂林、三亚等知名城市一起被评为“中国十大休闲城市”。

五大连池林木资源十分丰富，主要树种有红松、落叶松、赤松、水曲柳、云杉、冷杉、柞树、桦树、椴树、杨树等乔木，是国家重要的木材生产基地，属典型的资源型城市。所辖林区是黑龙江省重点国有林区之一，国家重要的木材生产基地，2007年林区经营总面积40.2万公顷，有林地面积26.4万公顷，活立木总蓄积1973.14万立方米，市属天然林蓄积669.3万立方米，人工林蓄积125.1万立方米，年总生长量为36.1万立方米。中华人民共和国成立至今，累计生产木材2086万立方米，累计上缴利税近10亿元（其中生产效益最好的一年，上缴利税近2000万元，而当年的市财政一般预算收入仅为1695万元）。

但是，长期以来，由于多年来对成熟林的连续采伐，再加上频遭山火危害，原始森林遭到了严重破坏，可采资源日益减少，造成了资源危机。如截至2008年年末，全市森林覆盖率下降至30.1%。近成过熟林蓄积量932万立方米，比历史最高年份下降了79.8%。全市林木开采量比历史鼎盛时期的52.3万立方米减少了34万立方米，从业人员相比减少7456人。截至2014年，全市森林总面积由26.7万公顷提高到27.3万公顷，森林覆盖率由30.3%提高到31%。随着资源的濒临枯竭，资源型城市和传统老工业基地固有的深层次矛盾不断暴露，并和现阶段问题相互交织，共同制约和阻碍了整体经济的发展，如结构性矛盾突出，产业升级缓慢；社会保障和就业形势严峻，社会稳定压力较大；地方财政支持能力弱，发展替代产业能力不足等。

2. 五大连池市经济转型政策的实施现状

根据《国务院关于促进资源型城市可持续发展的若干意见》（国发

〔2007〕38号），2009年3月，国务院确定五大连池市为第二批资源枯竭城市之一。国家给予资源型城市一系列扶持政策，主要体现在中央财力性转移支付方面，五大连池市科学利用扶持资金，成效显著。

根据调研统计，2009—2010年，国家共支持五大连池市资源型城市财力性转移支付25377万元。该市将中央财力性转移支付资金25377万元集中用于解决失业、消除贫困、健全社会保障、棚户区改造、环境整治与生态保护等方面。其中，在基础设施建设方面安排9827.2万元，在环境保护与生态治理方面安排786.7万元，在接续替代产业方面安排3118万元，在棚户区改造方面安排3078.4万元，在社会事业方面安排3851万元，在社会保障方面安排4715.7万元。取得的成效主要表现如下。

（1）地区生产总值逐年增加。2008—2010年，全市地区生产总值分别实现31.19亿元、35.24亿元、43.86亿元，同比分别增长12.5%、15%、14%。

（2）财政收入不断增加。2008—2010年，财政一般预算收入分别为3548万元、4888万元、7758万元，同比分别增长17.2%、37.8%、58.7%。

（3）固定资产投资增长提速。2008—2010年，全市固定资产投资分别为63462万元、110868万元、152211万元，同比分别增长35.2%、74.7%、37.3%。

（4）规模以上工业增速渐快。2008—2010年，全市规模以上工业增加值分别为2050.6万元、6853.7万元、9500万元，同比分别增长36.6%、234.2%、38.6%。

（5）社会消费需求日趋旺盛。2008—2010年，全市社会消费品零售总额分别为6.53亿元、8.12亿元、9.95亿元，同比分别增长21.1%、24.3%、22.5%。

（6）民生工程建设明显。城镇居民人均可支配收入由2007年的5975元提高到2010年的10878元，年均增长27.35%；农民人均纯收入由2007年的4067元提高到2010年的8200元，年均增长33.9%。2008—2010年，全市城镇登记失业率分别为3.96%、3.7%、3.6%，低于省控指标0.64、0.9和1个百分点。五大连池市现有城市低保对象6931户，14401人，占五大连池市非农人口的7%，农村低保对象6680户，12885人，占五大连池市农村人口的8%。

（二）五大连池市经济转型政策效果评价实证分析

1. 确定评价结论集

基于五大连池市的转型成效，15名专家及学者对五大连池市转型政策效果的各个方面分别进行打分，对应评判集 **F** = {9，7，5，3，1}，分别代表“很好”“较好”“一般”“较差”“差”。评判结果见表2-6。

表 2－6　　　　五大连池市政策效果各指标档次评分

系统层	子系统层	准则层	指标层	各档次评分人数				
				9	7	5	3	1
资源型城市经济转型公共政策综合水平	经济发展状况	经济发展水平	人均 GDP（元/人）	0	10	3	2	0
			GDP 增长率	4	6	5	0	0
			工业总产值	3	11	1	0	0
			资源型产业增加值占 GDP 比重	1	2	10	2	0
		经济结构	第三产业占 GDP 的比重	1	8	4	2	0
			第三产业从业人员比重	2	9	3	1	0
			GDP 中资源产业贡献率	6	7	1	0	0
		经济增长潜力	固定资产投资总额（亿元）	1	5	5	3	1
			地方财政收入占 GDP 的比重	0	8	6	1	0
			单位 GDP 能源消耗量	2	10	3	0	0
	社会发展状况	生活水平	城镇居民人均可支配收入	1	5	9	0	0
			恩格尔系数	6	9	0	0	0
			城镇居民人均住房面积	1	8	6	0	0
		社会保障能力	社会保险综合参保率	2	10	2	1	0
			卫生机构床位数	1	2	11	1	0
			最低生活保障救济人数	3	10	2	0	0
		人口素质	人均预期寿命（岁）	5	8	0	0	1
			受高等教育人口比例	1	6	7	0	1
	资源环境发展状况	资源利用程度	成过熟林种植面积	4	8	1	2	0
			森林覆盖率	1	10	2	2	0
			封山育林面积	3	3	7	2	0
			退耕还林面积	0	8	4	2	1
		环境治理程度	工业“三废”排放量	1	9	2	3	0
			污染源治理本年投资总额	0	11	3	1	0
			生活垃圾无害化处理率	0	9	5	0	1
			城市人均绿地面积	0	7	5	2	1

2. 确定指标权重

指标权重的分数是由黑龙江省五大连池市发展和改革局有关部门工作人员评出的。形成的两两比较判断矩阵如表 2－7 至表 2－14 所示。

表 2－7　以五大连池市“经济发展水平”为准则的判断矩阵及权重

A_1	A_{11}	A_{12}	A_{13}	A_{14}	W
A_{11}	1	1	2	2	0.3333
A_{12}	1	1	2	2	0.3333
A_{13}	1/2	1/2	1	1	0.1667
A_{14}	1/2	1/2	1	1	0.1667
$\lambda_{max}=4$；$CI=0$；$RI=0.8862$；$CR=0<0.10$					

表 2－8　以五大连池市“经济结构”为准则的判断矩阵及权重

A_2	A_{21}	A_{22}	A_{23}	W
A_{21}	1	1	1	0.3333
A_{22}	1	1	1	0.3333
A_{23}	1	1	1	0.3333
$\lambda_{max}=3$；$CI=0$；$RI=0.5180$；$CR=0<0.10$				

表 2－9　以五大连池市“经济增长潜力”为准则的判断矩阵及权重

A_3	A_{31}	A_{32}	A_{33}	W
A_{31}	1	1	1	0.3333
A_{32}	1	1	1	0.3333
A_{33}	1	1	1	0.3333
$\lambda_{max}=3$；$CI=0$；$RI=0.5180$；$CR=0<0.10$				

表 2－10　以五大连池市“生活水平”为准则的判断矩阵及权重

B_1	B_{11}	B_{12}	B_{13}	W
B_{11}	1	1	1	0.3333
B_{12}	1	1	1	0.3333
B_{13}	1	1	1	0.3333
$\lambda_{max}=3$；$CI=0$；$RI=0.5180$；$CR=0<0.10$				

表 2-11　以五大连池市“社会保障能力”为准则的判断矩阵及权重

B_2	B_{21}	B_{22}	B_{23}	W	W
B_{21}	1	1/2	1/3	0.2762	0.1692
B_{22}	2	1	1	0.6323	0.3874
B_{23}	3	1	1	0.7238	0.4434
$\lambda_{max}=3.0183$；$CI=0.0092$；$RI=0.5180$；$CR=0.01<0.10$					

表 2-12　以五大连池市“人口素质”为准则的判断矩阵及权重

B_3	B_{31}	B_{32}	W
B_{31}	1	1	0.5000
B_{32}	1	1	0.5000
$\lambda_{max}=2$；$CI=0$；$RI=0$；$CR=0<0.10$			

表 2-13　以五大连池市“资源利用程度”为准则的判断矩阵及权重

C_1	C_{11}	C_{12}	C_{13}	C_{14}	W	归一化处理后的 W
C_{11}	1	2	1/2	3	0.4482	0.2672
C_{12}	1/2	1	1/4	1	0.2025	0.1207
C_{13}	2	4	1	5	0.8533	0.5088
C_{14}	1/3	1	1/5	1	0.1733	0.1033
$\lambda_{max}=4.0155$；$CI=0.0052$；$RI=0.8862$；$CR=0.0059<0.10$						

表 2-14　以五大连池市“资源治理程度”为准则的判断矩阵及权重

C_1	C_{11}	C_{12}	C_{13}	C_{14}	W
C_{11}	1	1	1	1	0.2500
C_{12}	1	1	1	1	0.2500
C_{13}	1	1	1	1	0.2500
C_{14}	1	1	1	1	0.2500
$\lambda_{max}=4$；$CI=0$；$RI=0.8862$；$CR=0<0.10$					

由以上表分析可见，各判断矩阵的 CR 值均小于 0.10，因此可以确定层次单排序的结构具有满意的一致性。

得出五大连池市经济转型政策效果评价指标体系各指标权重如表 2-15 所示。

表 2－15　　五大连池市经济转型政策效果评价各指标权重

系统层	子系统层	权重	准则层	权重	指标层	权重
资源型城市经济转型公共政策效果评价 U	经济发展状况（A）	0.3333	经济发展水平（A_1）	0.3333	A_{11}人均 GDP（元/人）	0.3333
					A_{12}GDP 增长率	0.3333
					A_{13}工业总产值	0.1667
					A_{14}资源型产业增加值占 GDP 比重	0.1667
			经济结构（A_2）	0.3333	A_{21}第三产业占 GDP 的比重	0.3333
					A_{22}第三产业从业人员比重	0.3333
					A_{23}GDP 中资源产业贡献率	0.3333
			经济增长潜力（A_3）	0.3333	A_{31}固定资产投资总额	0.3333
					A_{32}地方财政收入占 GDP 的比重	0.3333
					A_{33}单位 GDP 能源消耗量	0.3333
	社会发展状况（B）	0.3333	生活水平（B_1）	0.3333	B_{11}城镇居民人均可支配收入	0.3333
					B_{12}恩格尔系数	0.3333
					B_{13}城镇居民人均住房面积	0.3333
			社会保障能力（B_2）	0.3333	B_{21}社会保险综合参保率	0.1692
					B_{22}卫生机构床位数	0.3874
					B_{23}最低生活保障救济人数	0.4434
			人口素质（B_3）	0.3333	B_{31}人均预期寿命（岁）	0.5000
					B_{32}受高等教育人口比例	0.5000
	资源环境发展状况（C）	0.3333	资源利用程度（C_1）	0.5000	C_{11}成过熟林种植面积	0.2672
					C_{12}森林覆盖率	0.1207
					C_{13}封山育林面积	0.5088
					C_{14}退耕还林面积	0.1033
			环境治理程度（C_2）	0.5000	C_{21}工业“三废”排放量	0.2500
					C_{22}污染源治理本年投资总额	0.2500
					C_{23}生活垃圾无害化处理率	0.2500
					C_{24}城市人均绿地面积	0.2500

3. 运用模糊综合评判法进行评价

以“经济发展状况”为例。

“经济发展水平”的权重模糊子集为 $\mathbf{A}_1$ = （0.3333，0.3333，0.1667，0.1667）。

“经济结构”的权重模糊子集为 $\mathbf{A}_2$ = （0.3333，0.3333，0.3333）。

“经济增长潜力”的权重模糊子集为 $\mathbf{A}_3$ = （0.3333，0.3333，0.3333）。

以下为模糊判断矩阵：

$$\text{经济发展水平}\ \boldsymbol{R}_{A_1}=\begin{Bmatrix} 0 & 0.6667 & 0.2 & 0.1333 & 0 \\ 0.2667 & 0.4 & 0.3333 & 0 & 0 \\ 0.2 & 0.7333 & 0.0667 & 0 & 0 \\ 0.0667 & 0.1333 & 0.6667 & 0.1333 & 0 \end{Bmatrix}$$

$$\text{经济结构}\ \boldsymbol{R}_{A_2}=\begin{Bmatrix} 0.0667 & 0.5333 & 0.2667 & 0.1333 & 0 \\ 0.1333 & 0.6 & 0.2 & 0.0667 & 0 \\ 0.4 & 0.4667 & 0.1333 & 0 & 0 \end{Bmatrix}$$

$$\text{经济增长潜力}\ \boldsymbol{R}_{A_3}=\begin{Bmatrix} 0.0667 & 0.3333 & 0.3333 & 0.2 & 0.0667 \\ 0 & 0.5333 & 0.4 & 0.0667 & 0 \\ 0.1333 & 0.6667 & 0.2 & 0 & 0 \end{Bmatrix}$$

可以得到“经济发展状况”的综合评价向量：

$$\mathbf{A}_1\times\boldsymbol{R}_{A_1}=(0.3333,\ 0.3333,\ 0.1667,\ 0.1667)\times\begin{Bmatrix} 0 & 0.6667 & 0.2 & 0.1333 & 0 \\ 0.2667 & 0.4 & 0.3333 & 0 & 0 \\ 0.2 & 0.7333 & 0.0667 & 0 & 0 \\ 0.0667 & 0.1333 & 0.6667 & 0.1333 & 0 \end{Bmatrix}=(0.1334\quad 0.5\quad 0.3\quad 0.0667\quad 0)$$

依此类推，得到“经济结构”“经济增长潜力”的综合评价向量：

$$\mathbf{A}_2\times\boldsymbol{R}_{A_2}=(0.2,\ 0.5333,\ 0.2,\ 0.0667,\ 0)$$

$$\mathbf{A}_3\times\boldsymbol{R}_{A_3}=(0.0667,\ 0.511,\ 0.3111,\ 0.0889,\ 0.0222)$$

进而可以得出五大连池市经济转型政策后经济发展状况效果评价结果：

$$\boldsymbol{U}_A=(0.3333,\ 0.3333,\ 0.3333)\times\begin{Bmatrix} 0.1334 & 0.5 & 0.3 & 0.0667 & 0 \\ 0.2 & 0.5333 & 0.2 & 0.0667 & 0 \\ 0.0667 & 0.511 & 0.3111 & 0.0889 & 0.0222 \end{Bmatrix}=(0.1334,\ 0.5147,\ 0.2703,\ 0.0741,\ 0.0074)$$

依据同样的方法和步骤，可以得到五大连池市经济转型政策后社会发展状况和资源环境状况效果评价结果，如下所示：

$$\boldsymbol{U}_B = (0.1716, 0.4829, 0.3107, 0.0124, 0.0222)$$

$$\boldsymbol{U}_C = (0.0989, 0.4899, 0.2744, 0.1167, 0.0201)$$

最后得出五大连池市经济转型政策效果最终评价矩阵：

$$\boldsymbol{U} = (0.3333, 0.3333, 0.3333) \times \begin{Bmatrix} 0.1334 & 0.5147 & 0.2703 & 0.0741 & 0.0074 \\ 0.1716 & 0.4829 & 0.3107 & 0.0124 & 0.0222 \\ 0.0989 & 0.4899 & 0.2744 & 0.1167 & 0.0201 \end{Bmatrix} = (0.1346, 0.4958, 0.2851, 0.0677, 0.0166)$$

根据以上综合评价矩阵，结合前面给定的评价系数矩阵，计算得出最终评价值：

$$\boldsymbol{S} = \boldsymbol{U} \times \boldsymbol{F} = (0.1346, 0.4958, 0.2851, 0.0677, 0.0166) \times \begin{Bmatrix} 9 \\ 7 \\ 5 \\ 3 \\ 1 \end{Bmatrix} = 6.3272$$

通过以上一系列计算结果，可以得出结论：五大连池市经济转型政策效果属于“很好”的隶属度为13.46%，属于“较好”的隶属度为49.58%，属于“一般”的隶属度为28.51%，属于“较差”的隶属度为6.77%，属于“差”的隶属度为1.66%，最终综合评分为6.3272。

4. 五大连池市经济转型政策评价结论与建议

经过以上计算，可以得出五大连池市经济发展状况、社会发展状况与资源环境发展状况的综合得分，最后得出评价结论如表2－16所示。

表2－16 目标层和准则层的隶属度和综合得分

指标层	评价指标	各层次隶属度					综合得分
		很好	较好	一般	较差	差	
准则层	经济发展	0.1334	0.5147	0.2703	0.0741	0.0074	6.3847
	社会发展	0.1716	0.4829	0.3107	0.0124	0.0222	6.5376
	资源环境发展	0.0989	0.4899	0.2744	0.1167	0.0201	6.0616
目标层	政策效果	0.1346	0.4958	0.2851	0.0677	0.0166	6.3272

由表 2－16 可以看出，综合得分比较均衡，由此可知经济转型政策对五大连池市经济、社会、资源环境的影响效果比较均衡，处于“较好”和“一般”之间，隶属于“较好”的状态。通过对五大连池市经济转型政策效果评价分析，得出五大连池市经济转型政策效果属于较好的，为增强政策效果，提出以下建议。

（1）强化生态环境建设，培育森林后备资源。坚持保护优先、开发有序的原则，强化对水源、土地、森林、草原等自然资源的生态保护，实施天然林保护、生态林保护、退耕还林、退耕还草、水土流失治理、湿地保护、水源地保护等生态工程。强化生态功能区示范作用，全面开展五大连池市国家级生态示范区试点建设工作，培育森林后备资源，改善生态环境。同时，积极推进污水处理厂二期工程、城市生活垃圾处理工程、城市集中供热二期工程等城市环境保护基础设施建设项目，以及环境监测、环境监察机构能力建设项目。

（2）积极发展接续替代产业，实现经济持续发展。通过推进结构调整，大力发展旅游经济，做大做强矿泉产品，积极发展现代农业和清洁能源产业，建立多元化综合发展的产业格局。

第一，做大矿泉产业，实现跨越式发展。加快推进矿泉产品开发等重点项目建设，形成产业集群，实施品牌战略，不断提高五大连池矿泉系列产品的知名度和市场占有率。

第二，做强旅游产业，发展旅游经济。科学规划景区、景点，加强基础设施和人文景观建设，开发温泉疗养和冰雪旅游项目，大力发展以旅游休闲养生产业为龙头的第三产业。全力提升五大连池旅游休闲养生的知名度和吸引力，力争把五大连池打造成观光游览、康疗养生、度假避暑胜地。

第三，发展绿色农业，建设农林产品基地。围绕黑龙江省“两大平原农业综合开发试验区”建设和千亿斤粮食产能工程，重点发展无公害、绿色有机农业，推进科学化养殖、规模化生产和集约化经营。加大农副产品加工园区和林木加工园区基础设施建设投入，合理规划产业布局，进一步完善优惠政策，增强服务功能和集聚能力，逐步建成黑龙江省北部地区具备一定规模的农副产品加工集散地和木材加工基地。

第四，发展新型能源，打造百万千瓦清洁能源基地。合理利用水能资源，加快水电开发，努力提高经济效益。积极开发风能、太阳能、生物质能、地热等新能源和可再生能源，加快风电和秸秆发电推进建设力度，加快农村大型沼气池建设进程，推进热电联产项目，促进节能降耗。

（3）加快推进基础设施建设，打通制约发展瓶颈。

第一，大力推进交通基础设施建设。一是改善交通环境，缓解市区交通压力，拓展城市空间。二是升级改造县乡公路，打通五大连池市通往各地区的重要通道，拓宽通乡公路，消除安全隐患，促进市场经济的共同发展。

第二，拓宽融资渠道。充分调动和发挥各方面资金投入的积极性，尽快形成以政府投入为引导、企业投入为主体、银行贷款为支撑、社会其他投入为补充的多渠道、多层次的投入机制。

第三，大力推进棚户区改造。把棚户区改造工作纳入目标管理，制定出台详细的考核办法，定期进行督办。抓紧做好科研、初设的编制和报批工作，按“四制”要求，加强项目管理。加强工程质量和安全管理，本着好事办好的原则，抓好质量巡查和检查工作，科学制订施工方案，克服和杜绝质量问题，切实保证棚户区工程质量。

（4）完善社会保障与科技创新制度建设。

第一，加强劳动保障。加大就业再就业工作力度，继续落实积极的就业政策和就业再就业扶持政策，促进就业再就业。一是做好小额担保贷款发放、社会保险补贴发放、公益性岗位开发、高校毕业生见习等工作。二是加大招商引资力度、开展园区建设、发展劳动密集型企业等，促进更多人就业。三是在建设五大连池就业和社会保障服务中心的基础上，加大投入力度，逐步建设乡镇就业和社会保障服务中心，逐步推进村级公共服务平台建设。四是不断扩大社会保险覆盖面，努力做到应保尽保。五是加大政府投入，提高医疗保险统筹层次。六是做好职业技能和创业培训工作，提高劳动者素质，促进就业。

第二，加快科技创新。一是突出向上争取这条主线。进一步加强对上级政策的研究和把握，围绕国家、省各项政策的贯彻落实和省级以上各类项目计划的支持重点，积极争取立项，实施新的国家级、省级重点科技计划。二是突出为基层和企业服务这条主线。深入基层加强调查研究，广泛了解基层和企业的需求，针对基层和企业在科技领域方面存在的困难和问题，搞好对接，有的放矢地开展工作，在为市域经济发展提供科技支撑上取得新进展。三是重点抓好攻克产业发展的关键技术，完善基础平台建设，加速科技成果转化，引领生物产业发展，开展科普宣传等任务。

第三，加强教育事业。一是完善教育投入保障机制。进一步落实教育投入“三个增长”，健全以政府投入为主、多渠道筹集教育经费的体制，大幅度增加教育投入。二是积极推进学校标准化建设。三是大力发展信息技术教育。加快中小学信息化基础设施建设，依托五大连池市教育信息网联通全市各级各类学校，基本实现教育管理信息化、教育资源共享化；加强师资队伍建设，采取多种形式对相关人员进行培训，提高管理水平、教学水平和研究水平，建立教育信息化的支持服务体系。

5. 完善资源型城市经济转型公共政策评价体系的途径

（1）推进以第三方为主的政策评价主体多元化。针对目前我国资源型城市经济转型政策评价中单一的以政府评价为主的现状，应当实现以第三方为主的评价主体“多元化”。评价主体的独立性是保持政策评价客观性与公正性的基本前提。第三方主体的加入是加强政策评价客观公正性的有效途径，由于第三方组织独立于政府系统之外，立场超然，与政府组织没有隶属关系和利益关系，这种评价可以使评价过程避开政府的压力和干预，从根本上克服了政府内部评价双重角色的矛盾。

（2）建立规范的政策评价指标体系。针对当前我国政策评价中存在的问题，今后必须加强政策评价体系的建设，加强跨学科研究，重视方法论基础建设，将事实分析和价值判断相结合，定性分析与定量分析相结合，建立和完善针对性强、科学、有效的政策评价指标体系。

我国资源型城市政策评价指标体系应主要反映以下几个方面的问题：一是要反映出社会系统的运行状况，其中重要的是要对提高人民生活水平、改善人民物质生活等方面做出明确的评价；二是要反映出资源型城市经济发展的效果与规模；三是要反映出环境污染的治理能力；四是要高度重视主要资源的开发利用程度以及资源开发补偿的治理程度。

（3）完善与政策评价信息系统相配套的网络信息收集制度。信息是决策的基础和前提，也是评价的依据。没有真实、详尽的信息资料作为支撑，公共政策评价的科学性、客观性也将无据可依。为了使公共政策评价中信息畅通，为政策评价提供及时、丰富的资料，应当成立相应的公共信息管理部门，订立信息管理办法，建立一个覆盖全社会的信息网络系统；对评价信息的采集、加工、传输进行规范，建立评价信息披露制度，最大限度地避免信息的失真、截留，以保证公共政策评价组织能够获得详尽、真实的评价信息。政策评价信息系统的核心任务应该是系统地记录有关政策问题、外部环境变化和政策投入、产出等方面的信息资料。为了保证信息资料的客观性、全面性，提高信息的使用价值，就需要建立与政策评估系统相配套的信息收集制度，使政策相关信息的收集在次数上、数量上、时间上、范围上都有明确的规定。

为此，我国各级政府机关部门和决策机构除了法律规定必须予以保密的信息之外，其他一切有关公共政策制定的背景、实施状况、评价结论等情况应当通过报纸、网络、电视等各种传媒形式及时向社会进行传播，增强政府行政实施过程的透明度，杜绝“暗箱”操作。对于政策评价组织来说，将有利于其在节约成本的前提下尽可能多地获取信息，降低评价成本，有利于评价方法和评价结论的传播，便于及时了解政策效果。对于公众来说，可以借助各种信息沟通渠道，发表自己对某一政策的意见和建议，以推进决策的民主化。

我们在公共政策评价过程中应该注意三个方面的问题。一是规定统一的政策评价标准。政策目标的价值性问题即政策评价的标准问题，是政策效果评价的前提条件。所谓政策目标的价值性就是政策目标是否符合人民群众的利益，是否有利于推动社会生产力的发展，在政策制定过程中就应该考虑到，并且指导政策评价工作的顺利进行。资源型城市经济转型政策效果评价的标准就是衡量一项政策目标是否有价值的标尺，应以可持续发展的标准为主导，兼顾效率标准、效益标准等内容，在各个试点城市中建立统一的政策评价标准，明确经济转型的最终目标，为转型的成功指明方向。二是重视差异性问题。由于我国资源型城市经济转型政策评价环境存在较大差异，因此，在评价指标体系的建立方面，应注重共性指标体系的设置，同时对差异大的指标体系要给予重点考察，做出适当调整。在评价工作实施方面，针对环境条件相对较弱的城市要在资金、技术上给予扶持，帮助其顺利实现转型。三是重视政策评价环境的法制化与制度化建设。法律与制度建设是政策评价体系建设的一项基础性工作，关系到政策评价的权威性、规范性和有效性，在政策评价规范的国家，一般都有专门性的法律制度作为基本保障，如韩国 2001 年通过的《政策评估框架法案》，美国 1993 年第 103 届国会通过的《政府绩效与成果法》，日本 2002 年实施的《关于行政机关实施政策评估的法律》等。这些法律的出台都对各国政府的政策评价工作有不同程度的积极影响。

参考文献

［1］黄群慧，余菁．中国国情调研丛书·企业卷：国家开发投资公司考察［M］．北京：经济管理出版社，2013.

［2］钱勇，于左．东北资源型城市产业转型难题与破解［J］．东北财经大学学报，2008（1）：27.

［3］王新民，焦存志．资源型城市产业结构合理化评价分析［J］．和田师范专科学校学报，2008（1）：67－73.

［4］于全，王金瑛．资源枯竭型城市的经济转型：理论与经验［J］．山东社会科学，2009（5）：99－100.

［5］孔微巍．黑龙江省资源型城市经济转型中的现状及障碍分析［J］．商业研究，2007（11）．

［6］李素苹．关于资源枯竭型城市经济转型的几点探讨［J］．中国商界，2010（7）：338.

［7］赵景海．我国资源型城市发展研究进展综述［J］．城市发展研究，2006（3）：86－91.

［8］王森．资源枯竭型城市转型发展中的金融支持——以枣庄市为例［J］．银行家，2010（12）：118－119.

［9］王青云．资源型城市经济转型研究［M］．北京：中国经济出版社，2008.

［10］郑文升，王晓芳，丁四保．我国东北地区资源型城市棚户区改造与反贫困研究［J］．地理科学，2008（2）．

［11］李铁滨，郑文升，丁四保．东北资源型城市民营经济发展战略研究［J］．经济纵横，2007（8）：45－47.

［12］魏林，梁其娟．多方携手助推非公经济快发展［N］．黑龙江日报，2010（9）．

［13］上海市中小企业服务中心．全面提升服务中小企业创新发展水平［EB/OL］．http：//www. dscf. cn/xx_ shows. asp？ xwid＝4287，2010－5－24.

［14］佚名．张振生谈黑龙江中小企业信息化建设［EB/OL］．http：//www. e－gov. org. cn/ziliaoku/news001/200704/55787. html，2007－4－3.

［15］杜子越．黑龙江：中小企业合同金额占总规模98%［N］．政府采购信息报，2010（9）．

[16] 刘俊峰，王生林. 甘肃资源型城市产业演进与转型模式选择 [J]. 甘肃科技纵横，2009 (3)：38.

[17] 常健. 创新体制机制促进资源型城市可持续发展 [J]. 中国煤炭工业，2007 (2)：49-50.

[18] 姜传军，吕洁华. 林业资源型城市经济转型评价指标体系研究 [J]. 林业经济，2008 (11).

[19] 杜栋，庞庆华，吴炎. 现代综合评价方法与案例精选 [M]. 北京：清华大学出版社，2008.

[20] 五大连池市政府网站 [EB/OL]. http：//www.hljwdlc.gov.cn/out.do? viewType=outViewIndex.

[21] 许光洪. 我国矿业城市的产业结构及其发展途径 [J]. 中国人口：资源与环境，1998 (1)：26-29.

[22] 潘永忠. 关于资源枯竭型城市发展循环经济的思考——以广西合山市煤炭资源型城市为例 [J]. 资源与环境，2009 (9).

[23] 姜玉砚. 经济转型和城镇化背景下的区域产业布局优化研究 [N]. 城市发展研究，2012 (12)：17-20.

[24] GUOJIAN SHAO, JINGBO SU. Sensitivity and inverse analysis methods for parameter intervals [J]. Journal of Rock Mechanics and Geotechnical Engineering, 2010 (3).

[25] FORCE J E, MACHIIS G E, ZHANG L. The Engines of Change in Resource-DependCommunities [J]. Forest Science, 2000, 46 (13)：410-422.

[26] I PRIGOGINE. Time, Structure and Fluctuation [J]. Science, 1978 (9)：234-239.

[27] LARSEN, SOREN C. Place Identity in a Resource-Dependent Area of Northern British Columbia [J]. Annals of the Association of American Geographer, 2004, 94 (4)：944-103.

专题三

国外资源枯竭地区经济转型中公共政策的实施经验及启示

摘要：据凤凰财经报道，2014 年 31 个（不含港澳台数据）省、市、区中，22 个省、市、区上半年 GDP 增速高于全国 7.4% 的平均水平。与 2013 年同期相比，29 个省、市、区增速出现回落。这表明，当前经济下行压力仍然明显。东北地区经济下行压力较大，各地区的经济增长格局呈现出“东部地区增速缓中趋稳，中西部地区增速快于东部地区，东北地区增速降幅较大”的特征。黑龙江省维持一季度 4.8% 的增速而再度垫底，辽宁省从一季度的 7.4% 回落到上半年的 7.2%，吉林省则从 7% 下滑到 6.8%，三个省份均面临着较大的下行压力。在当前调结构、转变经济增长方式的背景下，以重化工业、能源产业为主导产业的东北地区经济增长受到严重的阻力。东北三省以资源型城市居多，煤炭和森工为主的资源型城市有 26 个，占东北三省全部资源型城市的 87%，东北三省资源型城市占全国资源型城市近 14%。如何走出困局？我们可借鉴德国鲁尔区“综合式”政策传导效应模式、德国鲁尔区以人力资本开发带动就业的经济转型模式；美国休斯敦实施产业链带动地区发展的政策模式；法国洛林资源型城市转型中的金融支持体系政策模式；夏威夷新能源开发“组合拳”的公共政策支持模式，从而更好地实现“要做强装备制造业，抓住高铁、核电、特高压等重大项目建设契机，促进技术、产品创新，推动‘东北装备’走向世界”目标的实现。

一、德国鲁尔区“综合式”政策传导效应模式

鲁尔区是德国最大的工业区，也是世界最重要的工业区之一。位于北莱茵—威斯特法伦州的西部，介于莱茵河及其支流鲁尔河、利伯河之间。在行政上鲁尔区并不是一个独立的区域，通常以该区最高规划机构——鲁尔煤管

区开发协会管辖范围为界，面积为 4430 平方千米。传统上鲁尔区是一个老工业区，从 19 世纪中叶开始发端，一直是以采煤、钢铁、化学、机械制造等重工业为核心，是德国的能源基地、钢铁基地、重型机械制造基地，这三大部门的产值曾一度占全区总产值的 60%。第二次世界大战后，在新一轮产业革命浪潮的冲击下，世界其他一些以重化工业为主的传统工业区纷纷陷入严重危机。从 20 世纪 50 年代起，由于世界能源结构的改变和科技革命的冲击，鲁尔区逐步陷入了结构性危机之中。经济增长速度减缓，主导产业衰落，失业率上升，大量人口外流，环境污染日益加剧。

20 世纪 60 年代，德国政府审时度势，对鲁尔区老工业基地传统的煤炭工业和钢铁工业进行经济结构转型。政府实施了一系列政策，如组合式的政策传导、人力资本开发政策、积极的金融政策与财政政策等，扶持传统产业向现代产业转移，使鲁尔区经济进行了成功转型。

（一）德国鲁尔区政府"组合"政策传导效应

20 世纪 60 年代以来，为了保障政策传导的有效实施，联邦政府制定了整治和改造的综合式的政策发展规划，并取得了显著成效，主要体现为以下四个方面。

1. 统一整合规划机构，优化政策传导模式

鲁尔区在其发展初期，缺乏对土地的综合利用，城镇布局杂乱、环境保护无力，出现了工业化初期由于忽视持续发展而带来的环境质量恶化、区域形象损害等经济社会问题，严重地影响了鲁尔区经济的可持续发展。在如何从全区整体的角度来进行全面规划、统筹安排，以促进区域整体协调发展的问题上，成立于 1920 年的鲁尔煤炭区开发协会发挥了巨大的协调规划作用。

1920 年，鲁尔煤管区开发协会成立，成为鲁尔区最高规划机构，这是当时世界上独一无二的机构。此后通过法律一再扩大其权利，让其成为区域规划的联合机构，州联邦的权力部门。针对鲁尔区存在的问题，协会于 1960 年提出了鲁尔区总体发展规划，作为法令要求全区严格遵守执行。这个权力机构具有广泛的代表性，成员中 60% 是市、县政府代表，40% 是企业代表。因此，该机构做出的决定能比较顺利地得到贯彻落实。对鲁尔地区进行整治与改造的总体规划和重点倾斜政策主要有对煤炭、钢铁工业改造提供资金援助；降低投资税、运用补贴和价格手段支持煤炭工业的发展；由政府向在鲁尔地区新建和迁入的企业提供低息贷款和就业赠款等。

2. **推进新型产业发展，发挥创新政策传导作用**

煤炭工业和钢铁工业一直是鲁尔区经济的两大支柱，如果这两个部门陷入危机将威胁鲁尔区的生存。为了改变经济结构的单一性，联邦政府、北威州政府和鲁尔煤管区开发协会都想改变鲁尔区的投资环境，吸引新兴工业迁入本地，促进经济结构向多样化发展。鲁尔区劳动力充裕、交通便利、科研力量强，又有巨大的消费市场，具备发展新兴工业的条件。1985—1988 年新建企业数量增加 41%，大大超过同期全国的平均水平。这类企业多是技术含量高的中小企业，产品种类繁多，有汽车、炼油、化工、电子以及服装、食品等。如奥佩尔汽车厂，兴建于 20 世纪 60 年代中期，在一个已关闭的矿井旧址上，后发展成有 20 多万人的世界现代化汽车厂之一。除了引进新企业外，鲁尔区同时对煤炭、钢铁等传统支柱产业进行了技术更新，如在东鲁尔区开发研制，并在竖井设备中采用的最新现代矿山开采技术在烟煤生产方面取得领先地位。第二台制煤气实验设备的投产，使该地区煤炭转换工艺上了一个新台阶，是改善东鲁尔区产品结构的重要手段之一。此外，第三产业也蓬勃兴起，服务行业的就业率由 1964 年只占总就业人口的 38% 提高到 1995 年的 61%。

3. **渐趋完善基础设施，社会保障政策传导顺畅**

首先，鲁尔区在发展和完善交通运输网上，有计划地对现有线路进行技术改造，发展区内快车线。建设新的高速公路，使区内任何地点距高速公路的距离都不超过 6 千米。同时还提出在最大限度发挥本区水运优势的基础上搞好水陆联运，加速南北向交通线路的建设，组成统一的运输系统，把全区彼此分割的工业区和城市紧密衔接起来。现代化的交通网络对于传统产业的改造和新兴产业的发展都具有十分重要的意义。在鲁尔区的整治过程中，联邦政府和北威州政府对原有交通运输网络的现代化改造十分重视。最大限度地发挥本区水运优势，重点发展纵横交错的水陆联运网络。提高内河港口的集散货运能力，扩建和新建高速公路，实现交通运输设备的现代化。其次，建立良好的社会保障政策。为推动鲁尔区的经济结构变革和保持社会稳定，联邦和州对煤矿地区实施了一项为期三年的特殊政策：一是通过德国联邦协调银行提供 9 亿马克的低息贷款；二是每创造一个就业岗位就提供企业 5 万马克；三是工人的转岗培训费用 100% 由政府资助。对 50 岁以上的人，让他们在原有的工作岗位继续工作，发挥其技术和经验的优势。对 30 岁以下的年轻人进行培训，发挥其在经济结构转变中的潜力。这些措施的实施极大地降低了结构变革中出现社会不稳定的风险。此外，改善工业区严重的环境污染问题，州政府投资50亿马克，成立环境保护机构，统一规划治理。1989年，慕尼黑经济发展研究所对欧共体11000家企业和区域研究专家的调查结果表明，鲁尔区是欧洲产业区位条件较好的地区之一。良好的外部环境使鲁尔区公共政策顺畅传导，方便经济顺利转型。

4. 治污改善地区生态，改革政策传导多样

由于长时期发展煤炭、钢铁工业而忽视了环境的治理，鲁尔区环境污染严重，如果不加以重视会引发一系列社会问题，并且会对新兴产业的发展产生影响。为此，鲁尔区一方面对煤炭和钢铁工业实行了“关、停、并、转”等政策合理化改造，同时鼓励兴建新兴工业和保险、旅游等第三产业部门；另一方面，对严重的环境污染进行了综合改治，建立完善污水净化系统与治污设施，大规模植树造林，美化环境。现鲁尔区绿化面积已达7万多公顷，区内开辟了大小公园3000多个，新建一大批旅游景点和文化娱乐场所，使昔日浓烟蔽日、黑尘满地的厂区成为环境优美的花园；一些老工业建筑物和工业废墟被改造成为别具风格的文化艺术景点和服务设施，如仓库被用来开设餐厅，原先的高炉墙被用作攀岩爱好者的运动场所等。

目前，鲁尔区已经逐渐变成一个煤、钢等传统产业与信息技术等新经济产业相结合、多种行业协调发展的新经济区，成为老工业基地转型特别是资源型城市转型的典范。

（二）德国鲁尔区以人力资本开发带动就业的经济转型模式

鲁尔老工业基地从钢铁康采恩克虏伯公司1811年建于埃森市以来，至今已有200余年的历史。20世纪60年代开始，鲁尔老工业基地传统的煤炭工业和钢铁工业走向衰落，煤矿和钢铁厂逐个关闭，就业人数大幅下降，20世纪70年代后，传统产业衰退的趋势已经十分明显。为了改造鲁尔老工业基地，政府采取一系列措施解决失业问题，其中最为有效的方式是大力发展职业教育和在职培训，大力开发人力资本，为产业转型提供充沛的高素质的劳动力。资源型城市产业往往是以采掘业为基础并在一定条件下延长生产链，对资源进行深加工，其转型经验是政府在转型中发挥主导作用，由政府成立专门的转型机构，制定区域的总体发展规划，并且将规划作为法令，要求全区执行，有效地促进了经济的成功转型。

1. 产学研一体式发展合作，重视人力资本开发

在20世纪60年代初，联邦政府在制定科技发展规划时，把鲁尔区列为科技发展的重点。鲁尔区先后建立了一批高等院校，如鲁尔大学、多特蒙德大学、埃森大学等以及一些重要的研究机构，人才素质得到明显提高。鲁尔区拥有15所高等院校，多所科研机构和研究中心，科隆与波恩、亚琛的三角地区集中15万大学生。利用科技优势，鲁尔区采取以下政策与措施：首先，改革创新，加强科学界与经济界合作，从多特蒙德经过波鸿、埃森、哈根直到杜伊斯堡建立一条横贯全区的“技术之路”，把区内的经济中心和研究中心联系起来，加快科研成果的应用，并建立“鲁尔区风险资本基金会”和新技术服务公司，为新技术企业提供资金和咨询。其次，改革传统教育，创立新兴学科，并把高等院校的教育与本地区经济发展相结合。最后，鲁尔区认为不可能也没有必要单纯发展高新技术工业，在发展新技术产业的同时，更应加快新技术对传统工业的改造，如建立科学技术革新的信息中心，政府帮助企业拟订技术革新计划，结合中小企业具有灵活应用新技术的特点，优先向中小企业转让技术等，大大加快将科研成果转化为生产力的步伐，提升了区域产业结构的层次；设立州内跨行业的培训中心，采取脱产、半脱产和业余培训等灵活多样的形式，提高中小企业的职工素质，培养了大批专业人才。

2. 产业结构升级，创造就业岗位

20世纪50年代以后，伴随世界能源结构变化、世界钢铁产量过剩以及新技术革命的兴起，一大批新兴工业部门涌现，鲁尔区单一的重化工业结构日益显露弊端，主导产业迅速衰落，失业率上升。1968年鲁尔区开始着手进行产业结构调整。主要采取对矿区进行清理整顿，关闭许多不盈利和亏损的煤矿，将采煤业集中到盈利多和机械化水平高的大矿井，实现了生产方式从粗放型向集约型的转化。此外，通过调整企业的产品结构和提高产品技术含量等措施改造传统产业。鲁尔区的经济结构存在过于单一的弊端，因此，整治规划把发展新兴产业放在重要地位。鲁尔区所在的北威州制定各种优惠政策，改善鲁尔区的投资环境，以吸引各类新兴企业进入和扩大投资。因此从1985年起，鲁尔区分五个阶段，投资1.3亿马克，建设了一个技术园区。其建设费用中有9000万马克是由欧盟、联邦和州政府资助的。目前技术园区已有200多家企业，创造了3600多个工作岗位。鲁尔区内电子、信息、汽车、服装等行业得到发展，并且将汽车、化工、电子以及消费品工业确定为接续产业。通过产业变革的力量，整个鲁尔地区经济结构得到明显改善。

3. 利用智力资源，加强科研与开发

完善的科研机构和丰富的智力资源为鲁尔区经济的持续稳定增长提供了重要前提条件。鲁尔区拥有6个国内外著名的科研机构，15个技术咨询转让处以及12个高新技术企业创业服务中心。在15所高等院校近15万名学生中，有63.5%的理工科和经济专业学生对区域经济的发展起着积极的促进作用。这些都为高新技术企业的创建、高新技术产品的生产以及提高技术水平、增强企业在国内外市场的竞争力奠定了坚实的基础。例如，多特蒙德技术中心快速而顺利的兴建表明科学研究、技术开发、经济发展三方的相互密切联系、合作的必要性。该中心现在是区域内有效利用本地智力资源的成功典范，而且也是开发新产品和新工艺的中心，成为东鲁尔区经济持续发展的支柱。

（三）德国鲁尔区经济转型的金融政策支持模式

从19世纪中叶开始发端，鲁尔区一直是以采煤、钢铁、化学、机械制造等重工业为核心，是德国的能源基地、钢铁基地、重型机械制造基地，这三大部门的产值曾一度占全区总产值的60%。20世纪60年代以后，通过实施以政府为主导的一系列金融、财政组合政策，特别是成立了以“风险资本基金会”为特色的金融政策进行清理改造和产业结构调整，使鲁尔工业区从以煤炭和钢铁工业为中心的资源型生产基地，转变为以煤炭和钢铁生产为基础，以电子计算机和信息产业技术为龙头，多种行业协调发展的新型经济区。

1. 创立良好的投资环境，增强经济持续发展能力

调整区域产业结构就是增强区域吸引投资的能力，即改善区域基础设施、培养高素质人才队伍、提供便利优惠的投资场所等软硬投资条件，提高区域的知名度。为使区域经济充满活力，除了大力发展第三产业以外，改善其他产业特别是工业的投资环境也是重要的前提条件之一。在这方面，鲁尔区主要做法如下。

（1）建立灵活的市场机制。经济发展中出现的许多问题，大多数是由于各种规章制度限制了市场调节作用的发挥而造成的。为给企业发展创造一个良好的政治、经济环境，鲁尔区通过立法手段和管理措施，逐渐取消了那些不合理的规定，这就为中小企业提供了良好的发展条件，同时也保证了灵活的劳动市场的形成及其成本的下降，有利于尽快地消除竞争中的信号失真及其他种种限制。

（2）改善交通设施，加快信息产业的发展。例如，地处鲁尔区中心位置的多特蒙德，因其一直是客货运输的枢纽，为了经济的持续发展和吸引更多的企业前来投资办厂，现已投资建成了多特蒙德—威肯德飞机场新跑道；修建了以多特蒙德为中心的铁路，开通了到柏林、伦敦的航线，形成了跨地区、跨国家的交通网络。

2. **积极引进资本改造传统产业**

从工业内部结构来看，采矿及原材料工业在鲁尔区的东部一直占主导地位，从业人数及销售总额分别占整个工业部门的58%和60%。要巩固采矿业和原材料的主导产业地位，其原因：一是烟煤生产在德国经济中的重要地位；二是由所采用的现代矿山技术所决定的。从需求方面看，烟煤作为一种长期可以使用的能源，在德国的现在和未来都是不可缺少的，而加强煤炭、钢铁等传统支柱产业的途径就是采用新技术、组织合理化生产，增强企业在市场中的竞争力。在钢铁工业不景气的情况下，企业调整了产品结构，积极开发具有竞争能力的新产品，同时通过引进新技术使产品升级换代。如在本区引进了投资达3500亿马克的德国先进的连续退火炉，这一系列产品结构、技术结构的调整，使该区拥有了一系列产量高且具有竞争力的拳头产品。

3. **采取多元的融资政策促进企业规模向小型化发展**

鲁尔区在实施经济结构转型的过程中，关、停、倒闭了一批企业，其数量占全区企业总数的21%，但与全国27%的平均水平相比较，情况要好一些。原因就是1985—1988年鲁尔区新建了大量中小企业，数量比1980—1985年增加了41%，大大超过了28%的全国平均水平。相对于大中型企业而言，中小企业在市场竞争中具有船小好掉头、经营灵活、技术开发积极性高、风险小、对多品种小批量的现代市场要求适应性较强、解聘职工慎重等特点，在区域经济中发挥了巨大的作用，成为鲁尔区经济社会发展的主动力和社会稳定的基石。为扶持、加强中小企业的成长壮大，当地政府采取了种种措施，充当了扶持者和保护者的角色。为解决中小企业资金短缺的难题，德国政府设立“欧洲复兴计划”“新企业投资项目”，在向中小企业提供优惠贷款时并提供信用担保；颁布了《关于中小企业研究与技术政策总方案》等有关文件，加大对中小企业技术创新的资助，帮助企业开展技术创新、改造和技术引进，增强产品竞争能力；多次修订《反对限制竞争法》，其核心是反对垄断、鼓励竞争，以保护和扶持中小企业。由于上至德国政府，下到州政府对中小企业的大力扶持和保护，使鲁尔区的中小型企业数量大增，对过去传统的以大型工业占主导地位的企业规模结构起到了良好的综合平衡作用，使区域经济活力进一步增强。

4. **财政、金融政策并重实施**

政府在财政金融政策上给予政策倾斜和优惠。德国政府规定，凡鲁尔区的各市、县失业率达15%以上、人均收入为西部的75%的地区，均可以申请联邦政府的资助。为了优化投资结构，北威州规定，凡是生物技术等新兴产业的企业在当地落户，将给予大型企业投资者28%、小型企业投资者18%的经济补贴；设立专门发展基金，加强科技界和经济界的合作，加快科研成果的应用。比如，鲁尔区就建立了“鲁尔区风险资本基金会”为新技术企业提供资金支持。这就在发展新技术、新产业的同时，很好地推动了鲁尔矿区的经济转型，拓宽产业转型资金的来源。资源型城市在关闭矿井、职工安排和转行培训、社会保障、发展替代产业和环境整治等方面都需要巨额的转型资金，这必须在国家财力和政策大力支持的基础上，全方位、多层次、多渠道地筹集转型资金。鲁尔地区的转型资金来源：①德国政府投资，包括对减产、关矿的补贴及善后处理费；事业保障金的拨款；对创新中心和企业园圃的资助；对创立就业岗位的补贴；对转型机构和培训中心的资助等。②向用户征收“煤炭附加费”“煤炭补贴税”。③欧盟资助。每建立一个“欧洲企业创新中心”，平均每年资助约180万美元，每转移一名工人资助5000美元。④金融组织贷款或资助，吸引外资。新成立的企业可以从政府获得32%左右的贷款。⑤组建州发展管理公司，发行土地发展基金债券，筹集资金等。

二、美国休斯敦实施产业链带动地区发展的政策模式

休斯敦（Houston）位于美国的东南部、德克萨斯州的东南沿海，休斯敦港通过长达80千米的海运航道与墨西哥湾相连。休斯敦起初只是一个农牧区的小集镇，在1901年发现德克萨斯油田后，急速发展成为全美最大的石油工业中心，巅峰时期其原油的年产量曾高达1.1亿吨。伴随着石油开采而兴起的是石化工业的高速发展，当时仅休斯敦一市的炼油量就占据了整个美国的1/3。直到20世纪60年代，休斯敦的石油开采及加工产业开始进入衰退期，但由于其及时制定了充分而有效的石化工业产业链延伸发展政策，使休斯敦的整体经济发展速度并没有因石油开采业的下滑而放缓。美国休斯敦是石油类资源型城市走向持续繁荣的典型成功案例之一。

在20世纪60年代以后石油开采业开始整体下滑时，休斯敦反而按产业链的延伸和拓展，加速了石油科研的开发，并带动了为其服务的机械、水泥、

电力、钢铁、造纸、粮食、交通运输等多种产业的发展。其转型经验是在政府宏观政策的引导下，通过产业链的延伸来推进相关替代产业的发展，增强城市经济结构的弹性，实现城市经济可持续发展（见图3－1）。同时，国家在休斯敦布点了宇航中心，带动了为它服务的1300多家高新技术企业，从而使休斯敦成为全美人口增长最快的城市，城市性质也发生了根本变化。主要采取的政策措施有以下方面。

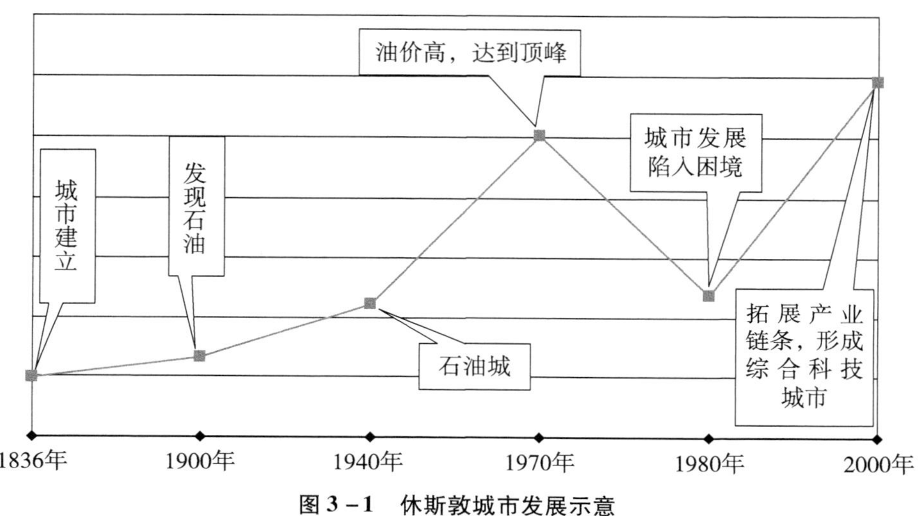

图3－1　休斯敦城市发展示意

第一，完善下游产业群开发并进行产业替代政策。休斯敦在充分利用剩余资源、尽可能延长开采年限的同时，进行深加工，延长产业链，提高资源的附加值，开发替代产业，依靠已有的优势产业基础，如港口贸易、制造业、航天中心、医疗中心等，促进机械设备和各类高科技产业的发展，其中包括生物医药研究、研发实验室、工具器械、信息设备、人体器官化学、金属加工研究、办公室设备和计算机、发动机和建筑设备、油气运输设备等。到20世纪90年代末，尽管石油业还占有重要地位，但休斯敦已经摆脱了对能源经济的依赖。1999年，休斯敦石油上游产业在当地经济中的比重为35%，石化相关领域吸纳就业占49%，产业已完成从石油石化为主向多元化的转型，成为典型的新型能源大都市。

第二，以政府资助大项目带动高科技产业发展政策。休斯敦发展高科技的规划与美国政府的相关政策合拍，从而把握住了发展方向。“冷战”期间由于美苏争霸的需要，美国政府重点支持国防、空间、医学、能源等领域的研究开发，而休斯敦在这几个领域都争得了先机。休斯敦是纳米技术发源地，纳米技术创始人理查德·斯莫利（Richard Smalley）生前为休斯敦莱斯大学的化学教授。目前休斯敦拥有21家处于初创期的纳米技术公司，是德克萨斯州其他所有城市总和的两倍，其中的碳纳米技术公司（Carbon Nanotechnologies）在该行业居于世界领先地位。能源、航空、生物技术等领域的发展也带动了休斯敦的软件开发产业，该地区有逾400家软件开发企业。约翰逊宇航中心、德克萨斯医疗中心以及大型能源公司吸引了大量软件开发人员。据2008年的德克萨斯高科技目录（Texas High Technology Directory）显示，德克萨斯州近1/3的软件开发和服务集中于休斯敦地区。

1961年休斯敦在与其他20多个城市的竞争中获胜，成为美国国家航空和宇宙航行局（NASA）航天中心的所在地。航天中心的落户使休斯敦不断获得联邦的国防开支资助，年经费预算达40亿美元。另外，在NASA的带动下，孵化出约1200家小型高科技公司。医药业是休斯敦另一新兴的高科技支柱产业。20世纪60年代休斯敦建立了德克萨斯医学中心，集健康教育、研究和治疗为一身。在20世纪80年代早期，医学中心对休斯敦的经济影响甚至超过宇航业。

近年来生物技术行业的发展也使休斯敦产业步入前沿。德克萨斯癌症预防研究所监管委员会计划未来10年每年拿出约3亿美元用于推进癌症研究、预防和治疗方面的工作。鉴于休斯敦在生物技术方面的地位日益突出，其中有相当多的资金都将投给休斯敦。当地的休斯敦生物资源中心（Bio-Houston Resource Center）还向创业期生物科技公司提供必要的设备，助其成长，希望将休斯敦打造成生命科学和生物技术商业化方面强有力的国际竞争者。

第三，政府积极采取税收激励政策吸引投资。为了进一步吸引外来投资，休斯敦市和德克萨斯州政府为企业采取了相应的税收激励政策。休斯敦为企业投资提供四种减税方案。其中，经济发展减税计划用于鼓励某些类型的企业进行投资并创造就业机会，再发展减税计划扩大到减税区或企业园区的新开发活动，住房减税计划则限于企业园区，褐地（brownfield）减税计划适用于在土壤、地表水或地下水存在环境污染的褐地地区的重新开发活动。德克萨斯州也提供多种方案吸引新企业或者鼓励企业扩大业务。《2001德克萨斯经济发展法案》（《*Texas Economic Development Act* of 2001》）提供八年的地产减税政策鼓励大型制造、研发和可再生能源项目的开发；对于那些持有贬值地产或者坐落于特殊区域（如再投资区域）的公司则给予其他地产税收优惠。《德克萨斯企业园方案》则针对那些在该州经济不佳地区提供就业的公司给予销售和使用税方面的退税政策，该退税政策还扩大到机械和设备制造业以及农产品和半导体行业。休斯敦具有良好的人力资源环境，该市拥有 270 万人以上的劳动力，并且这些劳动力多为熟练劳动力，具有良好的教育水平，可满足企业的用人需求，因德克萨斯州和下属的地方政府均不征收企业和个人所得税，休斯敦生活成本也低于美国其他大城市。

正是由于税收优惠政策的实施，自 1971 年壳牌石油将公司总部从纽约迁至休斯敦后，几乎每年都有一些大公司将总部迁到该市。全美 141 家公开上市的油气勘探和生产企业中，有 42 家在休斯敦设有业务部门。2009 年《财富》500 强企业中，有 29 家企业的总部设在休斯敦。2007 年《财富》100 家增长最快的企业中有 19 家总部设在该市。全球 100 家最大的总部不在美国的企业中，至少有 51 家在休斯敦拥有非零售业务。这些企业总部的存在使该市发挥出辐射作用。

第四，政府注重民生及基础设施政策制定。21 世纪初休斯敦政府制订了改善民生和解决交通问题的两大计划。到 2004 年，休斯敦的通勤时间缩短了 10% ~20%。该市还增加了贸易基础设施建设，如洲际公路 69 的建设，对三大机场 17 亿美元的投资以及对航道进行拓宽加深等项目建设。休斯敦是国际著名的航空港，其航空系统在全美排名第四。该市拥有三大机场：乔治布什洲际机场、霍比机场和埃林顿菲尔德机场，可直飞约 120 个国内城市以及 32 个国家的 70 个城市。其中乔治布什洲际机场是全美第 11 大货运机场，其航空货运总量在全美排名第 15。2008 年，乔治布什洲际机场和霍比机场的旅客运输量为 50485187 人次，货运量为 379456 吨。2008 年休斯敦的国际航空货运贸易总量为 200042 吨。休斯敦的商业成本低于美国平均水平，也远低于国际平均水平。原因之一是该市住房成本一直相对较低。2009 年第三季度的美国各大城市生活指数显示，休斯敦地区住房成本较全国平均水平低 26%。2008 年第一季度其 A 级办公场所的租金水平相当于每年每平方米 342.08 美元，而纽约为 970.94 美元。工业场所租金相当于每年每平方米 52.42 美元，纽约长岛为 93.65 美元。

第五，以市场机制为导向积极发展高端服务业政策。政府大项目的带动不仅带来了多元化的经济，更是推动了城市功能的转变，其中最重要的转变之一就是高端服务业的大力兴起。高端服务业在促进休斯敦经济转型过程中起到了举足轻重的作用。特别是20世纪80年代以后，高端服务业的劳动就业比例上升，增加值占地区总产值50%以上，第三产业从业人数已达到劳动力总人数的80%。其中商业和金融业最为突出。从商业方面看，1976—1981年休斯敦的零售业和批发业销售额增长一倍以上，居全国大都市首位。金融服务业是休斯敦经济中的重要组成部分。多家大型金融公司的总部设在休斯敦，其中包括保险公司American National（美国国家保险公司）、共同基金Invesco AIM（景顺基金）以及资金管理公司Fayez Sarofim（法耶兹·沙罗菲）。政府财政投入对从业人员进行专业培训，努力塑造高素质的从业人员，使高端服务业成为休斯敦市经济增长的重要引擎。

第六，充分发挥休斯敦商会和商业精英作用。20世纪初期，休斯敦商会和商业精英在组建石油公司、引进外资发展当地制造业、拟订休斯敦制造业发展计划等方面就发挥了不可或缺的作用。20世纪80年代后期，为配合产业结构调整，休斯敦商界精英和地方政府积极向外界招徕大公司总部进驻休斯敦，并将目光重点放在东、西海岸和中西部的电子和计算机公司上。面对严峻的经济形势，休斯敦的政界和商界精英主要从调整产业结构入手，改变休斯敦的困境。休斯敦的调整战略之一是大力促进产业结构多元化，优先发展石化工业之外的高科技产业。1985年1月，休斯敦商会根据当地优势产业的特点，提出促进机械设备和各类高科技产业发展的一系列议案，在商会所办的刊物《休斯敦》上列举了优先发展的工业项目。

第七，提供减少环境污染适当排污的监管政策。从20世纪初开始，美国的农业环境政策就开始注重与农村生态环境保护相联系，土地长期休耕成为基本政策之一。在《保护调整法案》和《农业保护计划》中，都规定国家财政对休耕或改种具有水土保持作用的农作物的农民实施补偿。随后颁布的一系列《农业法案》《农场法案》逐步扩大了长期休耕的土地规模，并且增加了湿地保护、水质保护和栖息地保护等内容。

美国农业环境政策中因生态保护而进行的补偿机制可以分为三类。

（1）自愿性补偿机制：指政府从生态环境保护的需求出发（重点是水土流失控制、富营养化控制、水污染防治和栖息地保护等），对愿意加入到项目中来的农民提供一定标准的补偿，以及各种技术支持和服务等；政府也可以购买土地的产权，以强化其提供生态服务的能力。此类项目包括环境质量激励项目（EQIP）、野生生物栖息地激励项目（WHIP）、湿地保护项目（WRP）、土地休耕项目（CRS）、生态保护安全项目（CSP），等等。

（2）强制性补偿机制：即政府以法案的形式限定特定区域内人类行为以确保生态环境安全，同时根据法律规定的“占用”标准向土地所有者提供补偿。涉及的法案包括濒危物种法、清洁水法、清洁大气法等。例如，濒危物种法案规定，濒危物种栖息地所有者必须确保所有的人类活动都不会导致栖息地的生态环境发生明显的改变。这类补偿的标准经常存在较大的争议，往往需要通过法院来裁决。

（3）自愿性和强制性相结合的补偿机制。例如，“CC”标准（Conservation Compliance）要求某些极有可能发生水土流失的地区必须建立保护体系才能够获得联邦的各种农业资助（包括价格和收入补偿）。由于美国政府的收入补贴占农民收入的30%～40%，此类措施实质上是强制性要求生态脆弱区域从农业生产中退出，从而实现生态环境保护的目标。通过以上补偿机制，美国政府对有利于农业生态环境保护的行为进行了广泛的补贴。美国大约10%的耕地（约3500万公顷）进入休耕项目（USDA 2003）；大约37万农民的56万个合同正在生效；政府根据土地种植的机会成本按年度进行补贴，平均标准约为18.98美元/公顷。

美国联邦政府极其注重对休斯敦生态环境的建设与保护，承担了治理环境所需要的大部分资金投入。例如，为提高通海运河流域上游地区居民对水土保持工作的积极性，联邦政府设立了“水土保持补偿机制”，即由下游区域因水土保持而受益的政府和居民向上游地区做出环境保护贡献的居民进行资金补偿。20世纪后期，美国休斯敦的环境治理步入了注重改善环境质量、维持生态系统整体功能的新阶段，传统环境治理技术的设计理念也逐步发展变化为以寻求区域整体生态质量提高为目标。

总之，美国休斯敦的矿业城市经济转型中实施的是市场主导型公共政策。政府很少做具体的转型控制，主要做规划和服务工作，市场则起着主导作用。现在，休斯敦已经不再是一个以石油开采和加工为主的单一性城市，而已成为一个资金、技术和人才密集的现代化综合性城市。休斯敦依托灵活的市场机制，使城市从起初的石油城市变成以石油为主、由多种产业集群组成的综合性基地。充分发挥市场机制，按照延伸传统产业、新建主导产业、带动相关产业、完善基础产业的顺序逐步推进。从产业链条的延伸入手，从单一的石化产业向多元化产业发展，同时，促进高端服务业发展，使得城市性质发生了改变，进而成功地实现了经济转型。

三、法国洛林资源型城市转型中的金融支持体系政策模式

资源型城市是依托资源开发而发展起来的城市，资源型城市转型是一个全球性的问题。由于各国经济运行模式、资源丰富程度、开采成本、地理位置不同，在解决资源枯竭地区经济转型中资金支持有不同模式。其中具有代表性的法国模式值得借鉴。通过分析法国洛林地区转型过程中的金融支持体系模式，如“设立特别基金”“建立促进矿区工业化金融公司（SOFIRUM）”等做法对我国资源型城市经济转型具有一定的借鉴作用。

（一）法国洛林资源型城市转型模式及资金支持模式

1. 洛林资源型城市转型模式

洛林地区位于法国东北部，包括孚日、默兹、默尔特—摩泽尔、摩泽尔4省。该区是法国矿产资源富集区，铁矿储量达60亿吨，占法国铁矿资源的80%以上，且埋藏较浅，便于开采，但铁矿品位较低，平均含铁量仅为30%上下。洛林地区煤矿储量也很丰富，占法国总储量的一半以上。第二次世界大战后，洛林的钢铁、煤炭生产有了很大发展，从20世纪60年代初开始，该地区煤炭开采成本上升，开采产量逐年下降，煤矿逐步关闭，钢铁厂纷纷外迁，失业人数大量增加，钢铁业产量直线下滑。其后，欧共体开放国际钢铁市场规定，自1987年起，成员国必须停止一切补贴。洛林的钢铁业雪上加霜，陷入了更加严重的危机。

为了走出困境，法国政府早在1966年就提出整顿洛林冶金区，实施了“钢铁工业改组计划”，关闭一些生产效率低下的铁矿，裁减部分职工；同时增加投资，提高经济效益，但成效甚微。之后，政府又多次采取措施，在区内建立了一些新的工业部门，实现工业多样化，但收效仍然十分有限。直至1984年，洛林等东北部老工业区的整顿和改造才全面展开。洛林的经济转型是由传统的单一经济结构发展模式向多元化的可持续发展模式转变。为了确保转型顺利进行，法国政府和洛林地区政府采取了一系列政策措施，其具体模式如下。

（1）法国洛林地区的经济转型与产业转型相伴随。洛林地区位于法国的东北部，面积为24000平方千米，人口280万人，有丰富的煤和铁矿资源。自19世纪末期以来，这里一直是欧洲重要的工业区，但是20世纪50年代后，石油价格下跌对煤炭产生极大冲击，煤铁等资源型产业逐渐失去竞争优势，

导致煤炭企业大量倒闭，还引发了一系列诸如失业增加、经济滑坡等问题。为此政府于 1963 年和 1966 年专门成立了土地整治与地区行动领导办公室（DATAR）和洛林工业促进与发展协会（APEILOR）负责领导产业转型和区域规划，为促进替代产业的发展，采取了一系列措施，如制定优惠政策，大量吸引外资；建立企业园圃，培育中小企业；加强职业技术培训，促进劳动力转岗就业。此外，法国政府和欧盟还为产业转型投入了大量资金，法国政府每年投入约 30 亿法郎，欧盟每年投入约 20 亿法郎。

为了保证洛林地区产业转型的成功，法国还采取了把产业转型与体制转轨相结合的方略，以体制转轨带动产业转型。例如，洛林钢铁公司原来是国有企业，在转型过程中转变为股份制企业，国家只保留了 9% 的股份。在转型中为了解决劳动力就业问题，扶持创办了近百个企业，也完全是股份制和私营企业。洛林煤炭公司是法国最大的国有煤炭公司，在转型过程中，为了解决劳动力就业，也扶持创办了 100 多个企业，新建企业则完全脱离了国有，规模较大的企业采取了股份制的形式，规模小的完全是私营。经过 30 多年的努力，洛林地区的产业转型已经基本完成，产业转型也取得了明显成效，汽车、电子和塑料加工等取代了传统的煤炭和铁矿开采业。

（2）政府积极搭建经济转型的资金平台。1984 年，法国政府出资成立矿区工业化基金，1990—2000 年每年提供 1500 万欧元，帮助矿区改善基础设施和发展高技术产业。此外，法国政府、大区政府和银行共同出资组建了矿区再工业化金融公司，为企业提供贷款，努力发展电子、化工等新兴工业部门，改变单一传统的经济结构，保证了资源型城市“再工业化”经济转型的实现。政府在转型之初就制定了一系列对外开放的优惠政策，吸引外资在洛林“筑巢”。尽管洛林地区土地价格比较便宜，但是，地方还要资助 50%，建设厂房可得到 20% 的资助，设备可得到 15% 的资助。对在以前的矿区建厂，国家将给予更多的优惠作为鼓励。由于政策力度大，外资纷纷赴洛林安家落户，今日的洛林已成为法国对外资最具吸引力的地区之一。

（3）重点解决就业等社会保障问题。地区专门成立机构进行创业咨询和提供小额优惠贷款，支持下岗员工创业；允许矿工提前退休，工龄满 25 年或年龄超过 45 岁的矿工提前退休，享受 80% 的退休工资，并确保医疗保险；对下岗人员免费提供不同类型、不同专业、不同层次的转岗培训，为再就业创造条件；由国家出资对矿工住房进行改造，安定员工生活。尽管洛林地区煤矿业和钢铁工业已经彻底消失，然而，众多其他企业相继问世，地区的失业率低于法国的其他地区。

（4）广泛开展国际合作。在转型期间，洛林地区将国际合作作为政府的优先项目，吸引周边和邻近国家参与洛林地区的经济建设。1995 年 9 月，欧盟委员会批准了洛林与德国的一些州合作的 5 年计划，次年 4 月开始实施。计划的主要内容包括开展科研和技术转让，发展旅游业；整治领土，保护环境，建立跨地区的通信；开展就业培训，培养外语人才，以利法、德交往；为社会文化网络提供技术支持。1996 年欧盟委员会又批准了洛林的发展经济跨国合作计划。计划的内容：发展基础设施建设；扩大中小企业跨国经营风险基金；交流企业不动产金融工程技术；挖掘企业自身的潜力；培养创新人才，保护环境，提高水质，发展农村和山区，规划城镇居民区等。对于跨国计划，欧盟委员会给予了大量补贴，保证了资金的来源。

（5）营造外部环境吸引外来投资。一是大力进行环境整治，改善生存环境。资源型地区环境破坏严重，废弃地较多，法国政府为此投入大量资金。如北加莱大区每年改造 500 ~ 600 公顷的废弃土地，资金由欧盟、中央政府、地方政府三方共同出资，1980—1990 年共改造了 5500 公顷土地。二是积极为外来投资企业提供优惠政策。法国及其地方政府在招商引资方面也有许多的支持政策，包括税收支持和投资补贴等。

（6）设立专门机构负责资源型地区经济转型工作。法国 1963 年成立了由政府 10 多个部门组成的矿区重组部际小组，负责全国煤炭矿区重振工作；并成立了由大区行政长官、有关部门和煤炭公司组成的北加莱大区重组小组。目前矿区重组部际小组已并入国家领土整治与地区行动署。法国领土整治与地区行动署编制 140 人，挂靠法国内政部，但署长直接对总理负责，负责筹划、推动、协调国家领土规划以及资源型地区经济转型工作。

2. 洛林转型中的资金供给模式

法国由于工业化进程较早，自然资源大规模开发的历史长、程度深、生产成本高。以法国洛林为例，洛林地区埋藏着西欧最大的铁矿，矿区面积 115 平方千米，蕴藏量达 56 亿吨，约占全国铁矿总储量的 80%。另外，有着丰富的煤炭资源。正是凭借着其资源优势，20 世纪 50 年代，洛林地区迅速发展成为法国的重工业基地。20 世纪 60 年代末，由于资源的消耗、科技的进步、替代产品的出现等多种因素的影响，支持洛林地区经济发展的三个基础行业——煤炭、钢铁和纺织业经历了由发展到衰落而不得不转型。经过几十年的努力，洛林地区的转型已经接近尾声，不断发展新兴产业，汽车、电子和塑料加工等已取代传统的煤炭和铁矿开采业。法国的资源型城市转型模式是政府主导与市场调节相结合的模式。

（1）政府给予的直接资助。法国政府每年动用财政贷款及拨款 30 亿法郎，用以解决转型中的重大问题。一方面，采取减免企业部分税金的做法鼓励企业，如果企业雇用煤炭下岗工人，可免交其数量相当于最低工资标准 1.1 倍的职工家庭补贴保险费。为保证就业岗位而实行非全日工作制的企业，可免交半日工资 30% 的医疗费；另一方面，提供直接经济补贴鼓励企业，对聘用下岗职工的公司每聘用一人，工作两年以上，资助 3 万法郎（约 5500 美元）；为培训下岗职工，每人提供 2 万 ~3.5 万法郎的培训费。

（2）建立促进矿区工业化金融公司（SOFIRUM）。该公司的建立是政府通过优惠政策给予间接资助，该公司专为新建立企业提供资金，投入资金约占新建企业资金的 50%，7 年内抽回，或投资减少到 25%，免费提供三项资产，即厂房建设可得到 20% 的资金资助，地皮得到 5% 的资金支持，设备得到 15% 的资金资助。对能新创 40 个就业岗位，三年投资额达到 4000 万法郎以上的项目，可以得到全部投资 25% 的资助。如德国奔驰公司投资 2.8 亿法郎，创造了 2000 个就业岗位，得到的资助大约为 7000 万法郎。该公司创建后 15 年来，资本从 1000 万法郎增加到 1.2 亿法郎，为 230 个企业提供了 2.8 亿法郎贷款，新创就业机会 2.1 万个。

（3）设立特别基金。在支撑法国国土整治与区域经济发展政策的主要资助手段中，针对老工业区经济转型时主要采用下列几种形式：第一，地区开发奖金。发放对象主要是在矿区、中央高原、莱茵、洛林、科西嘉以及其他边远落后地区建立工业企业或第二产业经营活动的企业主。奖金额按投资性质和地区不同而异，根据新创造的就业人数计算。第二，工业自应性特别基金。1978 年 9 月设立，在实行“结构调整”的老工业区实施。目的在于鼓励有竞争能力，能创造新就业机会的企业在老工业区投资，国家为此提供巨额低息贷款。第三，工业现代化基金。20 世纪 80 年代初为推动企业技术改造和实现老工业区“现代化开发计划”而设立。贷款发放的形式有两种：一种是直接发放给企业，另一种是间接提供，即先按 9.75% 的利率发放给有关的信贷公司，再由信贷公司给有关企业，利率为 13% ~14%。基金除部分由国家拨款外，大部分来自银行汇集的民间资金。

（4）积极争取国外资金援助及吸引外资。洛林地区积极努力把工业转型纳入欧盟援助计划，争取欧盟的资助，包括欧洲地区发展基金（FEDER）、欧洲钢铁工业发展基金（PNIC）和欧洲经济发展基金。在吸收利用国际直接投资方面，工业转型地区尤为活跃，成为法国吸引外资最多的地区之一。洛林地区20世纪80年代以来的外商直接投资每年都在50亿~60亿法郎以上，1994年达到66亿法郎，一年就创造了3937个就业机会。到转型基本完成时，在该地区的外国企业已达500多家，涉及德、美、英、比、意等40多个国家和地区。为吸引国际直接投资更多的流入法国，法国相继制定和出台了一系列有利于外资进入的优惠政策。外国投资者可以享受与法国国内投资者相同的补贴、资助等优惠。

（二）法国资源型城市转型金融支持模式的借鉴

纵观我国资源型城市的发展历程，我们可以看到资源型城市曾为我国经济和社会的发展做出很大的贡献，但随着资源的衰减和枯竭，这些城市普遍陷入了困境。而资源型城市的经济转型是一项复杂的系统工程，既包括原有资源产业的退出，又包括替代产业的培育和发展，解决这一系列问题，都离不开资金和政策的支持。

1. 政府支持体系

（1）积极支持产业结构调整。我国资源型城市的三次产业中，第一、第三产业发展相对滞后，第二产业超常发展。而经济转型的实质在一定意义上是逐步减少对资源型产业的依赖，培养和发展非资源型产业作为接续产业。我们必须正确把握产业演进与发展的一般规律，实行“资源开发型产业与非资源开发型并举”的多元发展战略。如优化现有农业结构，培育具有地方特色和竞争优势的产品结构，大力推进农业产业化进程，不断提高农业科技进步水平；加快发展第三产业是资源型城市促进产业结构调整、实施经济转型的重要举措。通过借鉴法国洛林地区经济转型经验，我国资源型城市应重点发展金融保险业、房地产业和信息服务业以及社区服务业等。实现产业结构多元化需要一定过程，既要量力而行，又要充分依托国内外市场变化和自身发展优势。

（2）设立资源型城市转型基金。资源型城市转型过程中，资金匮乏问题十分突出，借鉴法国等发达国家经验，设立资源型城市转型基金。该基金主要用于发展新兴产业和接续产业，培育城市经济新增长点；对老矿区资源型企业的转型或转产给予财政贴息；下岗职工基本生活保障以及再就业培训费用；对矿区环境进行整治和土地恢复等项目。例如，法国设立的地区开发奖金、工业自应性特别基金、工业现代化基金等做法。这些政策用价格调整、资金援助等手段进行宏观调控，对我国市场经济大环境下进行资源型城市转型具有重要的借鉴意义。

2. 市场资金支持体系

（1）金融资本的支持。资源型城市因为整体经济状况相对较差，投资回报率相对较低，投资风险相对较大，因而金融资本往往采取逃避措施，不愿意到资源型城市进行投资。为了改变这种局面，一方面，金融机构应转变经营思想，面对资源型城市转型中所遇到的经济困难与资本需求，通过对企业的发展前景和企业产品市场潜力的科学预测，着眼于未来主动地给予必要的资金支持。例如，法国政府组建的“既不是银行又不是信贷机构”的“矿区再工业化金融公司”，作为国家支持转型地区的资金渠道，其运作方式类似于美国的投资银行，推进了资源型地区的经济发展。另一方面，政府也应该针对具体情况，通过各种政策给予金融机构必要的支持，给予资源型城市投资的金融机构以政策上的倾斜和利益补偿，如贴息等，以降低投资的资本风险和确保适当的资本收益。

（2）民间资本。民间资本介入资源型城市的经济转型，不仅可以解决转型中巨大的资金缺口问题，还可以缓解就业压力，解决结构单一等问题，有利于加速转型。资源型城市转型，资金支持是首位，但是转型的城市数量比较多，政府财政援助有限，因而民间资本在转型中的作用就极为重要。此外，下岗职工再就业、新增劳动力就业等问题是资源型城市转型中面临的最困难和最敏感问题。在资本资源相对稀缺情况下，又不能靠国家投资创办项目来缓解就业压力，那么吸引民间投资就意味着个体工商户、个体私营企业、乡镇企业等民营企业的兴起，意味着为转型产生的剩余劳动力提供再就业渠道，有利于国有企业分流下岗职工，最终有利于缓解资源型城市的就业压力。

（3）国外资本。国外资本是资源型城市经济转型的重要的资金来源。特别是我国政局稳定，经济发展快速，国内市场空间较大，对外资吸引力很强。外资和民间资本一样，具有双赢功能，是资源型城市经济增长的催化剂和经济转型的重要推动力。根据法国经验来看，吸引外资需要对内“筑巢”和对外“搭桥”。对内“筑巢”主要包括：一是创造良好的投资环境。如修订有关法律政策，使其适应资源型城市发展的新形势，治理资源型城市污染，改善环境等。二是打破市场壁垒，放开各种管制。重点在于放宽投资领域，降低准入门槛，享受国民待遇。法国在资源转型中制定一系列有利于外资进入的优惠政策，使投资者可以享受和国内投资者相同的补贴、资助等优惠政策，吸引了大量外资，有力地推动了转型。对外“搭桥”主要是指有效开展招商引资工作，在资源型城市与国内外有实力的大公司之间建立起一座桥梁，加强沟通，吸引他们前来投资兴业。

四、夏威夷新能源开发“组合拳”的公共政策支持模式

近年来，夏威夷成功运用新能源开发模式和各项新能源发展政策，使其摆脱了传统能源束缚。中国资源型城市在经济转型中应借鉴夏威夷新能源开发模式，设立专门新能源机构，采用 CREB（清洁可再生能源债券）融资模式，采取“组合拳”的公共政策支持，在发展新能源中加速转型进程。夏威夷新能源开发模式对中国资源型城市的启示：政府的科学规划与制度设计作用不可替代，积极建立新能源开发的融资体系是必然趋势。

（一）夏威夷新能源开发模式

夏威夷是美国唯一的“岛州”，就地理位置而言，它是连接美国和亚洲的桥梁。由于得天独厚的环境，夏威夷成为各种新能源科技的实验场，其太阳能、风能、海水与地热都是夏威夷积极发展的新能源。目前，茂宜岛有 1/10 的电力来自风力，风力电厂供应 1.1 万户家庭用电。夏威夷大岛也有 1/5 的能源来自火山的地热。瓦胡岛兴建的发电厂将以棕榈油发电，可以供应 3 万户家庭电力。日照充分的夏威夷拥有丰沛的太阳能，油价高涨让原本不具经济效益的太阳能开始具有吸引力。夏威夷政府运用新能源开发模式，实施各项支持新能源发展的政策，促进了经济快速发展。

1. 完善新能源立法和规划

夏威夷政府制定了一系列新能源法规政策，明确了新能源发展的远景规划和实施目标，引导产业快速发展。《2009 年夏威夷清洁能源和安全法》是针对新能源产业单独制定的法案，并对相关行业进行了具体划分和政策引导。而《2010 年夏威夷新能源法》则是在此基础上，对具体减排目标和政策实施细则进行了重新修订。夏威夷于 2010 年和 2011 年分别推出了针对新能源技术开发的《夏威夷清洁能源计划》《夏威夷清洁能源倡议》和《夏威夷州政府与美国能源部谅解备忘录》等一系列具体规划和实施目标的行动指南，在一定程度上降低了经济对传统能源的依赖程度。

2. 设有专门的新能源机构

夏威夷成立了一个经济发展专责小组，目的是要加速完成新能源项目、能源效率项目、农业基础设施建设和发展目标，以满足粮食和能源安全需求，使夏威夷的新能源和农业发展与经济社会发展保持平衡。此外，为保持新能源优势技术的领先地位，夏威夷专门成立了新能源贸易委员会，对所有新能源技术，从研究开发、产业化到出口给予重点扶持。

3. 注重发挥 NGO 在新能源机构中的特殊作用

夏威夷的非政府组织（NGO）是连接政府部门和微观主体的中介，帮助政府制定相关的新能源政策、标准，并提供政策实施的反馈信息等，在推动新能源发展中起着举足轻重的作用。这些非政府组织主要有洛克菲勒基金会、世界资源研究院（World Resources Institute，WRI）、美国环保基金（EDF）、美国自然资源保护委员会（NRDC）、学校、能源实验室、非营利性的能源委员会和咨询公司等。其中，由 WRI 的专家与能源小组工作数年所开发的新能源核查标准等发挥了重要作用；阿波罗联盟（Apollo Alliance）则鼓励向新能源行业的投资，推进社会经济的整体转型。Apollo Alliance 是一个由劳工、商人、环境组织和社区领导人组成的网络，其重点是“努力促成清洁能源革命，让更多的美国人找回工作”。同时，夏威夷州 NGO 在 2006 年以公投的形式通过了可再生能源发电配额制（Renewable Portfolio Standard，RPS）政策提案，该政策吸引了众多的投资者进入到新能源的发展中。

4. 夏威夷政府对新能源产业进行“组合拳”的公共政策支持

（1）用“CREB”等多种方式解决融资问题。为扩大新能源企业融资渠道，夏威夷允许风能、生物质、太阳能、地热、海洋能和微流体动力能以及洁净煤等新能源企业发行清洁可再生能源债券（Clean Renewable Energy Bonds，CREB），债券发行企业只需支付本金，债券持有人可以根据联邦政府的规定享受税收抵免。2009 年《夏威夷清洁能源和安全法》将现有清洁可再生能源债券的税收抵免额度提高到政府公布的传统债券利率的 70%，如果抵免额度超过纳税义务，相应部分可以延期到下一个年度，并额外批准了 16 亿美元的新债券。此外，采取对新能源企业贷款提供政府担保，2010 年《夏威夷新能源法》放宽了政府提供担保的条件，并提供 60 亿美元的贷款担保，以满足新能源企业的融资需求。同时鼓励风险投资进入新能源产业。夏威夷对风险投资者和风险投资企业提供无偿补助，即政府部门共同出资筹集用于新能源技术和产业的风险资本，以分担风险投资者投资新能源的投资风险，并对民间风险投资起引导作用。有数据显示，风险投资企业投资新能源项目的总投资额中，贷款可占90%，如果风险企业破产负责偿还债务的90%，并拍卖风险企业的资产；降低风险投资企业的所得税率，其中风险投资所得额的60%免除征税，其余的40%减半征收所得税。2010年第二季度，夏威夷风险投资企业投资于电动汽车、太阳能和生物能源等新能源项目的投资总额达到了15亿美元，同比增长63.8%。

（2）采取财税优惠政策。在财政政策方面倾向设立专项研发基金以及汽车专项基金。同时对提高能效和使用新能源的企业和个人会在资金上给予鼓励，比如发行节能现金券，每张面值250美元，居民可用这一节能现金券去购买节能冰箱；在税收优惠政策方面，夏威夷政府向特定类型节能汽车提供生产税收抵免。企业生产的前6万台新能源汽车，可以获得高额税收抵免，其中燃料电池汽车可以获得8000～40000美元不等的税收抵免，混合型汽车和轻便卡车，根据汽车性能的不同，最多可获得3400美元的税收抵免。从2009年开始，插入式电动汽车可以获得2500美元的基本税收抵免，对效能超过4千瓦时的汽车电池，还额外提供417美元每千瓦时最高可达5000美元的补充税收抵免。2010年夏威夷对采用新能源建筑技术的房屋主人实施所得税抵扣。其中，购买太阳能电力系统的房屋主人，其投资的30%可从当年需缴纳的所得税中抵扣；安装风力系统的房主可以获得多达4000美元的税收优惠；利用地热泵的房主也可获得最多2000美元的税收优惠。对居民购买节能门窗等提供相当于购买总额30%但不超过1500美元的税收抵免优惠，并根据房屋每年在节能方面改造的程度大小，每年向节能型房屋的建筑方提供1000～2000美元不等的税收抵免。

（3）实施“消费新能源项目”补贴计划。2009年夏威夷推行了新的新能源消费补贴项目，即房产评估清洁能源计划，该计划是政府通过发行债券融资为住宅和小型商户物业采用新能源设施提供前期费用资助，符合规定的新能源项目还可以向财政部申请现金拨款资助，拨款金额为该投资项目总金额的30%。为鼓励使用新能源汽车，在税收抵免的基础上，夏威夷政府还专门建立了一个短期资助项目，对部分购车者直接进行资助。根据夏威夷政府2009年公布的“车辆补贴退款计划（CARS）”，税务局对混合动力车的用户提供最高可达3500美元的税收减免，此外还有州政府的税费优惠，以此抵消一部分因为使用混合动力车带来的增加的费用。

5. 通过教育及传媒提高公众对新能源的认识

（1）夏威夷成立了专门咨询机构与网络服务平台。2002 年成立“夏威夷能源研究中心”，其基本功能之一是新能源宣传教育和技术培训，并作为国际合作的窗口，加强国际交流。此外，夏威夷能源事务公司开设了专门的能源知识网站和免费电话服务中心，介绍专业知识，解答问题。夏威夷政府高级官员不定期地与民众举行研讨会，听取相关意见，并鼓励民众对政府、企业在节能与环保领域的工作进行监督。同时，对节能宣传和教育活动提供了大量补贴，委托有关能源的 NGO 开展节能和新能源宣传、普及活动。政府还设立了节能日、节能月、环保设备与技术展览，建立节能信息网站，出版相关杂志和科普读物，定期发布节能产品目录，开展产品技术评优活动，表彰能源管理有功人员、优秀企业等，支持地方公共机构、产业界和家庭参与新能源技术示范项目，提倡使用各种新能源基础设施，包括家用设备、太阳能发电等。通过一系列全面的宣传教育，节能环保意识深入普及，不断影响着夏威夷居民的工作生活方式，选择新能源产品已成为普通的社会规范。

（2）开展针对新能源开发利用的教育和培训。夏威夷对新能源的教育形成了家庭教育、学校教育和社会教育的教育体系。家庭教育从小抓起，注重对孩子环境保护和崇尚新能源意识的培养，养成节约能源的生活习惯。学校教育通过新能源知识的灌输，提升学生对新能源的兴趣，为从事新能源开发研究培育人才。社会教育主要通过新闻媒体和公众宣传等形式传递社会导向的信息，是最有效的途径。开展各种宣传、介绍、示范等活动，使环境意识和能源观念深入人心，进而提高公众素质，把社会倡导发展新能源的观念转变成每一个人的自觉行为。

（二）夏威夷新能源开发模式对中国资源型城市转型的启示

虽然资源型城市的转型成功案例和对策颇多，但对新能源开发应作为我国资源型城市转型这一“进行时”行为的关注却很少。近年来，中国政府高度重视发展新能源，并取得了飞速发展。但是我国在新能源开发和利用方面与发达国家相比仍有不小的差距。夏威夷提高能源使用效率和开发新能源的先进技术及经验为我国资源型城市进行经济转型提供借鉴。

1. 政府的科学规划与制度设计作用不可替代

国家政策的支持、指导与规范是发展新能源、实现经济转型的必要条件，开发新能源，走向实现资源型城市转型之路，同样需要政府政策的大力支持。

夏威夷不仅有清晰的新能源规划，还有明确的政策法规，确保新能源的发展。对比而言，我国虽然先后制定了《1996—2010年新能源和可再生能源发展纲要》和《2000—2015年新能源和可再生能源产业发展规划》，但我国的新能源发展目标仍然比较模糊，只是从宏观上强调要重视，没有列出明确的目标。任何一个新行业的发展，首先得有法律保障实施。制定新能源相关的行业法规和质量标准、加大对新能源产品的市场监管、规范市场竞争秩序，对于推动新能源产业的健康发展是非常必要的。我国的新能源品种已发展到100多种，但产品没有形成系列，质量参差不齐，缺少必要的产品质量标准及质量监测系统。我国现有的《中华人民共和国清洁生产促进法》《中华人民共和国节约能源法（修正案）》和《中华人民共和国可再生能源法修正案（草案）》等法律法规在一定程度上促进了新能源的开发利用，但与夏威夷相比，我国在新能源的法律保障方面做得远远不够。因此，明确我国资源型城市新能源发展目标，加快制定并出台相关政策法规是实现我国资源型城市经济转型的首要任务。

2. 积极建立新能源开发的融资体系是必然趋势

从资本角度看，新能源的实际资本收益远低于石油、煤炭等传统能源产业。因此，新能源产业始终没有得到资本市场的青睐。目前，我国应从政府投入、资金补贴、税收优惠等方面积极向市场化方向转变。加大风险投资在新能源领域的融资规模；借鉴夏威夷新能源开发模式，在国内各省资源型城市间建立市场化的激励机制，调动资源丰富地区开发利用新能源的积极性；同时还应积极发展创新型融资产品，如与政府减排目标、能源价格等标的挂钩的指数型债券，通过补偿机制有效规避新能源发展中的政策风险和市场风险；鼓励利用夏威夷新能源开发模式中的融资优惠政策，对符合条件的新能源项目进行融资建设。

3. 强化新能源的科普教育

从学校的基础教育到社会的实践指导，有关新能源知识的教育活动贯穿其中。对从事新能源科研生产、经销和服务的企业家进行培训，提高经营管理服务水平和技术创新意识，促进企业不断开发出质优价廉的新产品，推动商业化发展。建立人才培训基地，开展国内外信息交流和技术人才合作培养，为新能源发展培育新一代高水平的专业人才。

综上所述，在我国资源型城市转型进程中应加强新能源的信息传播，提高全民认识，通过媒体介绍新能源改善生态环境、提高人民生活质量水准，利用新能源项目促进资源型城市产业结构升级，使其经济实现可持续发展。

参考文献

［1］李晟晖．矿业城市产业转型研究——以德国鲁尔区为例［J］．中国人口：资源与环境，2003（4）：91－97.

［2］孙国玉，陈雷，于怡鑫．石油城市休斯敦的经济转型和可持续发展之路［J］．企业经济，2010，7（7）：129－130.

［3］杨彦春．休斯敦：美国南方充满机会的城市［N］．经济日报，2008－06－26.

［4］齐建珍．资源型城市转型学［M］．北京：人民出版社，2004.

［5］王青云．资源型城市经济转型研究［M］．北京：中国经济出版社，2003.

［6］刘力钢，罗元文．资源型城市可持续发展战略［M］．北京：经济管理出版社，2006.

［7］孙雅静．资源型城市转型与发展出路［M］．北京：中国经济出版社，2006.

［8］黄为一．可再生能源的开发利用及投融资［M］．北京：中国石化出版社，2010.

［9］沈洊，潘寄青．可再生能源发展的财政政策分析［J］．当代经济研究，2009（3）.

［10］UN－HABITAT. Slums of the World：the face of urban poverty in the new millennium［J］. New York：Academic Press，2006.

［11］WILLIAM D WATSON，KING LIN，THOMAS BROWNE. US policy instruments to protect coal－bearing fragile lands［J］. Resources Policy，2000（5）：125－140.

［12］BRONDER C，R PRITZL. Developing Strategic Alliance：A Conceptual Framework for Successful Cooperation［J］. European Management Journal，Dec 1992.

［13］COMYN WATTIAU，AKOKA J. Logistics Information System Auditing Using Expert System Technology［J］. Expert Systems with Applications Volume，

1996（11）.

[14] IAMMARINO SIMONA MCANN PHILIP. The structure and evolution of industrial clusters: Transactions, technology and knowledge spillovers [J]. Research Policy, 2006, 35 (7): 1018 – 1036.

[15] Apollo Alliance: Clean Energy & Good Jobs Home Page, 2011 (11). http: // apollo alliance. org/.

[16] Initiative and Referendum Institute, Homepage, IRI, University of Southern California. 2007 (5) . http: //www. iandrinstitute. org.

专题四

资源枯竭型城市经济转型中公共政策系统的传导效应实证研究

摘要：由于资源枯竭型城市具有资源产业萎缩、经济总量不足、人均收入低下和可持续发展能力不足四个共性特点，因此如何实现我国资源枯竭型城市的经济转型是一个摆在我们面前不得不面对的难题。根据2013年国务院统计，我国有成长型资源型城市31个，成熟型资源型城市141个，资源枯竭型城市67个，共计239座资源型城市，从中我们选取了几个典型资源型城市进行了实证研究。

为了从制度层面，尤其是从公共政策层面上寻找实现资源枯竭型城市成功转型的突破口，我们主要从资源枯竭型城市公共政策系统中各项政策变化与经济增长的相互关系角度入手，采用计量分析方法对焦作市、枣庄市资源枯竭型城市1954—2007年的相关数据进行实证分析，在深层次剖析公共政策与经济增长之间的关系后，提出了重构资源枯竭型城市公共政策系统实现经济成功转型的建议；虽然我国资源枯竭型城市基础设施建设融资渠道已经由过去单一的政府投资转化为多元化的投融资方式，但投融资政策传导效应并不理想。如何保证政策传导的有效性，对此，我们主要从资源枯竭型城市基础设施建设投融资政策与城市基础设施发展水平的关联性入手，基于AHP方法对伊春市、盘锦市资源枯竭型城市1999—2009年的相关数据进行实证分析，试图寻找资源枯竭型城市基础设施建设投融资政策传导存在的问题，进而提出改进的建议及对策。双鸭山市属于资源衰退型城市，为加速转型，双鸭山市在“十二五”期间积极进行“产业项目建设年”部署，通过对双鸭山市重大项目推动产业升级SWOT分析，提出了“十三五”期间财政、税收、金融、科技、城市规划等公共政策的应对措施。

一、焦作市、枣庄市经济转型中公共政策系统传导效应的实证分析

2007 年 12 月 24 日，国务院制定出台《国务院关于促进资源型城市可持续发展的若干意见》后，国家发改委于2008 年3 月和2009 年3 月共分两批确定了全国44 个包括焦作市、枣庄市等在内的资源枯竭型城市。资源枯竭型城市是指矿产资源开发进入衰退或枯竭过程的城市，一般来讲具有以下四个共性特点：一是随着资源枯竭，产业效益下降；二是产业结构单一，资源产业萎缩，替代产业尚未形成；三是经济总量不足，地方财力薄弱；四是大量职工收入低于全国城市居民人均水平。如何实现我国资源枯竭型城市的经济转型是一个全局性的难题，对此，我们主要从资源枯竭型城市公共政策系统中各项政策变化与经济增长的相互关系角度入手，采用计量分析方法对焦作市与枣庄市资源枯竭型城市的1954—2007 年相关数据进行实证分析，在深层次剖析公共政策与经济增长之间的关系后，提出了重构资源枯竭型城市公共政策系统实现经济成功转型的建议。

（一）基本模型设定

1. 基本假设

（1）制度尤其是公共政策是可以用具体的量化指标来表示的，如财政政策或者货币政策分别可以用一定的价值指标来标识。

（2）经济增长量的变化主要取决于公共政策系统中的各子政策系统的供给量的多少以及它们之间的比例关系。

（3）政府是公共政策的主要供给者，即政府可以通过改变各类政策供给量的多少和比例从而起到调节经济增长的目的。

2. 变量选取

（1）解释变量的选取。由于公共政策本身是较难量化的，因此我们为了研究的方便，选取了公共政策中的财政政策和货币政策来作为研究的解释变量，总体包括用财政支出表示财政政策系统的解释变量，具体包括基本建设支出（CAPITAL）、农林水支出（AGRICULTURE）、文教科学卫生事业费（SOCIAL）、行政管理费（ADMINISTRATION）及其他支出（OTHER）等指标；货币政策系统用贷款余额（CREDIT）来表示解释变量。因此，我们选用基本建设支出、农林水支出、文教科学卫生事业费、行政管理费、其他支出和贷款余额等几种变量作为研究的解释变量，并分别用 CAP、AGR、SOC、

ADM、OTH 和 CRE 表示。

（2）被解释变量的选取。国内生产总值（GDP）指一个国家或地区在一年内，在本国或本地区领土范围内生产的全部最终的产品和劳务的市场价值的总和。其中既包括本国（地区）公民在本国（地区）领土上创造的价值，也包括外国（地区）公民在本国（地区）领土上创造的价值。

（3）样本选取及模型建立。考虑到样本的可得性，我们主要选取山东省的枣庄市和河南省的焦作市两座资源枯竭型城市作为研究对象，对 1954—2007 年的公共政策系统中的 CAP、AGR、SOC、ADM、OTH 和 CRE 以及对应年份的国内生产总值为统计数据进行样本分析。由于在实际的数据采集过程中，并未采集到山东省枣庄市的基本建设支出的数据，因此山东省枣庄市的解释变量实际上只有 AGR、SOC、ADM、OTH 和 CRE 五个变量。根据投入—产出生产函数及以上假设，现将枣庄市和焦作市的回归方程分别设定如下：

焦作市的回归方程（模型一）：

$$GDP_t = \alpha + \beta_1 CAP_t + \beta_2 AGR_t + \beta_3 SOC_t + \beta_4 ADM_t + \beta_5 OTH_t + \beta_6 CRE_t + \varepsilon_t$$

枣庄市的回归方程（模型二）：

$$GDP_t = \alpha + \beta_2 AGR_t + \beta_3 SOC_t + \beta_4 ADM_t + \beta_5 OTH_t + \beta_6 CRE_t + \varepsilon_t$$

式中，下标 t 指年份，被解释变量 GDP_t 为第 t 年的国内生产总值；α 为常数项；解释变量 CAP_t、AGR_t、SOC_t、ADM_t、OTH_t 和 CRE_t 分别为第 t 年基本建设支出、农林水支出、文教科学卫生事业费、行政管理费、其他支出和贷款余额的数量，β_1、β_2、β_3、β_4、β_5 和 β_6 分别为相应的弹性系数；ε_t 为随机干扰项。对山东省的枣庄市和河南省的焦作市在 1954—2007 年的统计数据采用 SPSS11. 5 软件来拟合回归方程。

（二）基本模型的实证检验和分析

通过对以上数据使用 SPSS11. 5 统计软件进行回归分析，有如下结果。

1. 焦作市回归方程的实证检验

（1）拟合优度检验，如表 4 - 1 所示。

表 4 - 1　Model Summary

Model	R	R Square	Adjusted R Square	Std. Error of the Estimate
1	0. 998	0. 997	0. 997	108560. 909

由表4-1可知，$R^2=0.997$，调整后的判定系数为0.997，可知方程的拟合优度较高。

（2）显著性检验，如表4-2所示。

表4-2　ANOVA

Model		Sum of Squares	df	Mean Square	F	Sig.
1	Regression	179474232321561.300	6	29912372053593.560	2538.072	0.000
	Residual	553917138315.495	47	11785471027.989		
	Total	180028149459876.800	53			

由表4-2可知，分子、分母的自由度分别为6和47，查表可知$F_{0.01}$（6，47）=3.22，而$F=2538.072>F_{0.01}$（6，47）=3.22，所以F检验通过。

（3）t检验以及弹性系数，如表4-3所示。

表4-3　Coefficients

		Unstandardized Coefficients		Standardized Coefficients	t	Sig.
Model		B	Std. Error	Beta		
1	(Constant)	39374.917	20453.215		1.925	0.060
	CRE	1.457	0.142	0.671	10.246	0.000
	CAP	13.150	7.145	0.097	1.840	0.072
	AGR	78.978	18.145	0.322	4.352	0.000
	SOC	-65.072	8.677	-1.241	-7.499	0.000
	ADM	30.666	6.756	0.514	4.539	0.000
	OTH	15.794	1.305	0.737	12.099	0.000

由于自由度为（$n-k-1$）=47，查t检验分布表可知$t_{0.025}$（47）=2.014，可见除常数项（Constant）和基本建设支出（CAP）无法通过t检验之外，其他几个变量都可以通过；而$t_{0.05}$（47）=1.679，因此常数项（Constant）和基本建设支出（CAP）只有在90%的置信区间的条件下才可以通过t检验。

由表4-3可知，截距α为39374.917，基本建设支出、农林水支出、文教科学卫生事业费、行政管理费、其他支出和贷款余额的弹性系数分别为

$\beta_1=13.150$、$\beta_2=78.978$、$\beta_3=-65.072$、$\beta_4=30.666$、$\beta_5=15.794$ 和 $\beta_6=1.457$。可得焦作市的回归方程（方程一）：

$$GDP_t=39374.917+13.150CAP_t+78.978AGR_t-65.072SOC_t+30.666ADM_t+15.794OTH_t+1.457CRE_t+\varepsilon_t$$

2. **枣庄市回归方程的实证检验**

（1）拟合优度，如表 4－4 所示。

表 4－4　Model Summary

Model	R	R Square	Adjusted R Square	Std. Error of the Estimate
1	0.999	0.998	0.998	83788.37029779

由表 4－4 可知，$R^2=0.998$，调整后的判定系数为 0.998，可知方程的拟合优度较高。

（2）显著性检验，如表 4－5 所示。

表 4－5　ANOVA

Model		Sum of Squares	df	Mean Square	F	Sig.
1	Regression	209295519005469.600	5	41859103801093.920	5962.418	0.000
	Residual	336983567863.657	48	7020490997.160		
	Total	209632502573333.257	53			

由表 4－5 可知，分子、分母的自由度分别为 5 和 48，查表可知 $F_{0.01}$（5，48）＝3.42，而 $F=5962.418>F_{0.01}$（5，48）＝3.42，所以 F 检验通过。

（3）t 检验以及弹性系数，如表 4－6 所示。

表 4－6　Coefficients

		Unstandardized Coefficients		Standardized Coefficients	t	Sig.
Model		B	Std. Error	Beta		
1	(Constant)	12575.810	14650.972		0.858	0.395
	CRE	0.259	0.073	0.114	3.562	0.001
	AGR	39.184	8.033	0.219	4.878	0.000

续　表

Model		Unstandardized Coefficients		Standardized Coefficients	t	Sig.
		B	Std. Error	Beta		
	SOC	-0.840	1.132	-0.014	-0.741	0.462
	ADM	31.293	3.036	0.482	10.307	0.000
	OTH	6.073	1.005	0.207	6.041	0.000

由于自由度为（$n-k-1$）=48，查 t 检验分布表可知 $t_{0.025}$（48）= 2.013，可见除常数项（Constant）和文教科学卫生事业费（SOC）无法通过检验外，其他变量都可以通过检验，而由于 $t_{0.25}$（48）=0.680，因此常数项（Constant）和文教科学卫生事业费（SOC）只有在50%的置信区间的条件下才可以通过 t 检验。

通过表4-6可知：截距 α 为12575.810，农林水支出、文教科学卫生事业费、行政管理费、其他支出和贷款余额的弹性系数分别为 $\beta_2=39.184$、$\beta_3=-0.840$ 和 $\beta_4=31.293$、$\beta_5=6.073$、$\beta_6=0.259$。由以上结果可得枣庄市的回归方程（方程二）：

$$GDP_t=12575.810+39.184AGR_t-0.840SOC_t+31.293ADM_t+6.073OTH_t+0.259CRE_t+\varepsilon_t$$

3. **对以上两市回归方程的对比分析**

表4-7　　焦作市和枣庄市公共政策变量相关系数的对比分析

对比项	Constant	CRE	CAP	AGR	SOC	ADM	OTH
焦作市	39374.917	1.457	13.150	78.978	-65.072	30.666	15.794
枣庄市	12575.810	0.259	—	39.184	-0.840	31.293	6.073
数据特点	同为正数	同为最小值	—	同为最大值	同为负数	同为次大值	同为正数

由表4-7对比分析可知：

第一，在以上六个变量中，仅有文教科学卫生事业费对经济增长的贡献为负数，焦作市和枣庄市分别为-65.072和-0.840，也即以上两市的社会、科学、文教、卫生支出每增加一个单位，国内生产总值分别减少65.072和0.840个单位，说明以上地区的文化、教育、卫生等产业的发展尚未走上规范化、制度化以及市场化的发展路径，尚处于比较低级的、低效率的运行状态。

第二，相比较其他几个财政支出变量对经济增长的贡献率而言，贷款余额对经济的促进作用很小，焦作市为1.457、枣庄市为0.259，也即以上两市的贷款余额每增加一个单位，国内生产总值分别仅增加1.457和0.259个单位，说明以上地区以信贷政策为主导的金融货币等政策对经济增长的支持作用还有较大的提升空间。

第三，从以上的比较分析中还可以看出，以上两市的行政主导型经济特征比较明显，焦作市和枣庄市在财政支出的行政管理费支出对经济增长的弹性系数分别为30.666和31.293，说明该类地区基本上还是以行政主导经济增长，而非市场制度主导经济增长。

第四，农林水支出对经济增长的贡献率较高，焦作市和枣庄市分别为78.978和39.184。

（三）初步结论及建议

通过以上初步分析，再结合资源枯竭型城市的实际情况以及共性特点，可得出以下初步结论。

第一，资源枯竭型城市的文化、教育、卫生等产业发展基本上处于比较初级的、非市场的、低效率的运行状态，尚没有走上规范化、科学化、高效率的发展路径，这是下一步公共政策供给调整的第一个着力点。

第二，资源枯竭型城市的金融政策对经济增长的促进作用尚有较大的提升空间，因此金融货币政策是该类地区公共政策调整的第二个着力点。

第三，资源枯竭型城市要逐渐实现从行政主导型经济向市场主导型经济转型，特别是要在降低行政管理成本、提高政府执政水平和效率等方面下功夫，因此提高执政管理水平是公共政策调整的第三个着力点。

第四，资源枯竭型城市要大力发展农业，尤其是加大观光农业、生态农业、农业环境保护、农业农田水利等基础设施建设方面的投入，因此发展农业是第四个着力点。

在以上初步结论分析的基础之上，现提出重构资源枯竭型城市公共政策系统的几点建议。

1. 推进资源枯竭型城市创新型财政政策对文化等产业发展的支持

第一，对于教育、文化等产业的发展，建议资源枯竭型城市的教育、文化等产业的市场主体如学校、中介教育机构等尽可能地坚持市场化的操作手段，积极吸引优质的民间资本进入该领域，更多采取民办教育（如股份合作、教育集团）等多元化的办学模式，并在财政上采取一定程度的税收减免的方式发展教育、文化等产业，如允许民营办学资本在扣除办学成本、预留发展基金以及按照国家有关规定提取其他必需的费用后，从办学结余获取适当的办学利润，以进一步发挥减免税收的乘数效应。

第二，对于旅游和农业产业的发展，建议资源枯竭型城市要根据自身产业单一、特色产业规模小且发展缓慢等实际情况加大对特色旅游、观光农业、现代农业的支持力度，通过减免税收、财政贴息等手段积极支持当地符合条件的企业的发展。如焦作市修武县根据辖内云台山的奇峰秀岭以及三步一泉、五步一瀑和十步一潭等地质地貌特征，开发了云台山地质旅游公园，使云台山旅游经济一定程度上助推了焦作市产业经济的发展。

2. 加大资源枯竭型城市创新型金融政策对经济的支持作用

第一，资源枯竭型城市应积极加大对外地或外资银行、担保公司、风险投资企业和财务公司等金融中介的引进力度，逐步形成多元化的投融资格局，从产品种类、服务水平等多方面满足金融市场的金融供给。例如，资源枯竭型城市可以借鉴珠三角地区部分城市的联保贷款的成功经验做法来提升金融对经济的支持力度。所谓联保贷款的一般操作规则：首先由地方（市、县、镇）政府联合辖内的三家以上的中小企业，各按一定比例出资注册一个担保公司组成联合体，由新成立的担保公司全权代表联合体同银行合作开展担保公司贷款事宜，一般来讲，担保贷款的金额最多不超过联合体注册资本的5倍。既可以促进资源型地区中小企业发展，又可以解决资源型城市经济转型的资金瓶颈问题。

第二，资源枯竭型城市应积极加大本地银行或本土优质企业的上市培育和指导力度。一方面，对本地银行而言，应从提高本地银行经营水平和资本实力两个层面逐步提升，尤其是针对尚有城商行或农信社的部分资源枯竭型城市，应更加注重对该体制下银行的引导、孵化、辅导和支持力度；另一方面，对本地企业而言，政府应建立健全产业选择机制和新兴产业发展和衰退产业的市场化退出的资本流动机制，通过产业选择可以把有限的资本资源与主导产业、支柱产业相结合，进而实现合理化、高度化的产业成长，使资源枯竭型城市成为产业结构合理、融资结构合理、金融环境优良的地区。

第三，建议资源枯竭型城市向中央银行率先申请实行利率市场化改革试点。由于实行市场化利率定价更有利于资源枯竭型城市的金融机构识别贷款资金需求的目标客户，满足目标客户的金融需求；同时也可以一定程度限制贫困和低收入群体对贷款的超额需求，减少其滥用资金行为的发生。因此，在利率政策允许的条件下，笔者也建议央行适当地放开该类地区小额贷款的利率管制，或批准作为小额贷款利率市场化的试点单位，允许根据资金市场供求情况扩大小额农贷利率浮动幅度。

3. 积极通过多方合作创新方式，妥善解决社会基本养老保险难题

要实现资源枯竭型城市医疗、卫生等产业的长足发展，首先要解决资源枯竭型城市现行企业职工基本养老保险覆盖范围不够广泛、个人账户空账运行、破产下岗工人等部分人群“断供”等一系列社会问题，就此我们建议资源枯竭型城市可通过银行、政府多方合作，创新专项资金的担保模式，妥善地解决当地居民一次性补缴社会基本养老保险基金的资金短缺问题。简单地说，政府提供金额大约为资金缺口的40%（根据调查居民或村民个人贷款的最高不良率大约为36%，因此，40%的备付率实际上是完全可以覆盖风险的）的专项资金担保，在村居民办理银行社保贷款过程中村委会要协助银行调查，并由借款人个人以及家庭提供连带担保，最后银行根据政策法规在合规的前提下进行择优支持的创新模式。

4. 切实提高资源枯竭型城市的公共服务质量

资源枯竭型城市转型中政府的推动作用是市场无法替代的，打造服务于经济转型的“阳光政府”，建立资源型城市科学转型的长效机制，建立并完善资源枯竭型城市从消费性行政办公到投资性行政办公的转变机制，关键在于做好以下两方面工作：一方面，资源枯竭型城市要以市场经济为导向，从切实转变行政人员的工作理念入手，进一步提高政府的执政水平，提高行政效率，从“卡拿要”的低水平管理逐步回归到真正能服务经济、服务微观经济组织的服务型行政办公，实现从消费性行政办公逐渐回归到投资性行政办公的转变；另一方面，要提高政府自身的行政能力，要高度关注民生，逐步减小贫富差距，不要只顾自身利益而注重政绩工程；要认真贯彻落实依法治国的方针，不要让“关系”凌驾于法律之上，要打击腐败，公开、公平、公正地为人民服务。

二、基于AHP对伊春市、盘锦市基础设施建设融资政策传导效应的实证分析

由于不可再生自然资源开发的不可持续性，使资源型产业的衰亡不可逆转，资源枯竭型城市面临着难以持续发展的严峻问题。解决这一问题的唯一途径是经济转型。但在资源枯竭型城市的转型中，城市基础设施建设的历史

欠账严重制约着经济转型的速度与进程。用投融资模式解决资源枯竭型城市基础设施建设中资金缺口问题是比较现实的选择。但是，目前我国资源枯竭型城市基础设施建设投融资政策传导效应并不理想。关于资源枯竭型城市基础设施建设融资的研究集中于融资方式及基础设施投资与经济发展关系方面，而就资源枯竭型城市基础设施建设投融资政策传导效应研究较少。因此，本书着重从资源枯竭型城市基础设施建设投融资政策与城市基础设施的发展水平关联入手，采用 AHP 计量分析方法对伊春市与盘锦市资源枯竭型城市 1999—2009 年的相关数据进行实证分析，在剖析投融资政策与城市基础设施的发展水平的相互关系后，提出了资源枯竭型城市改善投融资政策传导效应的建议。

（一）资源枯竭型城市基础设施建设投融资政策传导存在的问题

1. 投融资政策主体自身问题

（1）政策制定主体统筹意识不强。投融资政策本身的质量问题是影响投融资政策传导效应的首要因素。一项政策传导效应的好坏，往往取决于政策本身是否科学合理。这就要求制定主体政策时全方面考虑各种因素。当前我国资源枯竭型城市投融资政策的制定主要存在以下两方面问题，一是政策制定缺乏系统性，投融资政策与其他公共政策的协调性较差，致使投融资政策的传导效应很难得到很好的发挥。二是政策制定者在制定政策时差异化不明显。由于资源枯竭型城市存在产业结构单一、经济总量不足及历史遗留问题多等问题，其基础设施建设投融资政策的制定应针对资源枯竭型城市自身特点，但目前资源枯竭型城市的基础设施投融资政策与一般城市的差异化不明显，这必将阻碍投融资政策的传导效应。

（2）政策传导主体的敏感程度低。投融资政策的传导主体包括金融机构、企业及居民个人。居民、企业、金融机构利率弹性的高低直接影响利率传导渠道效率的高低。一般地，微观主体的利率弹性越高，则利率传导渠道效率越高，反之则效率越低。

从金融机构来看，我国的银行等金融机构由于体制、历史等原因，风险意识较差，缺乏内在约束机制，使其很难按照货币当局的意图调整其行为，影响了投融资政策传导机制的有效性。国有商业银行治理结构存在种种缺陷，尤其是对企业贷款的所有制歧视，使得国有企业是资金的主要运用者，因而国有企业的利率反应模式很大程度上决定了利率投资弹性的大小。

从企业看，国有企业长期以来存在着投资约束、利率弹性低下、负债率过高、亏损严重的格局，使其对利率调整缺乏敏感性，阻碍了投融资政策的有效传导。资源型城市的企业类型绝大多数是国有企业，同样存在上述问题。资源型企业财产权利和财产责任不对等、激励约束不对称等问题并没有得到根本解决，反而随着市场化的推进显性化了，国有企业虽有市场主体的名分却没有市场主体的约束和行为。在企业产权制度和经营制度没有得到根本变革之前，要想使现有的国有资源型企业成为市场经济下的理性经济人是不可能的，因而国有企业投资对利率的反应比较迟钝。相对来说，中小企业由于具有产权较明晰、经营机制灵活等优点，利率弹性比国有企业大得多。但由于商业银行的信贷配给行为，使得利率弹性较大的中小企业往往得不到足够的贷款支持。商业银行的这种行为极大地降低了投资的利率弹性，限制了利率渠道的有效传导。

从居民来看，社会的投融资渠道不畅，居民投资方式选择余地较小，阻碍了储蓄到投资的转化效率。对城镇居民来说，购买股票的城镇居民以高收入者为主，而大多数居民是无法承担股票市场的高风险的，投资基金从理论上说应该是一种理想的投资工具，但目前也有较高风险，市场上安全性、流动性和盈利性匹配较好的金融产品明显不足。对资源枯竭型地区的居民来说，储蓄之外的投资活动距离他们的生活很远，居民更愿意把得之不易的钱存到银行里，即使获利甚微。因此，多数居民把结余存入银行，某种程度上是出于无可选择。另外，居民通常资金数额较少，形不成投资规模，缺乏抗风险能力。而且资源枯竭型地区多数居民比较缺乏市场经济知识和实际投资运作能力，更不善于规避风险，因而宁愿将钱存在银行以求保险。因此，在我国积累财产的渠道过于单一的情况下，只要利息率不低于一定的水平，适当降低利息率并不会影响资源枯竭型城市与资源枯竭型地区人们的储蓄愿望，储蓄仍是他们消费剩余的最终选择。

2. 投融资政策传导系统问题

（1）传导环境非优化。投融资政策要植根于一定的土壤，良好的环境对投融资政策的传导效应的发挥有促进作用。目前我国资源枯竭型城市的政策环境存在诸多问题，阻碍了投融资政策的传导。

第一，监督机制不健全。监督是管理的重要环节，也是投融资政策执行的重要手段。投融资政策执行监督对于保证政策顺利执行，防止权力异化和腐败产生具有重要作用。然而由于我国资源枯竭型城市长期以来行政主导的体制原因，政策执行的监督体制还很不完善，监督滞后且不彻底，政府监督难以保证公正透明，新闻媒体的舆论监督因受行政干预而无法释放能量；社会监督因诉讼不畅、缺乏保障而难以发挥作用。监督缺位使得政策传导效应大打折扣。

从投融资政策执行过程中监督主体的角度来分析政策执行监督存在的问题。一是监督主体缺乏独立性和权威性。投融资政策执行监督体现了监督权对执行权的制约。监督的效果在很大程度上取决于监督主体的地位、权能。但从目前我国投融资政策执行监督主体的实际情况来看，大多数监督主体由于自身的依附性而缺乏制约力度，导致监督乏力。如监察、审计部门，都存在于行政机关内部，在领导体制上，不仅受上级业务部门的领导，同时也受同级党委、行政的双重领导。在这样的双重领导体制下，往往是本级党委、行政机关发挥了更大的领导作用，而业务上的垂直领导作用得不到保障，同时，监督主体的人员编制、人事任免等方面由监督客体控制，监督主体不仅没有与监督客体平等的地位，还形成一种监督主体受制于监督客体的附属型监督关系，因而严重削弱了监督的权威性，弱化了监督机构的职能。二是监督主体间协调性差。投融资政策监督制约体制应是一个由多种制约组成的有机整体，不同的监督制约形式之间必须密切协调、互为补充，才能有效地发挥政策监督制约的整体功能，真正达到政策监督的目的。目前，我国政府的审计监督、行政监察及人民银行之间经常发生不协调、不配合甚至摩擦等现象，而且各种监督制约形式由于缺乏明确的职责权限和监督制约范围，工作中又互不通气，既造成了许多重复监督制约的现象，同时又使许多应该受到制约的对象处于无人过问的“盲点”状态。

第二，缺乏良好的信息传递机制。信息传递的不畅通不仅导致政策自上而下的传达很困难，影响地方政府对政策的理解，加大政策执行的难度，而且使得政策执行过程中缺乏及时的反馈，政策制定者不了解政策在实际执行中遇到的障碍和产生的问题，影响政策的优化改进。信息沟通机制的不健全，使政策执行过程中的信息交流严重阻塞。一方面，政策制定与执行缺乏公众参与机制，政策透明度低，政策接受者在政策实施时往往对政策内容和目标一无所知，或道听途说、一知半解，因而难以在短期内认同这一政策，政策执行难度和风险当然加大；另一方面，政策执行缺乏信息反馈机制，政策执行盲目性大，政策评估缺少依据，政策效果难以认定。

（2）传导系统单一。当前我国资源枯竭型城市基础设施建设投融资政策的传导主要依靠利率传导机制，而汇率传导机制、信贷配给传导机制等组合传导效应并没有充分发挥作用。单一的传导系统将使政策的传导效应目标不充分。而利率传导的有效性不仅取决于央行的具体调节，更要依赖于金融机构、企业等做出的反应，因此经济主体对利率保持较高的敏感性是利率政策发挥作用的基础。从我国目前的经济主体看，由于资源枯竭型城市历史原因、体制及相关的制度因素，经济主体对利率普遍缺乏敏感性，这就使本来单一的传导系统更难发挥传导作用。

（二）资源枯竭型城市基础设施建设投融资政策传导效应模型的建立

1. 建立递阶层次结构

层次分析法是20世纪70年代由著名运筹学家赛惕提出的，它的基本原理是根据具有递阶结构的约束条件、子目标等来评价方案，采用两两比较的方法确定判断矩阵，然后把判断矩阵的最大特征相对应的特征向量的分量作为相应的系数，最后综合给出各方案的权重，在此基础上，用处于最末端指标层中的某项指标的效用值乘以该指标对目标层的相应权重，用公式表达如下：

$$Y = \sum M_i \times W_i$$

式中，Y 为总得分；M_i 为第 i 个指标的效用值；W_i 为第 i 个指标对目标层的权重。

本书试图通过对城市基础设施发展水平的测度来研究资源枯竭型城市基础设施投融资政策的传导效应，基础设施发展水平评价层次结构模型的第一层次为硬件系统和软件系统，第二层次为城市基础设施的六个系统，即供水系统、排水系统、交通系统、能源系统、通信系统和环境系统，第三层次为六个系统的17项指标。各系统及各指标之间的结构层次如图4－1所示。

2. 评价指标选取

按照代表性、可比性、可行性和独立性的原则选择评价指标，构成评价指标体系。供水系统选取供水设施状况、人均生活日用水量，排水系统选取排水管道密度、城市生活污水处理率，交通系统选取城市人均道路里程、城市道路网密度、万人公交车辆数，能源系统选取供电设施状况、城市人均生活年用电量、城市燃气普及率，通信系统选取电信设施状况、电话普及率和互联网普及率，环境系统选取垃圾无害化处理率、人均公共绿地面积、建成

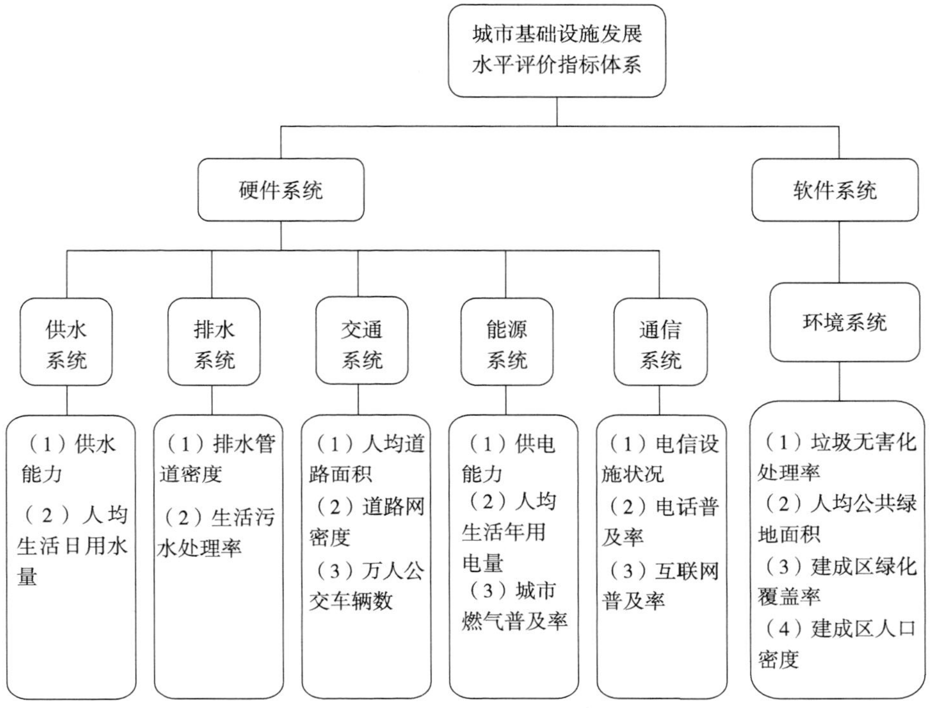

图 4-1　城市基础设施发展水平评价指标体系

区绿化覆盖率和城市建成区人口密度。

3. 指标权重计算及一致性检验

（1）构建两两比较判断矩阵。根据层次分析方法构造两两比较判断矩阵。首先确定两两比较的重要性标度，如表 4-8 所示。

表 4-8　　重要性标度

重要性标度	定义
1	相比较的两因素同等重要
3	一因素比另一因素稍微重要
5	一因素比另一因素明显重要
7	一因素比另一因素强烈重要
9	一因素比另一因素绝对重要

2、4、6、8 表示上述判断的中间值，对于 n 个同一层次评价指标，若

元素 i 与元素 j 的重要性之比为 a_{ij}，则元素 j 与元素 i 的重要性之比为 $a_{ji}=1/a_{ij}$。

两两比较城市基础设施的六大系统，如给水系统比通信系统稍微重要，于是得到基础设施评价系统的两两比较矩阵，如表 4 – 9 所示。

表 4 – 9　　两两比较判断矩阵

	给水	排水	道路	通信	能源
给水	1	2	1/2	3	1
排水	1/2	1	1/4	1	1/2
道路	2	4	1	5	3
通信	1/3	1	1/5	1	1/3
能源	1	2	1/3	3	1

用 matlab 计算得矩阵的最大特征根 $\lambda_{max}=5.0437$，其中 ϖ 为相应的特征向量，利用公式

$$\varpi = \omega_i / \sum_{i=1}^{n} \varpi_i$$

将 ϖ 归一化处理得各子系统的权重指标如表 4 – 10 所示。

（2）一致性检验。定义一致性指标 CI，$CI=(\lambda_{max}-n)/(n-1)$，若一致性比例 $CR<0.1$，则认为判断矩阵的一致性是可以接受的，其中 $CR=CI/RI$，RI 为相应的平均随机一致性指标。

表 4 – 10　　各系统权重指标值

子系统名称	对应特征向量（ω_i）	归一化处理后权重（ϖ）
给水	0.3871	0.2049
排水	0.1791	0.0948
道路	0.8167	0.4323
通信	0.1463	0.0774
能源	0.3601	0.1906

本书的比较矩阵中，$CI=(\lambda_{max}-n)/(n-1)=(5.0437-5)/(5-1)=0.010925$，5 阶矩阵平均随机一致性指标 $RI=1.12$，$CR=CI/RI=0.010925/1.12=0.009754<0.1$，因此，判断矩阵的一致性是可以接受的。

同样的方法对图4－1中第二层次的17个指标，对应相应的系统构建两两比较矩阵和权重，并进行一致性检验。具体权重值如表4－11所示。

表4－11　　各系统内指标权重值

<table>
<tr><td rowspan="2">供水系统</td><td>供水能力</td><td>0.6</td><td rowspan="2">排水系统</td><td>排水管道密度</td><td>0.6</td></tr>
<tr><td>人均生活日用水量</td><td>0.4</td><td>生活污水处理率</td><td>0.4</td></tr>
<tr><td rowspan="3">交通系统</td><td>人均道路面积</td><td>0.4</td><td rowspan="3">通信系统</td><td>电信设施状况</td><td>0.4</td></tr>
<tr><td>道路网密度</td><td>0.4</td><td>电话普及率</td><td>0.4</td></tr>
<tr><td>万人公交车辆数</td><td>0.2</td><td>互联网普及率</td><td>0.3</td></tr>
<tr><td rowspan="12">能源系统</td><td rowspan="4">供电能力</td><td rowspan="4">0.4</td><td rowspan="12">环境系统</td><td rowspan="3">生活垃圾无害化处理率</td><td rowspan="3">0.3</td></tr>
<tr></tr>
<tr></tr>
<tr><td rowspan="3">人均公共绿地面积</td><td rowspan="3">0.25</td></tr>
<tr><td rowspan="4">人均生活年用电量</td><td rowspan="4">0.4</td></tr>
<tr></tr>
<tr><td rowspan="3">建成区绿化覆盖率</td><td rowspan="3">0.25</td></tr>
<tr></tr>
<tr><td rowspan="4">城市燃气普及率</td><td rowspan="4">0.3</td></tr>
<tr><td rowspan="3">建成区人口密度</td><td rowspan="3">0.2</td></tr>
<tr></tr>
<tr></tr>
</table>

（3）计算各层元素的合成权重。对城市基础设施系统而言，硬系统的权重综合考虑为0.8，软系统的权重综合考虑为0.2。将各指标在各系统中所占的权重与该系统在总系统中所占的权重作乘积处理，便得到各指标的合成权重，具体权重值见表4－12。

表4－12　　各指标合成权重值

指标名称	综合权重	指标名称	综合权重
供水能力	0.098352	燃气普及率	0.018576
人均生活日用水量	0.065568	电信设施状况	0.060992
生活污水处理率	0.030336	电话普及率	0.045774
排水管道密度	0.045504	互联网普及率	0.045774
人均道路面积	0.138336	垃圾无害化处理率	0.06
道路网密度	0.138336	人均公共绿地面积	0.05
万人公交车辆数	0.069168	建成区绿化覆盖率	0.05
供电能力	0.024768	建成区人口密度	0.04
人均年用电量	0.018576		

（4）城市基础设施发展水平的综合评价。将城市基础设施的各项指标值

与其相对应的权重相乘，就得到该项指标的评分值，再将各指标评分值相加就得到该城市基础设施的整体发展水平，即 $V=\sum D_i \times P_i$，式中 V 为城市基础设施的发展总体水平评分值，D_i 为第 i 个指标的综合权重值，P_i 为第 i 项指标的评分值。

4. **传导效应回归模型的建立**

（1）被解释变量与解释变量的选取。由于基础设施发展水平较难量化，所以我们选取基础设施各系统评价值（V）作为被解释变量；解释变量选取基础设施投资总额（INV）、预算内资金在投资总额中所占的比例（PLA）、外资在投资总额中所占比例（FOR）及贷款在投资总额中所占比例（LOA）。

（2）建立如下回归模型：

$$Y_t=\beta_0+\beta_1 INV_t+\beta_2 PLA_t+\beta_3 FOR_t+\beta_4 LOA_t+\varepsilon_t$$

式中，下标 t 指年份，被解释变量 Y_t 为第 t 年的城市基础设施发展水平；β_0为常数项；解释变量 INV_t、PLA_t、FOR_t 和 LOA_t 分别为第 t 年基础设施投资总额、预算内资金在投资总额中所占比例、外资在投资总额中所占比例、贷款在投资总额中所占比例；β_1、β_2、β_3和 β_4分别为相应的弹性系数；ε_t为随机干扰项。

5. **样本选取及回归分析**

（1）样本的选取。继 2007 年 12 月 24 日，国务院制定出台《国务院关于促进资源型城市可持续发展的若干意见》后，国家发改委于 2008 年 3 月 17 日确定了国家首批资源枯竭型城市，共有 12 个城市被列入。其中包括黑龙江省伊春市和辽宁省盘锦市。本书选取首批资源枯竭型城市中的两个城市作为代表研究资源枯竭地区基础设施建设融资政策传导效应。

1998 年以来，我国金融体制改革不断向深层次推进，现代金融体系和现代金融制度建设取得新进展，为改善投融资政策传导机制创造了良好条件。贷款规模限额控制的取消、稳步推进利率市场化改革及现代金融企业制度的建立，带来投融资政策传导机制相应的转变。研究 1999—2009 年的资源枯竭型城市基础设施建设投融资政策的传导效应比较能够代表当前的形势，并且此阶段投融资政策传导具有相同的特点，得出的结论比较符合客观实际。

（2）回归分析。对黑龙江省伊春市和辽宁省盘锦市在 1999—2009 年的以上变量数据采用 SPSS17.0 软件来检验回归方程的拟合程度。

①伊春市回归模型的实证检验。根据运行结果可知调整后的 $R^2=0.995$，拟合优度较高。分子、分母的自由度分别为 4 和 5，查表可知 $F_{0.01}$（4，5）=

5.19，而 $F=1156.738>F_{0.01}$（4，5）=5.19，所以可以通过 F 检验。由于自由度为（$n-k-1$）=5，查 t 检验分布表可知 $t_{0.025}$（5）=3.163，则在95%的置信区间的条件下回归系数可以通过 t 检验。

又知，截距 β_0 为 -11.741，基础设施投资总额、预算内资金在投资总额中所占比例、外资在投资总额中所占比例、贷款在投资总额中所占比例的弹性系数分别为 $\beta_1=0.61$、$\beta_2=-2.91$、$\beta_3=5.03$ 和 $\beta_4=2.47$。

可得到伊春市回归模型如下：

$$Y_t=-11.741+0.61INV_t-2.91PLA_t+5.03FOR_t+2.47LOA_t+\varepsilon_t$$

②盘锦市回归模型的实证检验。根据运行结果可知调整后的 $R^2=0.993$，拟合优度较高。分子、分母的自由度分别为 4 和 5，查表可知 $F_{0.01}$（4，5）=5.19，而 $F=2546.331>F_{0.01}$（4，5）=5.19，所以可以通过 F 检验。由于自由度为（$n-k-1$）=5，查 t 检验分布表可知 $t_{0.05}$（5）=2.571，则在90%的置信区间的条件下回归系数可以通过 t 检验。

又知，截距 β_0 为 -25.556，基础设施投资总额、预算内资金在投资总额中所占比例、外资在投资总额中所占比例、贷款在投资总额中所占比例的弹性系数分别为 $\beta_1=1.37$、$\beta_2=-1.07$、$\beta_3=3.55$ 和 $\beta_4=3.42$。

可得到盘锦回归模型如下：

$$Y_t=-25.556+1.37INV_t-1.07PLA_t+3.55FOR_t+3.42LOA_t+\varepsilon_t$$

（3）结论及建议。通过以上分析，同时考虑资源枯竭型城市的实际情况及共性特点，可得出以下初步结论。

第一，伊春及盘锦两城市基础设施的发展水平与基础设施投资总额、外资在投资总额中所占比例、贷款在投资总额中所占比例呈正相关，而与预算内资金在投资总额中所占的比例呈负相关。说明伊春、盘锦两城市的市场性融资传导效应较好，对基础设施的发展水平起到了明显的促进作用；而政策性融资的传导效应较差，对基础设施的发展水平起到了抑制作用，应着力改善政策性融资的传导效应。

第二，两城市外资在投资总额中所占比例对基础设施发展水平的影响存在较大的差异。盘锦市外资在投资总额中所占比例每增加一个单位，会使城市基础设施的发展水平提高 5.03 个单位，而伊春市外资在投资总额中所占比例每增加一个单位，会使城市基础设施的发展水平提高 3.55 个单位。说明在利用外资上，盘锦市的外资边际利用率明显高于伊春市。

第三，贷款在投资总额中所占比例对两城市基础设施发展水平的影响都很大，分别为2.47、3.42。说明资源枯竭型城市融资渠道单一，主要依靠银行信贷资金，这既增加了银行的信用风险，又增加了投融资政策的执行难度，影响了投融资政策的传导效应，在资源枯竭型城市基础设施建设中应积极开发多元化的融资渠道。综上所述，改善资源枯竭型城市基础设施建设投融资政策传导效应的建议如下。

首先，完善资源枯竭型城市信息反馈机制，构建政策执行主体辅助系统。投融资政策执行中的信息沟通包括信息的下行、上行和平行三个方面的运动，它对投融资政策的执行有着重要的影响。信息顺畅有利于各政策执行主体之间的沟通和协调，有利于信息来源的多样化，扩大信息的广度，增加其全面性。然而，资源枯竭型城市长期以来存在的部门障碍及层级分割，使资源枯竭型城市各部门信息沟通不畅，因此要重点加强资源枯竭型城市信息反馈系统的建设，使信息反馈经常化、制度化。

其次，建立汇率目标区制度，疏通汇率传导机制系统。目标区汇率有利于增大资源枯竭型城市对外资的吸引力度，同时其灵活性和稳定性兼顾的特点使汇率政策能够有效地达到投融资政策的预期目标。汇率目标区机制有明确而独立的汇率控制目标，并且不局限于某一种货币与固定汇率制。与汇率制相比，目标区制度不必包括一个正式承诺，即保证本币与目标货币严格挂钩，它所指向的目标是一个区域带，而不是一个点或一种水平，因而更为合理和易于操作，有利于资源枯竭型城市基础设施建设投融资政策传导效应的发挥。

最后，推进利率市场化，充分发挥利率传导机制作用。利率市场化使商业银行对利率拥有自主决定权，可以通过差别利率来区别对待风险不同的贷款人，从而有利于商业银行对资源枯竭型地区资源的优化配置以及经济结构调整中进行信贷结构调整。因此，积极推进利率市场化改革，形成以市场资金供求为基础，以中央银行基准利率为引导，货币市场利率为中介的利率形成和传导机制，将对资源枯竭型城市投融资政策传导效应有很大的改善作用。

三、双鸭山市重大项目推动产业升级的SWOT分析

双鸭山属于黑龙江省的地级市，位于黑龙江省东北部，西与佳木斯、七台河等城市相毗邻，位于东经130°54′~131°47′与北纬46°20′~47°54′，是中国市中心最东部的地级城市，是全国十个特大煤矿之一。双鸭山市是

黑龙江省第一大煤田，中国十个特大煤田之一。煤炭储量占黑龙江省总储量的54%。

根据2013年国务院统计，我国现有成长型资源型城市31个，成熟型资源型城市141个，资源衰退型城市67个，共计239座资源型城市。2011年国家“十二五”规划纲要提出促进资源枯竭地区转型发展。国发〔2013〕45号文《国务院关于印发全国资源型城市可持续发展规划（2013—2020年）的通知》（以下简称《规划》）中确定了成长型、成熟型、资源衰退型城市共计239座。根据《规划》划分，黑龙江省资源型城市有11个，其中成熟型资源型城市有5个，占该类型141个城市的3.55%；衰退型城市有6个，占该类型67个城市的8.96%，双鸭山市属于衰退型城市。为加速转型，双鸭山市在“十二五”期间积极进行“产业项目建设年”部署，实施“五区一城”的发展战略，以非煤产业、新能源、新材料、循环经济、低碳经济五个方面为重点，努力推进经济结构优化、主导产业升级的转型之路。

（一）重大项目整体状况

1.“十二五”规划确立了以重大项目为核心拉动产业升级的转型之路

双鸭山市“十二五”规划是以2011年为基准年，规划至2015年。“十二五”规划主要包括三个部分：第一部分主要是“十二五”期间全市建设的总体构想；第二部分主要是双鸭山市的阶段性发展战略定位；第三部分主要是加快发展以重大项目为核心的产业升级之路，促进资源型城市转型。双鸭山市在“十二五”期间积极进行“产业项目建设年”部署，实施“五区一城”的发展战略，以非煤产业、新能源、新材料、循环经济、低碳经济五个方面为重点，努力推进经济结构优化、主导产业升级的转型之路。

2. 双鸭山市“十二五”规划中重大型项目进展情况

（1）基础设施重大项目拟投资情况。“十二五”期间双鸭山市拟建基础设施项目共33项，总投资862063万元，其中，投资资金在5000万元以上的重大项目共计27项，总投资854896万元。建设资金来源主要有中央预算内资金、中央专项资金、省配套资金、省补助资金、市财政建设资金，以及双鸭山市大地城市开发投资有限公司自筹资金，这些资金大约占总投资的30%。各建设项目的投资比重如图4－2所示。

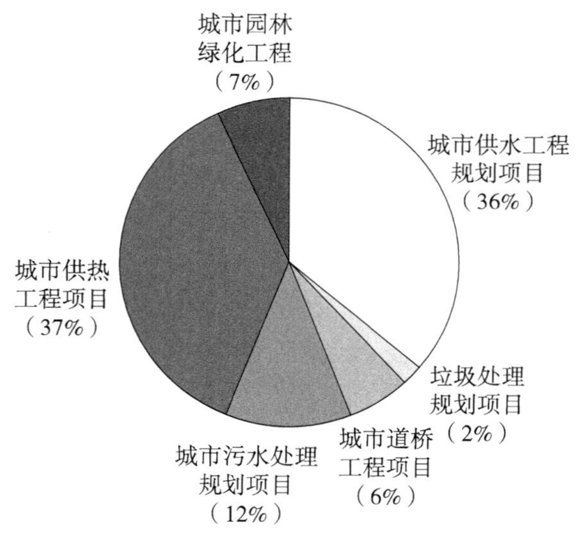

图 4-2　2011—2015 年双鸭山市 5000 万元以上重大基础设施项目拟投资比重

从图 4-2 看出，首先，“十二五”期间双鸭山市基础设施的重点仍在于城市供热、供水方面，分别占 37% 和 36% 的重要比重；其次，城市污水处理、城市园林绿化方面比重较大，“十二五”期间双鸭山市主要完成包括加宽改建等 8 条道路的建设，全长 15 千米，“十二五”期间，城市建成区绿化覆盖率达到 46%，人均公园绿地面积达到 14 平方米。此外，污水处理与再利用项目也在“十一五”期间 11 项的基础上又增加了 5 项。通过“十二五”规划可以看出，双鸭山市的城市建设，尤其在基础设施方面得到改善。

（2）重大项目产业升级情况。“十一五”期间，双鸭山市产业发展主力实施大项目带动战略，以扩大固定资产投资规模，增强经济发展后劲，促进产业升级。五年间，全市新上投资千万元以上项目 417 项，其中投资 5000 万元以上项目 126 项，包括煤炭项目 28 项，煤化工项目 8 项，钢铁、装备制造业项目 7 项，新能源、新材料项目 20 项，农副产品深加工项目 34 项，民生、基础设施项目 29 项。固定资产投资累计完成 779.2 亿元。“十二五”期间，双鸭山市规划建设重大项目共 159 项（见表 4-13），其中，2011 年续建项目（56 项），启动开工项目（48 项），2012—2015 年开工项目（55 项）。

表 4-13　“十二五”期间双鸭山市拟建重大项目总体概况

年　限	总投资（万元）	占地面积（公顷）	增加就业人数	税金（万元）
2011 年续建项目（56）	2975232	915	11745	215844
2011 年启动项目（48）	906315	131	4828	73372
2012—2015 年开工项目（55）	4872930	663	11706	297652
合　计	8754477	1709	28279	586868

（二）重大项目产业升级 SWOT 分析

1. 优势（S）

（1）资源优势。主导煤炭资源方面。双鸭山市是依托煤炭资源兴起的资源型城市，煤炭储量占据黑龙江省总储量的 54%，是黑龙江省第一大煤田，也是中国十个特大煤田之一。煤炭商品率达到 80%，商品远销至中国南方、俄罗斯；成为环渤海城市群除山西外第二大煤炭供应基地。

林木资源方面。双鸭山市林木资源也十分丰富。其中，以天然林为主的森林面积 8632 平方千米，森林覆盖率为 38.4%，主要树种有松、柞、杨等，现活立木储量 1150 万立方米；在 596 千米的挠力河流域形成的七星河、长林岛、雁窝岛等 17 万公顷湿地，是三江平原保存较为完整、极具代表性和原始性的湿地，已被列为国家级自然保护区，是黑龙江省商品木材供应基地之一。

生态优势。黑土农业、森林、湿地、河流等生态资源丰富，生态产业发展潜力巨大；矿产资源丰富，煤、铁矿石、石墨和玄武岩等矿产资源为双鸭山市壮大现有产业、发展新兴产业奠定了坚实的基础。该市具有良好的区域区位优势，毗邻俄罗斯远东地区，地处黑龙江省三江平原扇形口岸群中心，为形成物流集散提供便捷条件。

其他资源方面。双鸭山市优势矿资源除了主导煤炭资源外，还产有全省唯一的大型磁铁矿，现储量 1.2 亿吨，另有近 3 亿吨没有详查。其他矿产资源如钨矿、石墨、硅线石、花岗岩、大理石、石灰石等储量也比较丰富。同时，双鸭山市的旅游资源也很丰富，有古树参天、风光秀丽的北秀公园、东湖公园、青山旅游区、七星砬子自然保护区；有闻名全国的珍珠岛、蛤蟆通水库等；有新近考古发现的距今约 2000 年的凤林古城；还有生活在乌苏里江畔的赫哲族人村落。

（2）传统产业优势。“十二五”期间，双鸭山市巩固传统产业、推动发展新兴产业。从制约发展的短板入手，保存量、扩增量。以招商上项目为牵动，加快培育新的产业，“十二五”期间，全市招商引资利用省外资金到位500亿元，新上5000万元以上产业项目291个。煤化工、光伏、风力发电、食品加工等一批新的产业陆续开工，为多元产业发展奠定了一定基础。特别是近几年来面对较大的经济下行压力，积极转变招商方式，强化招商力度，坚持走出去转观念，先后与77家大企业集团进行对接洽谈，取得了积极成果。市经济技术开发区晋升为国家级经济技术开发区。

作为国家级资源枯竭转型试点城市，高新技术发展与产业升级仍需要强大的传统工、农产业的支持。这部分的优势体现在以下方面。

工业方面：据《2012—2015年双鸭山市人民政府工作报告》数据显示，2011年工业经济保持高位运行，煤炭行业实现销售收入123亿元，增长38%；钢铁行业实现销售收入90亿元，增长34%。全市工业企业利税完成67亿元，增长57.6%。工业用电量达到31亿千瓦时，增长12%。规模以上工业增加值完成189亿元，增长35%，拉动全市经济增长11个百分点。非公经济实现增加值166.9亿元，增长23%。

2012年双鸭山市规模以上工业增加值实现210亿元，增长22%；利税73亿元，增长17.7%。煤炭、电力、化工、钢铁、粮食加工五大产业完成增加值176.3亿元，占全市规模工业总量的84.8%。工业固定资产投资完成268.8亿元，增长30%，占全市固定资产投资的比重达到61.7%，可见五大主导产业仍是经济发展的重要支撑。

2013年工业生产和效益同步下降。全年规模以上工业企业（年主营业务收入2000万元及以上）实现增加值199.5亿元，比2012年下降1.0%。从轻重工业看，轻工业实现增加值89.5亿元，增长12.9%；重工业实现增加值110.0亿元，下降9.1%。从企业规模看，大中型工业企业实现增加值76.3亿元，与2012年持平；小微型工业企业实现增加值123.1亿元，增长6.3%。工业产品产量有增有减。在全部工业企业14种主要工业产品中，全年产量比2012年增长的有6种，有2种产品产量增幅超过10.0%。建筑业产值下降，全市资质以上的建筑企业完成建筑业总产值19.2亿元，比2012年下降8.8%。房屋建筑竣工面积63.9万平方米，比2012年下降33.9%。固定资产投资继续保持较快增长。全年完成固定资产投资（计划总投资500万元及以上的建设项目）495.1 亿元，比 2012 年增长 12.8%。其中，建设项目完成投资 474.6 亿元，同比增长 13.9%；房地产开发完成投资 20.5 亿元，同比下降 8.8%。

2014 年，传统产业改造步伐加快。煤炭和粮食加工产业向深加工延伸，钢铁产业大力推进循环、清洁生产，建材产业突出高效节能和绿色环保。地方煤矿整治整合全面启动，兼并重组 19 家主体企业已经确定。市同心橡胶厂等 3 家企业被认定为省级专利优势创建企业。同鑫面粉、SYS 制砖机获驰名商标，两家企业分别获得省级奖励 100 万元。园区建设得到加强。市经济技术开发区晋升为国家级开发区，启动了总体规划和专项规划编制，基础设施建设加快。

农业方面。近几年来，双鸭山市农业发展优势主要表现：一是农产品加工业发展迅速。双鸭山市规模以上农业产业化龙头企业已达 71 家，其中，国家级 1 家、省级 8 家、市级 26 家，农产品加工转化能力超过 670 万。二是农业企业品牌意识增强，注册商标逐年增加。三是加快农业现代化改革，农业生产综合机械化程度高。四是现代农业示范基地扩大。五是绿色食品产业稳步发展。六是农业产业化龙头企业增加。2010—2014 年农业发展情况具体表现在如下方面。

2010 年农业企业自主品牌增多。2010 年农产品播种面积达到 629 万亩（市属），粮食总产量实现 226.8 万吨，比 2009 年增加 32.6 万吨，增长 16.8%。优良品种覆盖率、标准化栽培率分别达到 98%、90% 以上。农业企业品牌建设成果突出。双鸭山市共有“农字号”注册商标 102 件。其中，黑龙江同福麦业、黑龙江阳霖油脂集团、黑龙江金谷农业科技发展有限公司 3 家企业获得黑龙江省名牌产品荣誉称号；阳霖、同鑫、龙谊、大顶子山、黑蜂、绿利、益香禾、彩川、荒原狼、宝石金谷农科 10 枚商标获得黑龙江省著名商标荣誉称号；宝青红红小豆、大白板南瓜籽、挠力河毛葱、集贤板子房西瓜、饶河东北黑蜂 5 种产品先后获得国家地理标志保护产品称号。粮食总产量 56.1 亿斤，增长 10.2%，实现“九连增”。畜牧业产值 44.8 亿元，增长 4.7%。新建标准化蔬菜棚室 600 栋。创建农业科技园区 35 个、万亩粮食高产示范片 44 个。新增农机专业合作社 15 个，农业综合机械化率达到 92%。农田水利工程全面完成年度任务。国家和省市级龙头企业发展到 42 家。

2011 年加快农业现代化改革，农业生产综合机械化程度高。2011 年农村经济发展迈上新台阶。全市建设现代农业示范基地 26 个，总面积 100 万亩。

完成场县共建“三代”面积156.4万亩。流转农村土地126.8万亩，其中规模经营面积达到100万亩。新上千万元现代农机专业合作社33个，农业生产综合机械化率达到91%。规模以上农业产业化龙头企业发展到75家。市县属粮食总产首次突破50亿斤，实现“八连增”。畜牧业产值实现42亿元。农村经济总收入达到90.3亿元，增长19.1%。

2012年改善农业生产条件，绿色食品产业稳步发展：全市粮食作物播种面积40.2万公顷，比上年增长0.8%；粮食总产量52.05亿斤，同比增长6.8%。玉米、大豆、水稻产量分别为39.82亿斤、2.79亿斤、9.22亿斤，经济作物产量除蔬菜增长外，其他作物都有不同程度减少。畜禽及水产品产量有增有减。全年肉、蛋、奶产量分别为24.8万吨、2.4万吨、4.2万吨，分别比上年下降1.0%、14.4%和14.9%。水产品产量1.1万吨，增长10.8%。猪、牛、羊、家禽存栏量和出栏量增减各异。绿色食品产业稳步发展。2012年年末全市绿色食品农作物认证54个，与上年持平；绿色食品种植面积118.39万亩，增长1.3%。农业生产条件有所改善，2012年年末全市拥有农业机械总动力169.2万千瓦，比上年增加8.3万千瓦。农业机械保有量达60979台，比2011年增加3446台。其中大型拖拉机保有量46672台，比2011年增加3882台。全市综合机械化程度达92.95%，比上年增长了1.65个百分点。全年农村用电量22117万千瓦小时，比2011年增加936万千瓦时。农田有效灌溉面积达到82.1千公顷，比上年增加1.59千公顷。

2014年，粮食生产实现“十一连增”，总产量达到55.7亿斤，增长7.1%。农村经济总收入实现137亿元，增长5.4%。建设现代农业示范带11条、示范园区45个。新增农业产业化龙头企业9家、标准化规模养殖场8家。新增土地流转面积62万亩、农民专业合作社437个。农业机械化率提高到92%。建成农村产权交易市场2个。集贤和宝清两县被列为“两大平原”现代农业综合配套改革试点县。

（3）新兴产业优势。“十二五”期间，是双鸭山市经济转型的关键阶段。尤其在新兴产业发展中呈现出高新技术项目成果多、清洁能源项目成为主流、边贸现代服务业发展成为特色、建立农产品安全保障体系、构建新型产业园区等为标识的新型产业发展体系。

2010年高新技术项目成果显著。2010年高新技术产业实现产值71亿元，年均增长18%，占全市GDP的比重由2006年的13%提高到19%。全市共实施各类科技项目324项，其中省级以上项目104项，累计取得科技成果45项，有39项科技成果获得市级以上科技进步奖奖励；全市专利申请量突破840件，专利纠纷案件办结率达100%，拥有自主知识产权并形成主导产品的企业达到27户，专利技术和产品新增产值达到3.5亿元。双鸭山东方墙材有限公司“固体废弃物烧结空心砖制品无绞刀挤出成型系列设备”、黑龙双锅锅炉有限公司“SZ［FYW］29－AⅡ型清洁燃烧新型循环床工业锅炉”、黑龙江昕泰管业有限公司“衬塑螺旋钢管”等项目被列为国家重点新产品。

2011年第三产业实现重点突破。启动实施了城市综合体等大项目11个，总投资76.8亿元。集贤农副产品交易中心、松江国际购物大厦和宝清永康国际商贸城等项目已开工建设或投入使用。全市社会消费品零售总额实现76.3亿元，增长17.5%。开通了饶河至比金、饶河至卢切果尔斯克对俄客货运输线路。全市外贸进出口总值完成13亿美元，增长30.4%。重点推进了挹娄文化风情园等18个旅游项目建设，创建4A级景区1个、3A级景区5个。全市旅游总收入实现6.2亿元，增长36.7%。第三产业增加值实现108亿元，增长6.9%。

2012年第三产业加快发展。社会消费品零售总额实现89.5亿元，增长17%。联丰国际城市综合体、欧蓓莎中俄国际建材家居广场、四达中俄国际贸易中心、宝清永康国际商贸城、集贤广汇汽车城等一批大型市场相继开工建设或投入使用。实现旅游收入8.4亿元，增长35.8%。道路运输客货运量分别达到3078万人和2075万吨，增长6.9%和8.5%。开通了双鸭山至俄罗斯国际客货运输线路。金融机构存贷款余额分别达到520亿元、395亿元，增长8.7%和14%，存贷比达到76%。保险、证券、通信等服务业稳步发展。第三产业增加值达到122亿元，增长8.1%。

项目建设成效显著。全市招商引资到位资金完成260亿元，增长18.2%。新建和续建5000万元以上产业项目94个，其中亿元以上项目52个；完成投资140亿元，增长22.8%。列入省重点推进的项目完成投资64亿元，投资完成率110.2%。产业项目投资占固定资产投资的比重达到了65%。

园区建设步伐加快。完成了市经济开发区扩区工作，龙煤天泰芳烃、龙都粗苯加氢等6个项目入驻园区，晋升国家级开发区工作取得实质性进展，新型煤化工产业园区被列为省级重点产业园区。全市各级园区实施亿元以上项目43个，比上年增加8个；完成投资125.6亿元，增长26.5%。园区规模以上工业增加值占全市比重达到41.6%。

2013年新兴产业发力，抢占产业链高端。2013年双鸭山市抓住了一些成长性好、科技含量高，而且对环境保护有利的项目。建龙钢铁公司生产的产品，从螺纹钢到无缝钢管，整个生产技术都是国内一流的，目前已实现了销售过百亿元、税收过十亿元的企业发展目标。黑龙江华本生物能源股份有限公司用垃圾来进行生物发电，市场前景广阔，2012 年已完成了垃圾破袋、分选、烘干、粉碎、制棒等垃圾处理线的建设，现正在进行锅炉车间、综合厂房、压缩车间厂房土建施工，2013 年年底竣工投产。

清洁能源项目发展迅速。随着 2012 年年底汉能太阳能薄膜电池项目的试生产，该市光伏新能源产业从无到有仅用了 4 年时间。非晶锗硅三结硅基薄膜太阳能电池 300MW 项目是集新能源、新材料、高科技、低碳经济于一体的战略性新兴产业，总投资 25.67 亿元，建成后将成为黑龙江省乃至东北地区规模最大的清洁能源项目。项目 2012 年 4 月初复工，8 月底 6 条生产线全面建成并逐步投入生产，当年可生产薄膜太阳能电池板 42MW。据统计，目前双鸭山非煤产业比重由 2007 年的 43.2% 提高到 56.5%，新能源、新建材等新兴产业投资额已占产业项目总投资的 25.4%。

边贸现代服务业发展成为特色。总投资 7.5 亿元的中俄经贸产业园项目开工，主要建设现代物流服务区、对俄国际贸易服务平台、对俄产品深加工区、中俄商品交易中心、中俄风情广场等。项目建成后，年交易额约 30 亿元。战略性新兴产业和新型城市经济业态成长需要产业布局与城市建设的协调推进，要有大平台来承载、融合。双鸭山优先发展生产性服务业，引进和培育一批大型第三方物流企业；加快提升消费性服务业，使双鸭山市成为对俄贸易的购物“天堂”；重视发展公共性服务业，积极推动影视业、工艺美术业等现代文化产业的集聚。“联丰·滨河国际”城市综合体、集贤四达中俄国际贸易中心、挹娄汽车城、宝清百盟城市综合体、白瓜子大市场等一大批商贸物流服务业项目纷纷开工建设。

2014 年重点扶持恒大等绿色龙头企业发展，建立农产品安全保障体系。为缓解财政支出压力，争取资源枯竭型城市转型、生态治理、老工业区搬迁、城市基础设施建设等政策性资金 74.3 亿元，有效保障了民生事业发展。重点扶持恒大等绿色龙头企业发展，叫响绿色、有机品牌，加快建立农产品安全保障体系，把绿色、有机食品产业做大做强。四县绿色食品园区和四区中小企业园区开始规划建设。产业项目建设稳步推进。开复工 5000 万元以上产业项目 67 个，完成投资 63.1 亿元；省重点推进的产业项目开复工率、投资完成率均达到 100%。建龙 LNG 等 19 个项目建成投产；中俄国际文化物流经贸产业园等41个项目开工建设；龙煤天泰10万吨芳烃等26个项目正在加快建设；龙泰60万吨煤制烯烃等6个项目的前期工作取得实质性进展。

2. **劣势（W）**

（1）区位劣势。从地理位置上看，双鸭山市地处黑龙江省东北部，距省会哈尔滨市430千米，深处内陆地区，与东南沿海地区经济发展水平相比，在经济观念、竞争意识、商业冒险精神和接受先进经营管理理念等方面相对落后，在整体上处于劣势地位。此外，从气候条件上看，双鸭山市地处中高纬度，属中温带大陆性季风气候，冬季长、寒冷而干燥，夏季短、连旱，春季降水少。年平均气温较低，仅为4.5℃，年总降水量为476.5mm，并呈现减少趋势，从总体来看，双鸭山市发展农林业难度较大。

（2）生态环境建设和基础设施薄弱。双鸭山市作为资源枯竭型城市在城市的发展过程中，其经济发展大多依赖于资源开采业，而由于资源和生态环境的准公共产品特性，环境成本超负荷支付，基本无人负担，造成该地区的环境情况日益恶化。双鸭山市现有生态恢复建设和基础设施建设还处于比较薄弱阶段，特别是采煤沉陷区治理和棚户区改造问题尤为突出。双鸭山市生态环境的脆弱性和生态文明的低水平，为经济布局和产业选择造成了明显的约束。与项目建设配套的水、电、路、气等基础设施落后，基础设施瓶颈制约明显，与发达地区相比还有较大的差距。土地资源对经济发展的约束瓶颈作用逐步显现，土地供需矛盾日益突出。

3. **机遇（O）**

（1）政策倾斜性机遇。2007年12月，国务院出台《关于促进资源型城市可持续发展的若干意见》后，国家发改委于2008年3月和2009年3月先后确定了44座资源枯竭型城市，并在财政、金融政策上及财力性转移支付资金方面给予支持。2011年国家“十二五”规划纲要提出促进资源枯竭地区转型发展。国发〔2013〕45号文《国务院关于印发全国资源型城市可持续发展规划（2013—2020年）的通知》中确定了成长型、成熟型、衰退型资源型城市共计239座，双鸭山市属于衰退型资源型城市。从政策环境看，为双鸭山资源型城市实施转型和产业升级提供了难得的政策机遇。《国务院关于促进资源型城市可持续发展的若干意见》（国发〔2007〕38号）提出了促进资源型城市可持续发展的指导思想、基本原则和工作目标。国家在政策、资金和项目上给予大力支持。双鸭山市各地区政府应根据实际情况对该地总体发展进行合理规划，给予政策倾斜性优惠，如四方台区在招商引资上，出台了13

项具体优惠政策。在用地方面他们出台了三项优惠政策。对符合国家产业政策的新办生产加工型外来投资企业，根据投资额度，对土地出让金或租金给予相应优惠。在促进煤炭产业延伸方面他们也出台了优惠政策，对投资经营煤炭储运和洗选加工及其延伸产业的企业，实行纳税奖励和零地价政策等；根据国发〔2013〕45 号文《国务院关于印发全国资源型城市可持续发展规划（2013—2020 年）的通知》，2014 年双鸭山市充分利用政策机遇，推进经济转型发展。

加快了传统产业改造步伐。煤炭和粮食加工产业向深加工延伸，钢铁产业大力推进循环、清洁生产，建材产业突出高效节能和绿色环保。地方煤矿整治整合全面启动，兼并重组 19 家主体企业已经确定。为缓解财政支出压力，争取资源枯竭型城市转型、生态治理、老工业区搬迁、城市基础设施建设等政策性资金 74.3 亿元，有效保障了民生事业发展。这些中央及地方的各项优惠政策，为双鸭山市产业升级的高效进行提供了强有力的支持。

（2）“十三五”规划机遇。从国家战略规划上看，“十三五”时期是全面建成小康社会决胜阶段，我国发展仍处于大有作为的重要战略机遇期，但也面临诸多矛盾叠加、风险隐患增多的严峻挑战，因此我们要准确把握战略机遇期内涵的深刻变化，更加有效地应对各种风险和挑战；推动区域协调发展。塑造要素有序自由流动、主体功能约束有效、基本公共服务均等、资源环境可承载的区域协调发展新格局；推动东北地区等老工业基地振兴，促进中部地区崛起，加大国家支持力度，加快市场取向改革；加大对资源枯竭、产业衰退、生态严重退化等困难地区的支持力度。双鸭山市处于资源枯竭地区，也是东北老工业基地的重要组成部分，应抓住国家“十三五”战略规划机遇。

从省市地方战略规划上看，黑龙江省“十三五”经济社会发展规划总体要求指出，按照党中央对国内外形势的判断，“十三五”时期我国仍处于可以大有作为的重要战略机遇期，但战略机遇期内涵发生深刻变化，黑龙江省发展也同样面临着有利条件和困难风险挑战。从有利因素看，党中央、国务院对东北老工业基地振兴，在现代农业、资源型城市转型发展、保障改善民生等方面给予支持，为黑龙江省补齐短板、加快发展提供了重要政策保障。国家实施“一带一路”战略，拓展了黑龙江省对外合作新空间。俄罗斯远东开发战略提速，有利于黑龙江省发挥对俄区位和地缘优势，深化对俄罗斯及东北亚和欧洲全方位合作。实施的务实政策举措与国家政策支持叠加效应将进一步显现，发展优势进一步凸显，资源配置市场化改革，现代农业、高品质食品、“互联网+”、旅游、养老健康、信息服务、对俄合作、科技成果产业化、部分地区的教育文化产业发展等潜力不断释放。双鸭山市作为黑龙江省煤炭资源储有量的重要组成部分，拥有的资源禀赋、生产要素和产业体系均居全省前列，中俄边贸的现代服务业发展迅速，“十三五”将是双鸭山市城市转型的又一个重要战略期。

为适应新常态，加快转型发展，双鸭山市在“十三五”期间面临着难得的机遇。国家实施“一带一路”战略、建设“中蒙俄经济走廊”、继续支持东北老工业基地振兴和资源型城市转型，以及黑龙江省深入实施“五大规划”发展战略、建设“龙江陆海丝绸之路经济带”65条、煤炭城市转型发展规划，为我们转变发展方式、加快转型发展，提供了强有力的支撑和不可多得的机遇。

4. **威胁（T）**

（1）产业结构失调。作为典型的矿业城市，双鸭山市产业结构优化需要一个较长的过程。三产比重为26.7∶47.1∶26.2，从从业人员结构看，2013年第一产业的从业人员为0.65%，第二产业的从业人员为7.85%，第三产业的从业人员为7.5%。可见，双鸭山市的经济发展仍以第二产业为主，产业结构具有明显的“资源依赖”特征，传统产业所占比重仍然较大，煤炭、煤化工、钢铁、粮食加工和建材等产业占规模以上工业增加值的比重达到70%左右，而第三产业比重相对偏低，2009年，双鸭山市第三产业增加值78亿元，占GDP的比重为26.1%，比工业低17.9%。低于全省、全国平均水平12.7和16.5个百分点，三产发展水平严重滞后。在四煤城中居末位，比鸡西市低8.2个百分点、比鹤岗市低3个百分点、比七台河市低2.1个百分点。双鸭山市在短期内很难大规模发展新兴产业，产业结构调整，建设一批能够作为支柱产业的接续产业，要有一个漫长的培育与发展过程。

（2）企业融资能力弱。根据国家相关部门规定，促进资源枯竭地区环境治理及产业升级中，除棚户区改造国家按面积的50%投放资金外，其他项目国家投放资金都不超过项目预算的10%。双鸭山市企业发展大多通过企业内源融资、自筹资金，但双鸭山企业发展除传统煤炭工业外，大多以中小企业为主，经济基础较薄弱，导致企业缺乏担保机制，很难从银行获得融资，造成企业资金链短缺，严重影响了原材料的储备和加工生产，使得中小企业发展进度缓慢，许多企业由于原料不足，开工时间甚至只有 3 ~4 个月。

（3）经济下行压力大。从 2014—2015 年的情况看，世界经济复苏缓慢，国内和黑龙江省经济下行趋势没有明显改变，经济转型发展已成大势。特别是与双鸭山市息息相关的煤炭、钢铁产业，市场低迷、刚性需求不足的状况短期内难以扭转。

以上对双鸭山市大项目带动产业升级的 SWOT 分析可用图 4 -3 表示。

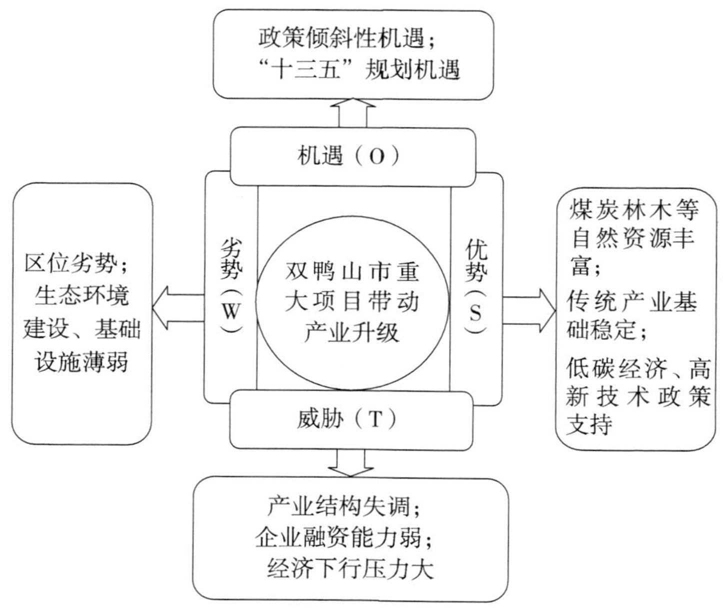

图 4 -3　双鸭山市重大项目产业升级的 SWOT 分析

（三）促进双鸭山市重大项目产业升级的政策建议

1. 财政政策方面

（1）加大城市社会保障功能的转移支付力度。双鸭山市作为典型的资源枯竭型城市，重大项目发展必然造成很多历史遗留问题，如采煤沦陷区填埋、棚户区改造等严重滞后的民生问题，这些问题的解决仅靠地方财政支持是不够的，国家应根据双鸭山市资源枯竭型城市发展特点，重点加大城市社会保障功能的专项转移支付力度，提高对采煤沉陷区的资金补助比例，增加对资源枯竭地区和城市下岗职工安置的专项资金补助，帮助下岗失业人员转变就业观念，由政府提供转岗免费教育和培训，促进下岗失业人员实现再就业，解决资源型企业历史遗留问题，保障资源枯竭型企业产业有效升级和社会安定。

（2）建立专项基金。一是由国家和地方共同出资，作为启动资金；二是从处于稳产增产期的资源型产业的利润中提取一定比例；三是调整国债资金投放结构，从国债资金中划出一定比例作为专项基金支持资源枯竭地区重点生态建设和污染治理项目。这些补偿基金应主要用于产业结构调整和城市维护建设。同时，对于资源枯竭型城市发展中的主导重大项目，也应积极设立地方预算稳定基金。从本地资源性收入中提取必要的部分作为地方财政稳定基金的来源，在资源枯竭时用于弥补地方财政收入不足，以及用于地方经济转型。

2. 税收政策方面

双鸭山市目前税收政策实行，在增值税上，新办工业生产型、加工型企业，经营初期确有困难的，经市政府常务会议批准，自投产之日起，增值税地方留成部分（25%）3 年内实行政府返还政策。退还比例为：年上缴 50 万元以下的（含 50 万元），政府财政返还 40%；年缴 50 万 ~200 万元的（含 200 万元），政府财政返还 50%；年上缴 200 万元以上的，政府财政返还 60%。在所得税上，对外来投资 100 万元以上的生产型、加工型企业 3 年内免收所得税，属于生产出口产品和先进技术型企业，免税期满后可延长 3 年减半征收所得税。对收买、租赁、承包本市商贸流通设施，从事批发、零售活动的客商，免征所得税 3 年。优惠政策有明显改进，但对支持城市重大项目产业升级力度还不够，还需要进一步提高与完善。具体做法：一是继续提高矿产资源补偿费的地方留成比例。缓解地方财政压力，保证资源枯竭型城市转型的财力需要。二是资源税的调整和改革可以借鉴土地增值税的税率设计思路，采取累进税率，按照利润水平的高低设计不同的累进税率，并设立免征额规定，如可以规定利润率不到 20% 的免于征收资源税。

3. 金融政策方面

（1）发展地方政府信用拓宽融资渠道。一方面，可以在资源型城市重点培育一批大中型企业，支持部分业绩和信誉好的企业发行短期融资券，从债券市场获取资金，缓解企业流动资金需求压力。例如，双鸭山市市委、市政府近年来把企业融资作为经济发展的基本战略，加大各项投入，与国内比较著名的神华集团、北京建龙、汉能集团、吉林亚泰、北京鸿森集团、国电集团、七台河宝泰隆、完达山等大企业形成重要战略合作伙伴。另一方面，可以充分利用证券市场的融资功能，积极支持管理规范、经济效益好的企业到证券公司上市，建立城市产业龙头企业，带动区域经济发展；此外，可以放宽保险公司投资渠道，允许保险公司参与资源型城市的重大项目投资，通过投资既可以增加保险公司的收益，又可以加大对经济建设的支持，通过建立多样化的资金来源渠道，改善资源型城市直接融资与间接融资比例失调的状况。

（2）鼓励商业银行和地方性中小金融机构发展。中央已经明确，允许东北商业银行进一步采取灵活措施处置不良资产和自主减免贷款企业表外欠息。商业银行和地方性中小金融机构在健全金融体系和建立竞争性信贷市场方面具有重要的“边际”决定作用。应鼓励其市场化发展，解决地方金融需要。双鸭山市在这方面可以采取对现有股份制商业银行和城市商业银行的增资扩股、上市和兼并重组，同时，还应该进一步推进农村信用社改革，因地制宜，组建农村商业银行或合作金融机构，补充自有资本，此外，地方区域经济发展可适当采取以资本为纽带，新建或重组一批新的中小商业银行，为本地产业发展做资本积累。

4. 城市规划政策方面

（1）合理布局和优化城区分工。根据双鸭山市的城市特点，在城区分工上要科学地规划好城市的环境、交通、基础设施等城市功能，合理布局和优化城区分工。例如，将新城区内的某些区位发展成为中心城区，主要是新兴工业园区；某些区位为科学文化区，重点发展科研、教育、文化及高新技术产业；某些区位以风景旅游和居住功能为主，重点完善休闲居住环境和公共服务设施配套建设；某些区位以对外交通、仓储及商贸功能为主等。

（2）确立城市品牌定位。城市经营与企业经营一样，应有品牌意识和名牌战略。品牌战略思路：一是以品牌发展城市。通过创建品牌企业、品牌产品、品牌工程，塑造城市品牌，例如，“油城大庆”“煤城大同”“钢城鞍山”等都是深入人心的品牌城市。二是利用城市创造品牌。通过城市经营优化城市环境，树立城市品牌。以城市的品牌吸引国内外商家投资，吸引国内外游客观光、游玩和购物，带动整个城市的经济和社会发展。对此，双鸭山市在城市品牌经营政策上，主要鼓励和发展创新功能。包括对城市物质空间环境系统的创新，美化环境，塑造城市新形象；社会组织系统的创新，包括管理系统和保障措施的创新，建设与管理相结合；此外，还应包括生活环境的创新，提供高层次的工作环境、生活环境等。

（3）开发和盘活城市土地资源。开发和盘活城市土地资源，以土地融资搞城市建设，可以作为双鸭山城市经营的另一切入点。土地是资源枯竭地区除矿产资源之外的重要财富，是具有活力和增值潜力、政府能够直接经营运作的国有资产，也是财政收入的一大来源。我国目前土地盘活普遍存在的问题：一是土地储备制度不健全，土地开发与治理不及时，造成城市基础设施建设相对落后，影响了土地价值的开发；二是在土地功能的置换问题上，土地的存量资产盘活效果不佳。由于城市在发展过程中中心地区产业结构和布局不合理，在城区土地挂牌授权时，影响了城市建设资金的回笼优化。

5. 科技政策方面

科技政策在支持双鸭山市重大项目产业升级上应主要体现在对高新技术与人才培养两个方面。双鸭山市目前资源开发技术结构比较单一，科研力量和高、精、尖技术主要集中在产业链的前端。技术开发结构的弹性较弱、重点产业的增进性创新领域覆盖面小等问题，限制了资源枯竭型城市发展，所以应加大科技投入，实现“低成本、高产出”，提高产业活动的技术层次和技术含量。同时，产业升级离不开人才的指导，双鸭山市高科技产业发展应培养一批高素质、高技能的专业化人才，可与国内外知名高等院校、科研机构建立密切合作关系，形成高等院校、科研单位、科技人员与转型项目的经济利益共同体，加快科技成果转化步伐。

参考文献

［1］李卫东．资源型城市转型的信贷投放约束及对策［J］．环境经济，2010（1）：83－87.

［2］吴俊英．论资源型城市实现跨越发展的政策转型［J］．北方经济，2010（1）：82－84.

［3］李高建．煤炭资源型城市经济增长趋势的实证研究［J］．问题探讨，2010（1）：72－76.

［4］程工，张秋云，温荣堂，等．转轨时期基础设施投融资研究［M］．北京：社会科学文献出版社，2006.

［5］焦克．政府投资建设效率问题［J］．合作经济与科技，2010（2）：68－69.

［6］中国人民银行白银市中心支行课题组．典型资源枯竭城市经济转型

与金融支持问题研究［J］．甘肃金融，2009（5）：8－12.

［7］滕喜魁．双鸭山市加快资源型城市转型步伐［J］.资源与产业，2005（6）：20－22.

［8］2012年双鸭山市人民政府工作报告［EB/OL］. http：//www. shuangyashan. dbw. cn.

［9］2013年双鸭山市人民政府工作报告［EB/OL］. http：//www. shuangyashan. dbw. cn.

［10］2014年双鸭山市人民政府工作报告［EB/OL］. http：//www. shuangyashan. dbw. cn.

［11］2015年双鸭山市人民政府工作报告［EB/OL］. http：//www. shuangyashan. dbw. cn.

［12］2015年国家“十三五”规划纲要［EB/OL］. http：//www. sh. xinhuanet. conm/2016－03/18/C_ 135200420_ 2. htm.

［13］2015年黑龙江省“十三五”规划纲要［EB/OL］. http：//www. sh. xinhuanet. conm/2016－03/18/C_ 135200420_ 2. htm.

［14］RANDALL J E，IRONSIDE R G. Communities on the Edge：An Economic Geography of Resource－dependent Communities in Canada［J］. The Canadian Geographer，1996（1）：17－35.

［15］BRADBURY J H. Living with and Cycles：New on the Resource Frontier in Canada［A］. Resource Communities［C］. CSIRO，Australia，1988：3－19.

专题五

资源枯竭地区经济转型中公共政策系统的构建途径

摘要："十三五"时期，对于资源枯竭地区来讲是关键性的转型阶段。做好资源枯竭地区转型工作不仅需要各级政府和城市自身的共同努力，还需要国家公共政策系统的完善和政策效应的有效传导。对此，我们主要从完善资源枯竭地区主导政策系统的长效传导机制，健全配套政策系统的辅助传导效应，建立规范的公共政策评价指标体系，建立与政策评估信息系统相配套的信息收集制度，建立完善的公共政策法律体系，客观选择资源枯竭地区公共政策传导的主体与客体六方面寻找途径以构建资源枯竭地区经济转型中的公共政策系统。

一、完善主导政策系统的长效传导机制

首先，应成立经济转型的主导机构，负责总体规划和协调传导主客体之间的关系。其次，要从资源枯竭地区根源问题入手，制定"标本兼治"的主导政策系统，保证政策系统的长期有效传导。例如，在财政政策上，国家应建立完备的资源基金制度，形成中央和省级资源基金、财政专项资金、中央转移支付资金、国债专项资金和银行政策性贷款等多元化的方式，作为项目发展的坚实后盾。在税收政策上，国家对资源税的调整和改革可以采取累进税率，按照利润水平的高低设计不同的累进税率，并设立免征额规定。最后，还可采取提高资源补偿费的留成比例用来缓解资源枯竭型城市转型的地方财政压力等。

二、健全配套政策系统的辅助传导效应

由于资源枯竭地区各城市发展特点不同，这就需要国家与地方在配套政策系统的规划中要区别对待，分类解决各类型资源枯竭地区的产业优化与社会矛盾问题，例如，针对辽源等煤炭型城市发展特点，政策传导重点应在于

提高对采煤沉陷区的治理上，解决居民安置及就业等后续保障性问题。而对于大庆市这类第二产业绝对型城市发展特点，政策传导的重点应放在非油产业的转化上，鼓励发展非公有制经济，扶持新兴产业等方面。此外，对资源枯竭地区共同存在的中小企业融资困难的问题，应列入配套政策的系统另一考虑的重点，具体可通过金融机构的改良来解决，例如，可通过以资本为纽带，新建或重组一批新的中小商业银行，鼓励其市场化发展，解决地方融资需要，为本地中小企业发展做资本积累等。

三、建立规范的公共政策评价指标体系

（一）明确公共政策评价指标体系构建内容

针对目前我国政策评价中存在的问题，今后应加强政策评价体系的建设，将事实分析和价值判断相结合，定性分析与定量分析相结合，建立和完善针对性强、科学、有效的政策评价指标体系。根据中期研究的结论，资源型枯竭地区政策评价指标体系构建应体现以下几方面：一是要能反映出城市经济发展的质量和规模；二是要反映出社会系统的运行状况，其中关键是要在对消除贫困、提高生活质量等方面做出明确的评价；三是要高度重视主要资源的开发利用程度以及现有资源的丰富程度；四是要反映出环境特别是工业污染环境的治理能力，具体评价指标体系如表 5 - 1 所示。

（二）选择资源枯竭地区转型中公共政策评价方法

综合评价是一个十分复杂的过程，鉴于资源枯竭地区经济转型政策效果评价的复杂性和特殊性，结合评价的基本原则，综合各种评价方法的优缺点，我们用模糊综合评判法对资源枯竭型城市经济转型政策效果进行评价。具体步骤如下。

1. 建立评价指标体系

评价指标体系的建立由系统层、子系统层、准则层、指标层四个层次构成，系统层 U 也是目标层，是最终要得出的评价效果；子系统层是对系统层的进一步分解，从经济 A、社会 B、资源环境 C 的角度对效果进行评价；准则层 A_i、B_i、C_i 是对子系统层的进一步分解，更具体化的体现子系统层所包含的内容；指标层 A_{ij}、B_{ij}、C_{ij}是准则层的细化，是作为具体评价内容的可量化数据。本书主要以矿业为主的资源枯竭地区角度对评价指标体系进行设置，选取 24 个评价指标作为评价依据。

表 5-1　　　资源枯竭地区经济转型公共政策评价指标体系

系统层	子系统层	准则层	指标层
资源枯竭地区公共政策综合水平（U）	经济发展状况（A）	经济发展水平（A_1）	A_{11}人均 GDP（元/人）
			A_{12} GDP 增长率
			A_{13}工业总产值
			A_{14}资源型产业增加值占 GDP 比重
		经济结构（A_2）	A_{21}第三产业占 GDP 的比重
			A_{22}第三产业从业人员比重
			A_{23}GDP 中资源产业贡献率
		经济增长潜力（A_3）	A_{31}固定资产投资总额（亿元）
			A_{32}地方财政收入占 GDP 的比重
			A_{33}单位 GDP 能源消耗量
	社会发展状况（B）	生活水平（B_1）	B_{11}城镇居民人均可支配收入
			B_{12}恩格尔系数
			B_{13}城镇居民人均住房面积
		社会保障能力（B_2）	B_{21}社会保险综合参保率
			B_{22}社会保障标准
			B_{23}最低生活保障救济人数
		人口素质（B_3）	B_{31}人均预期寿命（岁）
			B_{32}接受高等教育人口比例
	资源环境发展状况（C）	资源利用程度（C_1）	C_{11}资源现有储量
			C_{12}矿山回采率
			C_{13}工业废水处理回收率
			C_{14}工业固体废弃物综合利用率
		环境治理程度（C_2）	C_{21}工业“三废”排放量
			C_{22}污染源治理本年投资总额（万元）
			C_{23}生活垃圾无害化处理率
			C_{24}城市人均绿地面积

2. 建立评价结论集

评价集是对各层次评价指标的一种语言描述，它是评审人对各评价指标所给出的评语的集合。本书的评语共分五个等级，具体的评价集：假设**F** = $\{F_1, F_2, F_3, F_4, F_5\}$ = {很好、较好、一般、较差、差}。

3. 权重的确定

确定权重的方法有很多，如专家估计法、层次分析法等，可根据系统的复杂程度和实际工作需要进行适当选择。本书采用层次分析法来确定权重。计算每个判断矩阵的权重向量和全体判断矩阵的合成权重向量。按指标的重要性，通过两两比较进行等级赋值，从而将定性分析过渡到定量分析。本书通过实地调研、与相关部门交换意见、查阅相关理论与资料，将准则层内的各项指标进行两两比较，经过计算，确定权重。此外，为了确定判断矩阵符合一致性，还要进行一致性检验，公式为：

$$CI = (\lambda_{\max} - n) / (n-1)$$

$$RI = (\lambda'_{\max} - n) / (n-1)$$

当随机一致性比率 $CR = CI/RI < 0.1$ 时，可以认为层次单排序的结构有满意的一致性，否则需要调整判断矩阵的元素取值。

4. 构建模糊判断矩阵

组成资源枯竭型地区公共政策效果评价组，以问卷调查的形式，进行单因素评价，进而构建单因素模糊判断矩阵。

$$\boldsymbol{R}_i = \left\{ \begin{matrix} R_{i_{11}} & R_{i_{12}} & \cdots & R_{i_{1n}} \\ R_{i_{21}} & R_{i_{22}} & \cdots & R_{i_{2n}} \\ \cdots & \cdots & \cdots & \cdots \\ R_{i_{m1}} & R_{i_{m2}} & \cdots & R_{i_{mn}} \end{matrix} \right\}$$

其中，m 为评价指标集中元素的个数，n 为评价集 **V** 中元素的个数。

模糊综合评价模型为：$U = A \times R$

5. 综合评价

由第三步得到的权重以及第四步得到的单因素模糊评价判断矩阵，进行合成运算得出最终评价结果。

四、建立与政策评估信息系统相配套的信息收集制度

2001 年 10 月 10 日，瑞典皇家科学院将该年度诺贝尔经济学奖授予美国

伯克利加利福尼亚大学经济学教授乔治·阿克洛夫（George Akerlof）、美国哈佛大学和斯坦福大学经济学教授迈克尔·斯彭斯（Michael Spence）与美国哥伦比亚大学经济学教授约瑟夫·斯蒂格利茨（Joseph Stiglitz），以表彰三位美国学者对微观信息经济学（不对称信息市场）理论及其应用所做出的杰出贡献。瑞典皇家科学院在颁奖书中说，本年度的获奖者在20世纪70年代用不对称信息（Asymmetric information）为广泛的市场理论奠定了基础。信息具有价值，人们愿意为得到它而支付费用。

所谓不完全信息（Incomplete Information）是指市场参与者不拥有某种经济环境状态的全部知识。新凯恩斯学派认为，不完全信息经济比完全信息经济更加具有现实性，市场均衡理论必须在不完全信息条件下予以修正。信息不完全不仅是指那种绝对意义上的不完全，即由于认识能力的限制，人们不可能知道在任何时候、任何地方发生任何情况，而且是指“相对”意义上的不完全，即市场经济本身不能够生产出足够的信息并有效地配置它们。

该理论提出者指出信息不完全会产生道德风险与逆向选择。道德风险（moral hazard）是指“由隐藏行动造成的一些交易参与人行为变得不道德、不合理并损害其他交易人利益的情况”，一般发生在交易合同成立之后；逆向选择（adverse selection）是指“在信息不对称的情况下存在着掌握私人信息的一方隐藏信息而导致交易另一方利益损害的现象”，一般发生在交易合同成立之前。

信息是决策的基础和前提，也是评价的依据。建立一个覆盖资源枯竭地区的信息网络系统，可以加快公共政策信息的再传递。为减少信息不对称造成的风险，我们应该对评价信息的采集、加工、传输进行规范，建立评价信息披露制度，最大限度地避免信息的失真、截留，以保证公共政策评价组织能够获得详尽、真实的评价信息，减少其不对称性，使信息使用者获得收益。政策评估信息系统的核心任务应该是系统地记录有关政策问题、外部环境变化和政策投入、产出等方面的信息资料。为了保证信息资料的客观性、全面性，提高信息的使用价值，就需要建立与政策评估系统相配套的信息收集制度，使政策相关信息的收集在次数上、数量上、时间上、范围上都有明确的规定。

为此，我国各级政府机关部门和决策机构除了法律规定必须予以保密的信息之外，其他一切有关公共政策制定的背景、实施状况、评价结论等情况应当通过报纸、网络、电视等各种传媒形式及时向社会进行传播，增强政府行政实施过程的透明度，杜绝“暗箱”操作。对于政策评价组织来说，将有利于其在节约成本的前提下尽可能多地获取信息，降低评价成本，有利于评价方法和评价结论的传播，便于及时了解政策效果。对于公众来说，可以借助各种信息沟通渠道，发表自己对某一政策的意见和建议，以推进公共政策决策的民主化。

五、建立完善的公共政策法律体系

必须将资源枯竭地区相关公共政策和制度以法律或行政法规的形式加以明确，这样才可以保证公共政策系统的权威性，促进资源枯竭地区公共政策系统的长效传导。例如，德国在20世纪60年代对北威州老工业基地进行改造时，制定了一系列帮助衰退产业进行调整和给予援助的专业法律。从1950年的《投资援助法》《反对限制竞争法》，到1960年的《经济稳定和增长促进法》《地区结构政策原则》及《改善地区经济结构共同任务法》，再到1990年两德统一后出台的《托管法》，以及1995年颁布实施的《结构调整法》，通过这一系列的行政、法律等手段，德国充分地调动和引导企业遵循市场经济规律，加快了资源枯竭地区的复苏和振兴。在借鉴国外经验的基础上，近年来，我国对与资源枯竭地区经济转型相关的政策系统的制定，也取得了很多成就，先后颁布了《中华人民共和国环境保护法》《中华人民共和国大气污染防治法》《中华人民共和国固体废物污染环境防治法》《中华人民共和国矿产资源法》《中华人民共和国煤炭法》《中华人民共和国节约能源法》等法律法规，对调整经济环境问题起到了重要的作用，但同时存在着缺乏有针对性的单项立法，例如，缺乏有关资源枯竭矿山关闭问题、企业破产问题、资源环境监管问题等具体的衰退产业援助政策性的法律法规，建议尽快制定和完善。只有将资源枯竭地区相关公共政策和制度以法律或行政法规的形式加以明确，才可以保证公共政策系统的权威性，促进资源枯竭地区公共政策系统的有效传导。因此，我们可采取如下措施。

（一）发挥主导、配套公共政策系统的协作性

1. 发挥产业政策与城市政策的协调性

调整和优化产业结构，是资源枯竭型城市转型的重要途径和首要任务。首先，根据社会经济环境以资源型企业供给结构和非资源型企业供给结构为重点调整产业结构，积极发挥城市政策对需求结构的引导作用，挖掘资源条件的可行性、产销双方的一致性、经济效益的择优性，以市场

化、产业化、社会化为方向，有目的地发展一批高新技术产业，提高经济的整体竞争力。同时，巩固第一产业农业的基础地位，加强农业技术改造，制定适当的扶持政策，改组、改造第三产业，加快新兴的第三产业的发展，鼓励个体私营经济，实现经济结构的多元化，最终实现城市的可持续发展。

2. 重视生态政策与经济政策的统一性

在面对资源枯竭与环境恶化的严酷现实时，将产业转型的立足点放在环境治理上，在环境治理的同时实现产业转型。政府在关注民生问题的同时，要注重生态治理。以辽宁省阜新市为例，政府在2005年启动的辽宁省面积最大的棚户区改造工程，使10万户居民得以安置。阜新市市政府在改造棚户区建设时注重配套设施建设，使绿化率超过30%，建设16000平方米的绿化广场。坚持以人为本，努力解决民生问题，资源枯竭地区要努力实现城区与矿区、经济与社会、人与自然的和谐统一。

3. 强化配套政策系统扶持功能的力度

我国“十三五”（2016—2020年）规划纲要提出：“促进资源型地区转型创新，形成多点支撑、多业并举、多元发展新格局；大力推动东北地区等老工业基地振兴，促进中部地区崛起，使全区域协调发展机制；加大生态严重退化地区修复治理力度。”财政部财政科学研究所研究员韩凤芹说：“资源型城市的首要任务是转型，GDP总量、经济增长速度等指标是资源型城市的弱势。”对此，建议适当弱化对资源枯竭城市GDP总量等指标的考核，为转型发展创造更有利的外部条件。在借鉴国际、国内资源型城市产业正反两方面经验和教训基础上，继续发展以政策支持为推动，以生态改善为条件，以产业持续为抓手，以民生改善为目的，进行不断探索和研究，仍是资源枯竭地区成功转型的主要方向。

（二）确立资源枯竭地区公共政策系统的生态补偿机制

1. 对于旧账的政府主导补偿机制

政府主导是由政府出面充当经济活动的主体。其特征是：政府对经济发展采取干预、统制的强硬措施，也就是运用国家的影响和力量制定一系列政策、措施，干预、指导国民经济运行及资源配置。对于废弃矿区和老矿区已造成的生态环境污染通过建立废弃矿山生态环境恢复治理基金的方法由国家治理，矿山生态环境恢复治理基金的主要来源以政府财政拨款、国债的投入为主和以向正在生产的矿山征收的“废弃矿山生态环境补偿费”为辅。

2. 新账的政府监督补偿机制

新账主要针对于正在开采矿山和新建矿山所造成的生态环境破坏，应由开采企业负担100%的治理责任。修复补偿主要指开采企业有责任和义务将开采破坏环境恢复治理到原有生态系统的目标，其中又包括开采企业直接修复补偿和政府组织复垦基金治理两种补偿方式。为了防止企业不履行生态修复补偿的义务，可以借鉴美国与德国的经验，建立“恢复保证金”制度。美国称为复垦保证金，即企业在得到矿山开发许可证之前，向有关管理机构缴纳一定数量的土地复垦基金。在任何许可采矿区域的最低保证金数量为10000美元。采矿结束后，若完成复垦则如数返还，若没有完成复垦计划，其政府将用抵押金资助第三方（复垦公司）进行土地复垦。通过缴纳一定保证金的方式确保生态环境的保护与修复，将开矿许可证的颁发与矿区生态恢复相结合。

3. 对于易明确受害人的生态损失，采取现金补偿机制

政府发挥协调性作用对生态环境的损失包括对居民耕地的破坏，比如水没地、旱地、林草地的损毁，造成居民耕地收入大大减少；采空塌陷区对居民房屋损坏极大，有些房屋裂缝甚至倒塌不能居住，需要居民搬迁。这两部分的损失都可以进行核算，尤其是搬迁补偿费是引发矛盾的症结所在。若完全由政府来补偿，转移支付成本会明显加大。按照“谁破坏，谁补偿”的原则，完全由煤炭开发企业来负担，担心开发企业在没有任何法律约束的条件下为节省企业成本而对居民不补偿或者补偿不够。因此，必须选择合理的制度安排，在兼顾各方利益主体的前提下，满足受损主体的利益补偿，顺利实施补偿工作。

4. 保证充足的保证金补偿机制

对于保证金的征收，除了制定如何收的政策之外，还应保障保证金能如数征收上来。这就需要企业有足够的资金上缴。如何保证充足的复垦资金，需要将生态补偿保证金作为煤炭产品成本的一部分核算进去，在市场中获取成本和利润，将生态补偿这部分成本作为专项资金预留，满足保证金的供给。

六、客观选择资源枯竭地区公共政策传导的主体与客体

（一）加强政策传导主体的定位与选择

资源枯竭地区政策传导主体是关系经济转型的前提性问题，是政策系统

有效传导的首要条件，主要应从三个方面进行定位和选择。

（1）资源枯竭地区政策传导主体的定位与选择，务必要建立一种长效机制。可以借鉴国外经济衰退区的成功转型经验。例如，首先，建立经济转型的主导机构，负责总体规划和协调传导主客体之间的关系。其次，采取“根源导向”而非“问题导向”政策制定方式，从根源问题入手，制定“标本兼治”的主导政策与配套政策相结合的政策链，保证政策系统的长期有效传导。最后，建立资源基金制度，形成中央和省级资源基金、财政专项资金、中央转移支付资金、国债专项资金和银行政策性贷款等多元化的资源开发补偿机制与衰退产业援助机制来保证政策系统传导效应的长效发挥。

（2）资源枯竭地区政策传导主体的定位与选择，应该强调加强中央分类指导、地方政府积极参与。本着因地制宜、实事求是的原则，一方面，中央应从顶层设计上制定完善的转型指导意见；另一方面，也要注重中央与地方的互动，资源枯竭地区必须结合自身实际制订转型的方案，并开展具体的可行性研究，上报省政府和中央政府备案，转型资金应加强审计监督，保证专款专用、杜绝挪用浪费现象。

（3）资源枯竭地区政策传导主体的定位与选择，应该分别制定短期和长期目标，统筹规划好近期和远期政策措施的协调、衔接、短期政策目标，尽快解决一些紧迫的社会问题，如下岗工人安置、养老和使用保险欠费、塌陷区治理和棚户区改造等；长期政策目标是解决体制和机制问题，提高经济运行的健康和活跃程度，提升资源要素的配置效率和效果。

（二）挖掘传导客体政策执行潜力

资源枯竭地区政策传导客体是相对于政策传导主体而言的，是指公共政策发挥作用时所指向的对象。政策传导客体有内在的结构和类型，它不是消极被动的，对政策主体起着约束和监督的作用，是政策系统有效传导的重要条件。挖掘传导客体执行潜力的目的是实现既定的政策目标，保证政策执行的有效性，防止政策执行偏差，切实维护公共利益的重要手段。具体地说，加强政策传导客体的执行潜力应主要体现在以下方面。

1. 加强执行制度建设，优化传导外在环境

强有力的制度作为保障是资源枯竭地区公共政策系统有效传导的重要前提和根本保证。因此，必须首先建立健全操作性强的法律法规体系。一方面，通过制定相关执行法律法规对执行主体的职责、权限，执行对象、范围、执行方式、手段以及执行者与执行对象的权利和义务等做出明确规定；另一方面，健全和完善已有的法律法规，使执行主体依法执行。其次是完善政务公开制度。政务公开，是执行主体参与公共政策执行监督的前提，政府信息公开的程度决定了政策客体执行的效果。因此，必须从政策客体传导的制度建设上，提高政策执行的透明度，建设一个开放性的政策执行网络系统，以保证执行主体有稳定的、全面真实的信息源，进而有效监督政策执行主体。

2. 规范执行人员和行为、提升专业素质

资源枯竭地区公共政策传导客体人员的素质与执行权力的能力是保证政策有效传导的重要因素。这项基本技能决定了政策执行客体要在政策执行过程中对业务工作有较高的熟练程度、责任心和效率，也决定了他们要在实际工作中对政策信息的收集和传递有专业的能力，以及对政策信息的敏感度。另外，通过规范公共政策客体执行人员的素质，可以增强政策执行人员的主体意识、参与意识和监督意识，减少失职行为。

3. 构建严密执行网络、完善传导系统性

资源枯竭地区公共政策传导客体执行是一项系统的工程，需要建立一个上行执行与下行执行相结合、内部监督与外部监督相互沟通、相互配合、相互补充、协调互动的全方位、多层次的执行网络，应充分发挥各方的执行力量，形成合力，进而提高执行整体效能。具体可在资源枯竭地区各级地方政府部门增设一个公共政策执行综合协调机构，加强政策执行的总体规划，以对各执行主体进行协调和指导，使其各司其职、各负其责，保证人、财、物的合理调配以及执行信息及时、准确地沟通，避免执行无序和执行资源的浪费，进而使执行的人员在思想上统一、行动上一致，形成有机整体，共同致力于完善公共政策传导客体执行力的有效性。

（三）多渠道提高公众参与度

公共政策系统的有效传导与公众参与度有直接的关系，是贯彻公共政策全过程的必不可少的一个方面。但在现阶段，资源枯竭地区公共政策系统的效应结果显示，各级地方政府在这一方面做的工作还不够，公众参与公共政策传导还面临诸多困境。因此，必须开展多渠道提高公众参与度的整体规划，建设畅通的参与渠道，以期提升资源枯竭地区公共政策传导效应的质量。

1. 提高公众自身的参与意识和参与能力

一是公众应该强化自身的参与意识。认识到自己是社会的主体，公共政策系统传导不只是政府单方面的行为，而是公众和政府两者之间的互动行为和过程。参与公共政策系统传导的全过程，是自己的一项权利，应该妥善运用；二是提高公众的参与能力。在现实政治生活中，公众参与政治的能力高低，与他们自身的文化素质关系也很大，政治意识、法律意识从来都不是孤立发展的，作为同属于政治文明、精神文明的组成部分，它直接受到公众文化素质、文化水平的制约和影响。公众应该不断提高自己的知识广度和宽度，了解公共政策系统传导方面的相关知识，从而更好地参与到公共政策系统传导的全过程中。

2. 政务公开，确保公众的知情权

要使公共政策系统传导全过程得到公众广泛参与，就需要激发公众的参与兴趣和热情，这当然离不开公众对政策的充分知情和理解，这就要求政府完善政务公开制度。掌握政务信息是公众参与的首要步骤，只有了解政府的政策动向，公众才能就某个具体问题提出看法，而不是空洞地泛泛而谈。具体操作手段是积极推行电子政务。公众通过网络可以直接与政府沟通，享受充分的参与自由，政府也可以就某项议题在网上咨询意见，节省了时间和成本。

3. 完善听证制度，创建参与平台

完善听证制度是促进公众参与公共政策系统传导过程的技术性保障。伴随着社会利益主体的多元趋向、公众权益意识的不断增强，听证制度作为民主的一种实现形式、管理的一种有效方法，被诸多国家普遍采用。听证会成为公众就公共政策直接与政府对话的一个平台，首先需要建立健全行政听证主持人制度，保证主持人的中立态度，从而确保听证的公平公正。其次要增强听证参与者遴选的有效性、广泛性、代表性，让更多的公众更容易更直接地表达意见，鼓励公众参与，调动积极性，使听证制度不流于形式。

4. 改进信访制度

信访是我国目前一种主要的社会监督形式，也是公众参与公共政策制定的一种重要途径。信访的主要功能是群众对政府行为，特别是政府公共政策行为发表观点，提出意见、批评和建议，现阶段信访制度的改进应继续推行“阳光信访”，采取集“投诉、查询、服务、督办、分析、管理”等功能于一体的综合服务管理制度平台，它对防范资源枯竭地区各种腐败行为和不正之风起到了监督制约作用，也是对政府公共政策系统传导是否有效有序进行群众监督的重要渠道。

5. 建立公众参与激励机制

公众参与公共政策执行这一实践活动应该是一种长期、可持续的行为，但现实中公众因为政府对于公众参与的“麻木不仁”或“忽视”，导致公众对参与政策执行的热情不断降温，直至冷漠。为了激起并维持公众参与公共政策系统传导的热情，调动公众参与的积极性，从而促进公共政策系统传导过程中公众参与水平，应该建立有效的参与激励机制。

（四）推进政策系统传导有效性的检验及评估

政策系统传导机制有效性的检验及评估是对政策实施的质量与水平的重要体现，是保证合理、有效的配置社会资源，决定公共政策的继续、改进或终止的重要方式。在实际中衡量政策系统传导机制有效性的标准与政策系统自身有效性的标准有相同之处，两者最主要的差别在于，政策系统传导机制是一个多渠道的目标实现过程，因此，衡量政策系统传导机制的有效性十分复杂，不仅要衡量政策系统最终目标的实现程度，而且要衡量各项政策在各种渠道传导过程中的顺畅程度，具体来看，政策系统传导机制有效性检验标准主要考虑以下几个因素。

（1）政策系统制定主体能否通过运用各项政策工具，引导政策传导流向预期的部门或机构，这是政策系统传导机制有效检验的最基础条件。若是政策系统制定方不能运用财政、税收、金融等政策工具影响货币在资源枯竭地区中的流向和分布，就谈不到货币政策传导机制的问题，就会影响政策系统的有效传导。

（2）政策系统传导机制要充分借鉴货币政策传导机制的全过程，对政策系统有效性检验进行量化分析。政策系统是通过何种机制来影响产出和价格水平的，不同传导机制所引致的实体经济变量向预期方向波动的相对作用强度决定了政策系统传导机制有效性的强弱。因此，衡量政策系统传导机制有效性的关键是确定单位政策效果冲击所能引起的宏观经济变量响应的方向是否与理论一致，以及响应的程度如何。

（3）政策系统传导机制的稳定性也是决定政策系统传导机制有效性的标准。如果某一具体政策工具传导的作用效果仅仅是在特殊情况下或者短暂的有效，以至于政策系统全局无法掌控这一传导机制，那么也不能称之为有效的政策传导机制。

（4）政策系统传导的时滞长短决定政策系统传导时间有效性。一项政策的实施具有一定的实效性，若某种政策传导机制的时滞过长，那么宏观经济状况也会随之改变，新的经济状况下，过去的具体政策可能已经不适合，甚至对宏观经济调控起到反向作用，加剧经济波动。

在资源枯竭地区的经济转型工作中，应长期不断收集相关数据，对政策传导效果进行检验及评估，总结前期试点地区的经验和不足，为其他同环境地区后续制定和完善高质量的转型政策系统奠定基础。特别是对于那些国家大力支持、投入大量资源的合作项目，更应建立经常性的政策反馈机制，如果发现没有很好的实现政策目的，就应及时矫正，例如，国家支持阜新矿业集团开采白音华地区资源，在促进解决阜新就业再就业问题上就没有达到预期效果，国家和地方应通过规范途径，要求再生的矿产企业对历史时期的生态、社会欠账予以补偿，重点解决下岗职工的社会保障、就业再就业和矿区生态修复问题。

参考文献

［1］杜栋，庞庆华，吴炎．现代综合评价方法与案例精选［M］．北京：清华大学出版社，2008.

［2］唐久红，唐岳驹．阿克洛夫、斯彭斯和斯蒂格利茨的微观信息经济学理论及其应用［J］．国外社会科学，2006（6）.

［3］斯蒂格利茨．经济学（上册）［M］．北京：中国人民大学出版社，1996（9）.

［4］戴国强．货币银行学［M］.2版，北京：高等教育出版社，2010（6）.

［5］林伯强. 中国的经济增长、贫困减少与政策选择［J］. 经济研究，2007（12）：15－25.

［6］赵景海. 我国资源型城市发展研究进展综述［J］. 城市发展研究，2006（3）：86－91.

［7］李铁滨，郑文升，丁四保. 东北资源型城市民营经济发展战略研究［J］. 经济纵横，2007（8）：45－47.

［8］王国良. 中国扶贫政策——趋势与挑战［M］. 北京：社会科学文献出版社，2009.

［9］樊杰，孙威，傅小峰. 我国矿业城市持续发展的问题、成因与策略［J］. 自然资源学报，2010（1）：68－71.

［10］万军，张惠远，王金南，等. 中国生态补偿政策评估与框架初探［J］. 环境科学研究，2010（2）：1－8.

［11］宋琳琳. 阜新资源枯竭型城市转型的困境、原因及对策［J］. 辽宁经济，2009（10）：51.

［12］李晶. 资源枯竭型城市可持续发展评价指标体系模型初探［J］. 经济评论，2007（4）：4－7.

［13］DOMBERG. The Ruhr：Germany's rustbelt bounces back with high technology and tourism［J］. German Life，2007：78.

专题六
构建黑龙江省资源枯竭地区新兴产业公共政策体系研究

摘要：在资源枯竭地区经济转型中，积极发展新兴产业是其经济结构优化和可持续发展的必然选择。从近年来黑龙江省资源型城市经济转型实践看，无论中央政府还是地方政府对发展新型产业都给予了财政、税收、金融等政策方面的支持，但配套政策还存在缺失问题。本专题借助了SWOT分析法，对黑龙江省资源枯竭型城市经济转型进行分析，发现财政政策、产业政策、再就业政策、科技政策以及环保政策等公共政策缺失问题，所以从以上五个政策方面入手，提出了促进黑龙江省资源枯竭型试点城市经济转型的公共政策建议；森林资源是黑龙江省三大重要战略资源之一，也是人类生存和发展不可或缺的重要环境因子。本专题探讨合理开发和利用森林资源在不影响经济效益的前提下，最小化对环境的破坏，具有重要的理论和现实意义。在界定生态补偿机制含义的基础上，分析了黑龙江省实施森林资源生态补偿机制的现状和问题，提出了加大政府财政扶持力度、拓宽补偿资金融资渠道、开征生态建设费等财税政策扶持；在东部煤电化基地的建设中，资金短缺及融资难成为制约煤电化基地建设的最大障碍。通过对煤电化基地建设中普遍存在的资金短缺难题进行分析发现，出现资金缺口主要原因是地方财力弱化和财政投融资平台缺乏系统建设，所以在原因剖析基础上得出财政投融资是东部煤电化基地建设中的必然选择的结论，并提出通过设立煤电化产业基金，积极采取BOT（即建设—经营—转让）、TOT（即移交—经营—移交）、PPP（即政府和社会资本合作）等项目融资模式与直接融资方式来促进煤电化基地建设的政策建议；对于黑龙江省资源型城市来说，发展低碳经济是发展新型产业和可持续发展的必然选择。目前黑龙江省资源型城市发展低碳经济面临资金缺口大、低碳产业技术水平落后、居民低碳意识尚未构成倒逼机制等亟待解决的问题，限制了资源型城市低碳经济的发展，抑制了资源型城市转型进程。通过借鉴英、德等国的成功经验，黑龙江省资源型城市应以资本推动型、新能源技术和节能技术带动型、意识和消费引导型为低碳经济发展模式。

一、黑龙江省资源枯竭型城市经济转型中新兴产业公共政策缺失分析

根据2013年国务院统计，我国现有成长型资源型城市31个，成熟型资源型城市141个，资源衰退型城市67个，共计239座资源型城市。在经济改革的进程中，资源型城市面临着一系列的发展难题。2007年12月，国务院出台《关于促进资源型城市可持续发展的若干意见》后，国家发改委于2008年3月和2009年3月先后确定了44座资源枯竭型城市，并在财政、金融政策上及财力性转移支付资金方面给予支持。2011年国家“十二五”规划纲要提出促进资源枯竭地区转型发展。国发〔2013〕45号文《国务院关于印发全国资源型城市可持续发展规划（2013—2020年）的通知》（以下简称《规划》）中确定了成长型、成熟型、衰退型资源型城市共计239座。根据《规划》划分，黑龙江省资源型城市有11个，其中成熟型资源型城市有5个，即黑河市、大庆市、鸡西市、牡丹江市、尚志市，占该类型资源型城市141个城市的3.55%；衰退型城市有6个，即伊春市、鹤岗市、双鸭山市、七台河市、大兴安岭地区、五大连池市，占该类型67个城市的8.96%；黑龙江省资源型城市共11个，占两种类型城市208个的5.29%。从政策环境看，黑龙江省资源型城市实施转型和产业升级提供了难得的政策机遇。黑龙江省资源型城市在转型过程中同样出现了随着资源枯竭，产业效益下降；产业结构单一，产品结构层次较低，替代产业尚未形成；就业问题突出，社会稳定压力激增；突出的环境污染和自然灾害频发等共同特点的问题。我们认为在经济下滑的严峻形势下，如何在经济发展的新常态下加速发展新兴产业，是黑龙江省典型资源型城市更为突出的问题。我们将某些特征更为明显的资源型城市确定为典型资源型城市，如资源类型特征、试点城市特征、行政级别等特征作为具体研究对象。根据以上特征，本书选取了黑龙江省伊春、七台河、五大连池等典型资源枯竭型城市进行研究。伊春市（2008年）是首批资源枯竭型城市，也是全国第一个林业资源型城市经济转型试点；七台河市（2009年）是第二批资源枯竭型城市，是国家级循环经济试点市和资源型城市经济转型试点；五大连池（2009

年）为第二批资源枯竭型城市，火山旅游、矿泉疗养极具资源特色。

（一）黑龙江省资源枯竭型城市新兴产业 SWOT 分析

1. 黑龙江省资源枯竭型试点城市发展新兴产业优势

（1）毗邻俄罗斯边贸地理位置优势。伊春市地处黑龙江省东北部的小兴安岭腹地，与俄罗斯隔江相望，界江长 246 千米。七台河市地处黑龙江省东部城市群中心位置，邻绥芬河、密山、虎林三个口岸，距俄罗斯最近边贸口岸仅 80 千米。五大连池市位于黑龙江省北部，小兴安岭与松嫩平原过渡地带，毗邻俄罗斯边境。黑龙江省资源枯竭型试点城市邻近俄罗斯边境，利于发展对外边境贸易。

（2）生态旅游资源极具特色。伊春市是黑龙江省主要森林生态旅游区，森林、冰雪、河流等旅游资源独具特色。伊春市有我国面积最大的红松原始林，天然红松占我国的 50% 和世界的 30% 以上。伊春市有近 300 万公顷的大森林，每年可吸收二氧化碳 2430 吨，生成氧气 3340 吨，空气中含有丰富的负氧离子和植物芳香气，被称为“天然氧吧”。伊春市现有铁力日月峡、伊春梅花山、朗乡石猴山等 7 个滑雪场，是黑龙江省重点发展冰雪旅游的城市之一；七台河市坐落于长白山系完达山脉西麓，山多林密、河流纵横，森林覆盖率达 48. 3%，有西大圈、石龙山两个国家级森林公园，通天林场人工红松林世界闻名；中心区“三山两湖一条河”，形成了独特的“城在山水中、山水嵌城中”的山水园林风光。七台河市有鹿、熊、狍、雉鸡等野生珍稀动物长年栖息在密林中；五大连池是一个因火山旅游、矿泉疗养闻名的城市。现已开发出黑龙山—新期火山地质观光区、白龙湖—火山堰塞湖游览区等 12 个观光区，熔岩冰洞、天池胜景等八大奇观以及 400 多个景点。2011 年五大连池风景名胜区被评为国家 5A 级景区；有以漂流、探险闻名的大沾河国家森林公园；有国家 3A 级旅游区、国家水利风景区和省级自然保护区山口湖风景区等独具特色的旅游景点。

充分利用这些独具特色的生态旅游资源，发展现代旅游业，是实现黑龙江省资源枯竭型试点城市经济转型的有效途径之一。

2. 黑龙江省资源枯竭型试点城市发展新兴产业弱势

（1）严寒气候条件制约农业及冰雪旅游业发展。黑龙江省资源枯竭型试点城市都属于大陆性气候，夏季短而湿热多雨，春、秋两季气候多变，春季回暖快、风大而少雨干旱，秋季降温快，来霜早，冬季严寒漫长，降雪天较多。这种气候条件下，作物种植是一年一季且品种较少，以产品附加值不高的小麦、大豆、土豆为主，农业产值持续下降。另外，由于冬季严寒，不但阻碍了资源型企业的产业链延长，而且还影响到冰雪文化旅游，南方的游客对此很不适应，就出现了来过不再来的局面，加上冰雕雪雕造价高，使得特色旅游不具有持续性的竞争优势。

（2）自主创新能力弱，阻碍经济发展和结构调整。受区位偏远和发展较落后所限，黑龙江省资源枯竭型试点城市自主创新与科技成果转化平台落后。一方面，人才集聚力较弱。因处于偏远区及欠发达地区，在人才自由流动及自主择业的情况下，出现了大批“孔雀东南飞”的现象。资源枯竭型城市中拥有专门技术的劳动力总数并不少，但缺少适应市场经济发展和经济转型所亟须的大批高层次人才。资源型城市长期以实施开采资源为指导思想、单一发展资源主导产业的模式，造成了人才结构不合理，制约着创新成果的实现；另一方面，大型高新科技企业少。高新技术企业不断发展壮大并形成企业群体，但整体规模和企业规模都偏小。各个企业自主研发能力较弱，科技活动水平较低。如伊春市，截至2010年年底共有高新技术企业12家，工业总产值64.59亿元，增加值9.19亿元，占GDP的比重为4.5%，表明高新技术企业对GDP的贡献份额较低。2012年，只有“移动式太阳能应急保障电站”“高强度抗震钢筋的开发”“蓝莓蓝靛果纤维素片产品研发”“五味子保健品、功能性食品开发”“康妇消炎栓提高质量标准规模化生产”“林蛙油非伤性采收及活性蛙胚精深加工产业化”6项申请高新技术资金项目；与发展较好的伊春市相比而言，七台河市和五大连池市的规模高新科技企业更是少之又少。

3. 黑龙江省资源枯竭型试点城市新兴产业发展机遇

（1）国家给予高度重视。从20世纪80年代起，资源型城市经济转型就引起国家有关部门的关注。1998年，国家启动天然林保护工程，为东北林业资源型城市的经济转型和可持续发展提供间接的政策支持。2002年11月党的“十六大”报告提出“支持东北地区等老工业基地加快调整和改造，支持以资源开采为主的城市和地区发展接续产业”，这是中央第一次从政治层面提出加快资源型城市转型的要求。2003年10月，中共中央、国务院颁布《关于实施东北地区等老工业基地振兴战略的若干意见》，对资源枯竭型城市经济转型要求、转型办法以及试点地区等做出了明确的原则规定。

《国务院关于促进资源型城市可持续发展的若干意见》（国发〔2007〕38号）发布实施后，2008年3月和2009年3月国家发改委同国土资源部、财政部分两批确定了共44个资源枯竭型城市，中央财政已累计给予了153亿元的财力性转移支付支持。同时，国家发展改革委设立了资源型城市吸纳就业、资源综合利用和发展接续替代产业专项，支持资源型城市发展接续替代产业。2009年，国家发展改革委同国家开发银行设立了资源型城市可持续发展专项贷款，为资源型城市转型的公共基础设施、生态环境改善、接续替代产业、社会保障事业等领域提供金融支持。2010年，中央提出，在规划重要产业项目布局时，考虑资源型城市延长产业链及发展接续替代产业的需要，优先在项目审批、资金补助和贷款方面给予支持。《国务院关于印发全国资源型城市可持续发展规划（2013—2020年）的通知》（国发〔2013〕45号）（以下简称《规划》）中确定了成长型、成熟型、衰退型资源型城市共计239座。根据《规划》划分，黑龙江省资源型衰退型城市有6个，即伊春市、鹤岗市、双鸭山市、七台河市、大兴安岭地区、五大连池市，占该类型67个城市的8.96%，国家将给予政策与资金方面支持。

（2）“十三五”战略发展机遇期。黑龙江省“十三五”经济社会发展规划总体要求指出：黑龙江省“十二五”时期现代农业、高品质食品、“互联网+”、旅游、养老健康、信息服务、对俄合作、科技成果产业化、部分地区的教育文化产业发展等潜力不断释放；发挥科技创新引领作用。创新驱动是破解黑龙江省结构性、资源性矛盾的根本措施和持久动力。必须深入实施创新驱动发展战略，发挥科技创新在全面创新中的引领作用，提升创新能力，健全激励机制，加快科技成果产业化，培育创新发展新动力；深化与国家战略有机衔接，争取国家在黑龙江省布局重大科技项目和国家实验室，推动企业技术中心和工程研究中心建设，打造技术创新平台，重点支持研发具有产业化前景的高新技术成果，加快突破石墨新材料、新一代信息通信等领域核心技术。支持构建产业技术创新联盟，推动跨领域跨行业协同创新；加快科技型企业发展和科技成果落地转化。继续实施千户科技型企业三年行动计划，支持科技型中小企业发展，形成一批具有较强竞争力的创新型企业；大力发展先进制造业。全面对接《中国制造2025》，全力抓好黑龙江省有产业基础的17个行业，进一步提高“黑龙江制造”的竞争力和影响力。加快新一代信息技术与制造业深度融合，积极推进智能制造，支持企业开展关键核心技术研发和瞄准国际同行业标杆推进技术改造，促进生产方式向柔性、智能、精细转变；促进互联网与经济社会深度融合。实施“网络强省”战略，支持基于互联网的各类创新，大力推进“互联网+”行动计划，发展物联网技术和应用。实施大数据战略，加快公共数据资源开放共享，着力推进数据汇集和发掘，深化大数据创新应用，在有条件的地区建设云计算数据中心集聚地和云计算应用服务基地；大力推进“大众创业、万众创新”。构建有利于“大众创业、万众创新”的政策环境、制度环境和公共服务体系完善创新激励机制；培育发展战略性新兴产业。加快新产品、新技术研发应用，突破工程化、产业化瓶颈，推动卫星应用、新材料、生物医药、新一代信息技术、空间探测技术外溢等成长性比较好的战略性新兴产业和高新技术产业加快发展，抢占经济和科技制高点。

黑龙江省“十三五”规划在提出加快资源型城市转型发展问题时指出：资源型城市是黑龙江省区域协调发展的难点，把着力点放在大力发展接续替代产业上，依托现有产业基础发展精深加工、延长产业链，发展新兴产业，促进转型发展。林区要以大小兴安岭和长白山森林生态功能区建设为核心，全面停止天然林商业采伐，加强生态保护，增强生态屏障功能。坚持林业经济林中发展、林区工业林外发展，全力抓好生态旅游、森林食品、北药等特色产业，推进矿产资源绿色开发。推进国有林区体制改革，增强适应市场竞争的能力。

“十三五”时期，党中央、国务院对东北老工业基地振兴，在现代农业、资源型城市转型发展、保障改善民生等方面给予支持，为黑龙江省补齐短板、加快发展提供了重要政策保障。国家实施“一带一路”战略，为加快经济结构调整提供了新的机遇；科技革命，催生新兴产业，为黑龙江省加快发展高新技术产业提供了新的机遇；新时期受资源环境约束，绿色经济呈现强劲发展态势，为黑龙江省发挥生态和环境优势、加快发展循环经济提供了新的机遇；国家加大力度实施东北老工业基地振兴战略，在着力发展现代装备制造业、资源型城市接续产业和现代农业、高科技产业等方面给予重点支持，将进一步扩大黑龙江省新兴产业拓展空间。

4. 黑龙江省资源枯竭型试点城市新兴产业发展劣势

（1）资源枯竭型城市经济转型难度大。黑龙江省资源枯竭型试点城市面临经济结构失衡、产业发展乏力、社会稳定压力增大等问题，这对城市经济转型工作有着很大考验。部分资源型城市转型确有成效，但由于城市间存在个体差异，所以一些成功经验不能拿来套用，必须积极探索适合自身的转型模式和道路。资源枯竭型城市经济转型是一项复杂、庞大的系统工程，涉及经济、社会、技术、环境、文化等方面的问题。要想实现全局性的转变与发展，黑龙江省资源枯竭型城市要克服的困难及障碍还很多，这是一件任重道远的大事。

（2）国务院财力性转移支付时间有限。中央财政对首批12座资源枯竭城市财力性转移支付在2010年到期，但由于基础条件不一样，加上区位优势、资源禀赋等不同，经济转型发展水平有较大差异，于是国务院将对除盘锦市以外的首批11座资源枯竭城市财力性转移支付延长5年，年限至2015年。也就是说，2015年以后，黑龙江省资源枯竭型试点城市将不再获得中央财政资金的支持。

（二）黑龙江省资源枯竭型试点城市经济转型现状及问题

1. 黑龙江省资源枯竭型试点城市经济转型政策扶持现状

（1）中央财力性转移资金支持试点城市转型。2007年12月，国务院出台了《关于促进资源型城市可持续发展的若干意见》（国发〔2007〕38号），提出了中央财政要加大对资源枯竭城市的一般性和专项转移支付力度等具体措施。2007—2010年资源枯竭型城市享受国家财力性转移支付资金的政策支持，这将对推进经济转型起到积极作用。2008年，伊春市、七台河市得到国家财力性转移支付资金分别为1.13亿元和8300万元。2009年，伊春市、七台河市得到国家财力性转移支付资金分别为1.36亿元和1亿元。2010年3月，五大连池市被国务院确定为第二批资源枯竭型（森工）城市，4年内累计得到国家近2.5亿元的资金支持。

（2）构建以产业转型为核心的新兴产业体系。试点城市紧紧抓住被国务院确定为资源枯竭型城市的契机，充分利用国家振兴东北老工业基地、资源型城市经济转型的政策、资金，积极探索符合本地特点的转型路径与模式，加快经济和社会发展，走出一条生态可持续发展的道路。

伊春市按照中央资源型城市转型和可持续发展的整体战略部署，坚持“生态立市，产业兴市”的发展思路，突出抓了严管资源、停伐红松、林权改革、经济转型、现代化生态园林城市建设、改善民生等多件大事，构建出符合新兴经济发展方式要求的生态主导型产业体系，并以产业转型为核心，带动经济、社会和生态的全面转型。

七台河市大力发展循环经济，不断推进产业延伸，加快延伸煤—焦—化、煤—电—建材、煤—洗煤—生物质型煤等产业链；建立经济转型推进机制，超前谋划和扶持非煤替代产业；积极推进节能减排工作，加快淘汰落后产能，关闭小煤矿171座、小焦化厂及小水泥厂14户，削减烟粉尘9400吨、二氧化硫1.3万吨，资源综合利用水平显著提升。同时，加大沉陷区、棚户区治理改造，坚决控制原煤散烧，大力实施造林绿化工程，加快城乡环境治理，城市生态环境质量大为改观，国家级园林城建设进程加快，经济发展低碳化趋势逐步显现。

五大连池市围绕实施“大五大连池”发展战略，打造矿泉旅游文化名城。一是大力培育以生态观光、休闲度假为主的休闲产业经济；二是培育矿泉产业，发展矿泉经济，打造矿泉产业发展集群，逐步把矿泉产业培育成最有发展潜力的替代产业；三是建设三个基地，即建设特色绿色农业生产基地、矿泉系列产品开发基地和火山生态旅游服务接待基地。

2. 黑龙江省资源枯竭型试点城市经济转型公共政策问题

（1）转型资金缺口大，财政政策供给不足。黑龙江省资源型城市情况相对复杂，不仅数量多，而且类型也不少，要实现这些城市经济转型，就需要投入更多的财政资金。而黑龙江省资源枯竭型试点城市多面临着地方财政收支不平衡，资金短缺成了城市经济转型的“瓶颈”。

表6-1　黑龙江省资源枯竭型试点城市2006—2014年地方财政收支情况 单位：万元

城市名称 / 财政 / 年份	伊春市			七台河市			五大连池市		
	财政收入	财政支出	资金缺口	财政收入	财政支出	资金缺口	财政收入	财政支出	资金缺口
2006	33504	204477	-170973	72000	179000	-107000	2620	33648	-31028
2007	45269	303183	-257914	97000	215000	-118000	5337	31489	-26152
2008	59596	393408	-333812	147000	325000	-178000	6202	58174	-51972
2009	87631	536059	-448428	206000	427000	-221000	8231	70435	-62204
2010	203000	698487	-495487	233000	485000	-252000	123237	114312	8925
2011	245000	866832	-621832	437000	541000	-104000	115534	108897	6637
2012	217162	936146	-718984	218000	609000	-391000	—	—	
2013	245827	1098099	-852272	359000	631000	-272000	177308	151896	25412
2014	203153	1100889	-897736	325000	621000	-296000	218748	170403	48345

数据来源：根据2006—2014年伊春市国民经济和社会发展统计公报、五大连池市2010年财政预算执行情况和七台河市2011年财政预算（草案）的报告等资料进行整理。

由表 6－1 可见，随着经济发展和社会进步，黑龙江省资源枯竭型试点城市 2006—2014 年地方财政收入和支出都处于增长的态势，同时也不难发现，财政收入远远少于财政支出。财政资金积累少，转型资金缺口大是经济转型之路举步维艰的重要原因之一。

（2）三次产业结构不合理，产业协调政策缺失。配第—克拉克定理关于产业结构的理论：随着经济的发展、人均国民收入水平的提高，第一产业国民收入和劳动力的相对比重逐渐下降；第二产业国民收入和劳动力的相对比重上升，经济进一步发展，第三产业国民收入和劳动力的相对比重也开始上升。而长期以来，黑龙江省资源型试点城市以资源立市，并且优先发展重工业，导致第一、第二、第三产业结构关系不协调。产业结构一般是能源、原材料的超重型结构，农业、轻工业和服务业滞后于重工业的发展。经济增长过度依赖于传统产业，接替产业和新兴产业落后，使城市陷入发展困境。

表 6－2　　2006—2014 年黑龙江省资源枯竭型试点城市产业结构　　单位:%

城市名称	年份	第一产业	第二产业	第三产业
伊春市	2006	24.4	38.6	37.0
	2009	27.7	48.7	23.6
	2010	30.3	39.2	30.5
	2011	32.6	37	30.4
	2012	34.8	34.2	31
	2013	35.4	32.6	32
	2014	40.3	26	33.7
七台河市	2006	12.2	49.9	37.9
	2009	3.8	83.2	13.0
	2010	7.3	66.2	26.5
	2011	8.4	64	27.6
	2012	10.1	58.4	31.5
	2013	13.2	46.3	40.5
	2014	14.6	40.7	44.7

续 表

城市名称	年份	第一产业	第二产业	第三产业
五大连池市	2006	52.3	12.2	35.5
	2009	58.2	12.2	29.6
	2010	—	—	—
	2011	—	—	—
	2012	—	—	—
	2013	—	—	—
	2014	—	—	—

数据来源：根据2010—2014年伊春市、七台河市国民经济和社会发展统计公报，2006—2009年五大连池市国民经济和社会发展统计公报整理。

由表6-2可见，黑龙江省资源枯竭型试点城市的产业结构比例有所变化，但仍存在不协调的问题，就2009年而言，伊春市和七台河市第二产业分别是48.7%、83.2%，尤其是七台河市的第二产业所占比例已经达到了83.2%，这个所占比例太高；而五大连池市第一产业比重过半；2010—2014年，三市虽然第三产业占比有所提升，但伊春市仍然以第一产业为主，七台河市仍然以第二产业为主。由此可知，产业结构不优化，地方经济发展依赖于第一、二产业，第三产业规模小，发展滞后。

（3）缓解就业压力的再就业政策不足。在经济转型发展过程中，资源枯竭型城市由于资源产业的逐步衰退和资源企业的逐步退出，产生了大量的下岗失业工人。这些工人素质较低、观念落后，安置起来成本高、困难大。资源型城市产业结构比较单一，第三产业发展滞后，就业岗位不足，城市就业空间狭窄，使得下岗职工再就业问题突显出来，而且这个问题不解决将会带来一系列的社会问题。为帮助下岗职工摆脱贫困，政府主要通过控制失业率、再就业培训、失业保险等手段。截至2009年，伊春市城镇登记失业率始终控制在5%以内，可仍有近7万名失业者未能充分就业。木材停止砍伐后，有5万多人离岗，加上每年新增劳动力近万人，累计有13万人面临就业问题。2009年，七台河市城镇登记失业率控制在3.1%，通过培训就业率为70%。2010年，五大连池市失业保险参保人数达到3400人。

（4）缺少以新兴产业为核心的科技创新发展政策。资源枯竭型城市要想找到新的经济增长点，必须大力发展新兴产业和接续替代产业。科技创新是城市经济增长的推动力，良好的科技创新系统能够实现传统资源产业的技术改造和生产工艺改进，延长产业链，延缓资源型产业的衰退，提升城市经济实力和改善城市经济格局。如果一个城市缺乏科技创新系统，则不利于城市产业结构调整升级，也不利于接续产业的发展和城市功能的改善。由于资源枯竭型城市的科技资源主要集中于资源开发企业，而资源开发企业多是技术专用性强、生产作业封闭、社会化协作程度低的国有企业，对推动整个城市的技术创新作用小。由此决定了资源型城市的技术创新发展水平低，接纳各种新兴产业和接替产业的能力低下。

（5）低碳发展经济政策缺失。资源枯竭型城市第二产业尤其是工业发展较快，而工业又以重工业占主导地位，对能源的依赖程度高，高耗能产业的增长加剧了能源消耗，以煤炭为主的能源结构和能源的大量消耗造成环境问题突出。随着经济快速增长，能源、土地、矿产等资源不足的矛盾越来越尖锐，资源利用、环境保护面临的压力越来越大。长期以来，资源枯竭型城市对自然资源掠夺式、粗放式的开采和使用，对生态环境破坏十分严重。以林业采伐为主的伊春市，在 20 世纪 80 年代中期以后就逐步陷入了可采森林资源枯竭、森林生态功能减弱的境地，但是仍以消耗枯竭的资源支撑经济发展，目前年采伐量仍有 136 万立方米。以煤矿开采为主的七台河市，煤炭产量占全省的 1/5，产业高碳特征明显。其中，地面塌陷、煤矸石堆积侵蚀、水资源流失等问题严重，土壤侵蚀面积 1184. 1 平方千米，采空塌陷面积 185 平方千米，工矿区水土流失面积 61. 08 平方千米。由于管理力度不够，五大连池市也存在滥垦乱伐、水体污染、生态环境退化等问题。

（三）黑龙江省资源枯竭型试点城市发展新兴产业公共政策建议

1. 实施重点扶持的财税政策

（1）财政支出政策。要想实现资源枯竭型城市经济转型，城市再度崛起，就需要大量的资金支持，其资金主要应由各级政府解决，并用于妥善解决城市转型过程中的社会经济问题。第一，设立城市可持续发展专项基金。由中央财政和地方财政共同出资设立资源枯竭型城市可持续发展基金，该基金一方面来源于政府财政，另一方面来源于矿产开采费、资源税等。第二，加大专项补贴和专项转移支付的支持力度。应该提高资源枯竭型城市扶持补助及安置资金的比例。第三，以政府信用为基础筹集资金，建立财政投融资体系。进一步放宽民间投资的准入范围，增强市场对非政府投资的调节功能。通过投融资体制改革，给予企业和地方政府应有的债券融资自主权，加快发展直接融资，适当降低间接融资的比重。

（2）税收优惠政策。第一，适当降低资源税税额标准。对资源开采衰竭期的企业，可以适当降低资源税税额标准，以促进资源型城市的经济转型。第二，取消资源型城市矿业企业的增值税。世界上多数国家对矿业不实行增值税制度，因为矿业和农业一样，没有现代经营管理意义上的“上游产业”，即矿业没有“原料”供应，“矿业进项几乎为零”。因此，国家应取消资源型城市矿业企业的增值税。

2. 建立以新兴产业发展为核心的产业结构政策

（1）大力发展接替产业。接续产业和替代产业，要以资源产业为依托，延伸产业链，稳步转移，逐步替代。中央政府和省级政府相关部门要为资源型城市提供更多的政策支持，支持资源枯竭型城市发展接续产业。同时，国家还要加大对资源型城市的投资力度，尤其是加大高新技术的普及和重点项目的建设，如黑龙江省“十二五”规划中提到的“八大经济区”和“十大项目”的建设，扶持资源型城市的经济发展和产业调整，使资源枯竭型城市顺利实现经济转型。

（2）构建以产业转型为核心的新兴产业体系。试点城市紧紧抓住被国务院确定为资源枯竭型城市的契机，充分利用国家振兴东北老工业基地、资源型城市经济转型的政策、资金，积极探索符合本地特点的转型路径与模式，加快经济和社会发展，走出一条生态可持续发展的道路。

2010 年 7 月 28 日《黑龙江省关于促进战略性新兴产业加快发展的若干政策措施》（以下简称《措施》）颁布实施，《措施》主要着眼解决制约和束缚本省战略性新兴产业发展的体制、机制、环境、要素等问题。资源枯竭型城市更应该结合城市自身特点，大力发展新兴产业，以扩大新兴产业经济规模，为最终实现资源枯竭型城市转型打下良好的基础。必须认真落实《措施》，保证新兴产业的蓬勃发展，为黑龙江省资源枯竭型城市经济转型创造出新出路；2014 年 10 月，黑龙江省省政府出台了《黑龙江省煤炭城市转型发展规划》，着眼解决鸡西、双鸭山、七台河、鹤岗四个煤炭城市近期脱困和长远发展，规划立足煤城特征，以产业结构优化升级为主线，坚持煤与非煤产业“双轮驱动”，提出在煤炭产业方面有序开发煤炭资源、大力发展煤炭精深加工、积极推进煤电转化，在非煤产业方面围绕自然资源、产业基础、沿边开放和循环经济重点发展替代产业，并制定了一系列具有较高含金量的扶持政策，谋划了一批重点建设项目；2015 年 12 月，中共黑龙江省第十一届委员会第六次全体会议通过了《中共黑龙江省委关于制定黑龙江省国民经济和社会发展第十三个五年规划的建议》（以下简称《建议》），《建议》中有 20 多处提及煤炭、矿区、煤城、煤化工、煤与非煤、资源型城市、煤城职工再就业、建设现代化煤矿、垦区林区矿区油区边区融合发展等问题。《建议》指出，构建产业新体系。在阐述构建产业新体系时，《建议》提出，加快发展资源精深加工。石化、煤化工，要争取在大庆市和煤城布局石化、煤化工重大项目，延伸发展精细化工。矿产精深加工，要推动矿产资源开发和精深加工一体化发展，打造高端石墨和钼产业，形成鸡西市、鹤岗石市墨新材料产业集群和大小兴安岭钼产业集群，深度开发铜等矿产资源，延长矿产资源精深加工产业链。加快天然气开发和利用，建设现代化煤矿，开采新的煤炭资源。林木加工，要用好境外木材资源，加快发展林木精深加工。

3. **其他政策**

（1）就业再就业政策。就业是民生之本的问题，不仅直接关系到人民生活来源，而且关系到和谐社会的构建。因此，解决好就业与再就业问题，具有重大意义。首先，政府及有关舆论媒介要大力宣传新的就业观念。改变下岗职工传统的思想，要让他们勇于面对激烈竞争的大市场，而不是还想着“公有制”“大锅饭”。其次，要进一步落实再就业优惠政策，鼓励下岗职工通过特色自营业发展起来。认真执行职业培训、职业介绍等就业再就业扶持政策，帮助下岗失业人员增强就业能力和增加就业机会；要运用税费减免和社会保险补贴等优惠政策，鼓励企业更多地吸纳下岗失业人员就业；尤其要抓好税费减免、小额担保贷款等政策的落实，增强下岗失业人员自谋职业和自主创业的能力。最后，还要努力建设劳动力市场，形成统一的劳动力资源库，提供失业登记、职业培训、职业介绍等服务，及时发布用工信息，增加下岗失业人员再就业的机会。

2015 年 12 月，《中共黑龙江省委关于制定黑龙江省国民经济和社会发展第十三个五年规划的建议》中明确指出，通过加快产业发展解决保增长、保就业、保民生、保稳定问题，以产业结构优化升级作为煤城转型发展的主线，实施煤与非煤“双轮驱动”，促进产业结构由以煤为主向特色化、多元化发展转变。支持煤炭接续资源较多的城市加快大型煤矿建设，加快推进煤炭转化重大项目建设，建设煤化工基地。推动利用焦化等煤化工产业存量延伸产业链，开发精细化工产品。加快发展石墨、绿色食品、钢铁、矿山机械、建材和服务业等非煤替代产业。切实抓好采煤沉陷区棚户区改造，积极推动煤城职工就业再就业等民生工作。

（2）科技政策。科技是加快经济转型的重要支持和智力保障。资源枯竭型城市必须采取有效的科技政策来推动城市经济转型。第一，科学研究政策。建立健全科技创新体系，加大对科技创新的资金投入，对于研究新兴产业和接续产业的项目予以支持。第二，技术开发政策。规范和调整技术攻关、技术改造、重点建设及产业结构调整和技术发展。鼓励依靠科技进步，寻找接替能源。不断加快科技成果转化步伐，实现科技促发展的目标。第三，鼓励成立相关院所或是在各个高校开设相关专业。扩大研究资源枯竭型城转型的人员队伍，形成“产学研”体系。第四，科技融资政策。积极寻找合作伙伴，开拓各种融资渠道，保证科研项目顺利完成。

（3）低碳发展政策。2010 年 3 月，生态环保、可持续发展成为两会的主题，全国政协“一号提案”内容就是谈低碳环保。以建设生态省的方针为指导，坚持在保护中加快发展，在发展中兴市富民，加大生态环境保护力度。第一，制定并落实生态环境建设规划。为保护和建设好生态环境，实现生态、社会和经济的可持续发展，从长远的角度，制定一个切实可行的规划，保证生态环境的改善。第二，推进生态工程建设。实施天然林资源保护、退耕还林、野生动物与自然保护区建设、节能减排等一批重点生态工程以及黑土区水土流失综合防治等生态工程。同时，大规模开展城乡绿化活动，加大城市环境综合治理力度，加速推进生态文明城市建设。第三，改变传统经济发展模式，大力发展低碳经济。发挥天然的资源优势，发展绿色经济以及培养新的经济增长点。

2015 年 12 月在《黑龙江省国民经济和社会发展第十三个五年规划的建议》指出，推进矿产资源绿色开发，推进与垦区、林区、矿区、油区、边区融合发展。优化城镇化布局。依托高速铁路和高速公路网，打造以哈尔滨为核心的“哈尔滨、牡丹江、鸡西、七台河、双鸭山、佳木斯”东环城市圈，努力建设“哈大齐北绥”西环城市圈，成为促进区域协调发展的重要支撑。推进能源革命，建设清洁低碳、安全高效的现代能源体系。推动煤炭等化石能源清洁高效利用，加快开发利用可再生能源。加强能耗管控，有效控制电力、钢铁、建材、化工等重点行业碳排放。推进交通运输低碳发展，鼓励绿色出行方式，实行公共交通优先，推广新能源汽车。提高建筑节能标准，推广绿色建筑和建材。实施循环发展引领计划，减少单位产出物质消耗。加强生活垃圾分类回收和再生资源回收的衔接，建设国家“城市矿产”示范基地。

二、完善黑龙江省森林资源生态补偿机制的财税政策

森林作为地球三大生态系统之一，不仅能够为人类提供大量的木材和多种副产品，而且在维持生物圈的稳定、改善生态环境等方面起着重要的作用，素有“地球之肺”的美誉。自2001年起，中央财政设立“森林生态效益补助资金”，对全国11个省市区，包括685个县级单位和24个国家级自然保护区的2亿亩重点防护林和特种用途林进行森林生态效益资金补助先行试点工作，标志着我国结束了长期无偿使用森林资源生态价值的历史，开始步入一个重视森林资源生态价值有偿使用的新阶段。

（一）生态补偿机制含义界定及补偿模式选择

1. 生态补偿机制概念不同界说

近年来，生态补偿（ecological compensation）成为国内外学者的研究热点之一，尽管已有一些针对生态补偿的研究和实践探索，但目前仍未达成共识的定义。

国际上比较通用的生态补偿概念是“生态或环境服务付费”（payment for ecological/environmental services），即消费自然资源和使用生态系统服务功能的受益人，在有关法规和制度的约束下，向提供上述服务的地区、机构，或个人支付费用的行为。其引申含义还包括对生物物种及其生境破坏后的恢复性行为，强调可以通过易地保护和恢复的办法来补偿破坏。

国内目前对生态补偿较为规范性的定义：生态补偿是指国家或社会主体之间约定对损害资源环境行为向资源环境开发利用主体进行收费或向保护资源环境的主体提供利益补偿性措施，并将所征收的费用或补偿性措施的惠益通过约定的某种形式送达到因资源环境开发利用或保护资源环境而自身利益受到损害的主体的过程，达到保护资源的目的，维护生态平衡与安全，实现生态价值，达成经济效益、社会效益与生态利益一致的生态正义，对一切有损生态利益的行为进行校正与弥补的活动。

综合国内外学者的研究，本书认为生态补偿是以保护和可持续利用生态系统服务为目的，以经济调节为主要调节手段，合理协调相关者利益关系的制度安排。更详细地说，生态补偿机制是以保护生态环境、促进人与自然和谐发展为目的，根据生态系统服务价值、生态保护成本、发展机会成本，运

用政府和市场双重手段调节生态，协调利益相关者之间利益关系的公共规制。具体内容主要包括以下四方面。

（1）对生态系统本身保护（恢复）或破坏的成本进行补偿；

（2）通过经济手段将经济效益的外部性内部化；

（3）对个人或区域保护生态系统和环境的投入或放弃发展机会的损失的经济补偿；

（4）对具有重大生态价值的区域或对象进行保护性投入。

广义的生态补偿不仅包括由生态系统服务受益者向生态系统服务提供者给予的补偿，还包括由生态环境破坏者向生态环境破坏受害者支付的赔偿。狭义的生态补偿则主要是指前者。本书主要研究是基于生态补偿机制的狭义概念。

2. 生态补偿模式的选择

基于运作主体的不同，生态补偿模式可分为三种：以政府为主体的生态补偿模式、以市场为主体的生态补偿模式，以及介于两者之间的准市场模式。

政府主导模式，是以国家或上级政府为实施和补偿主体，以区域、下级政府或农牧民为补偿对象，以国家生态安全、社会稳定、区域协调发展等为目标，以财政补贴、政策倾斜、项目实施、税费改革和人才技术投入等为手段的补偿方式。它是政府以非市场途径对生态系统进行的补偿，是一种行政直接控制式的生态补偿。根据我国的实际情况，政府主导模式是目前开展生态补偿最主要的形式，也是目前比较容易启动的补偿方式。

市场化模式，是充分利用市场作用，通过市场机制，将资源开发、环境保护和建设成本纳入市场经济主体的分析和决策过程，使开发、利用资源的生产者、消费者承担相应的经济代价，利用经济手段，通过市场行为实现资源生态补偿的目的。由于政府补偿自身所特有的巨大的管理成本、低效率性、产权界定的不规范性等问题，只有市场的参与才能调节政府补偿的刚性，发挥经济主体自身的积极主动性，最终实现补偿的高效性，该种模式将是我国进行生态有效补偿的发展趋势。

准市场模式，是在国家或者区域政府间的协调下，通过区域之间的协商和横向转移支付、对口援助等，实现生态建设区和生态受益区域之间的生态补偿。准市场模式建立在自愿协议的基础上，实际上是生态建设区域和受益区域之间动态博弈，共同保护环境和发展的一种模式。该模式可以弥补单纯由建设区域所在的区域政府或者国家进行补偿的不足，但准市场模式对受益区域不易区分的生态建设的补偿问题较难操作，并且受补偿提供区域的财政能力、公众的环境与公平意识等因素的制约。根据该模式的特点，可成为经济发展阶段性或区域性的选择模式。

结合我国国情及黑龙江省省情，当前黑龙江省开展森林资源生态补偿应该采用政府主导模式，但这并不意味着政府包办一切，应遵循“谁开发，谁保护；谁受益，谁补偿”的原则，发挥政府的监督机制，逐渐形成以企业为主体建立森林资源生态补偿的长效机制。

（二）黑龙江省森林资源生态补偿机制的现状及问题

1. 黑龙江省实施森林资源生态补偿机制的现状

中华人民共和国成立以来，黑龙江省累计生产木材 6 亿多立方米，约占全国的1/8，上缴利税 150 多亿元，为国家经济建设和社会发展做出了重要贡献。然而，由于半个多世纪的过量采伐，黑龙江省森林可采资源已几近枯竭。中龄林采伐占总采伐比重的 70% ~80%，致使国有林分质量日趋下降，极大地影响了林业资源地区生态环境建设，不利于林业资源的可持续开发和利用。黑龙江森工是东北亚陆地生态系统和东北“大粮仓”的天然屏障，生态地位十分重要，是全国面积最大的国有重点林区和森林工业基地，截至 2015 年，经营总面积 1009. 8 万公顷，占黑龙江省国土面积的 22%。

（1）积极尝试补偿试点。2001 年，黑龙江省作为全国 11 个试点省份之一，率先进行了森林生态效益补偿试点工作。本着“进一步提高试点区域水源涵养林、防风固沙林、自然保护区等的质量，充分发挥森林资源的生态功能。探索重点防护林和特种用途林保护的经营管理模式，找到切实可行的管理措施。总结有效的资金投入机制。探索在社会主义市场经济条件下，处理好资源的保护同社会稳定和区域经济协调发展的关系”的试点目标，试点工作在全省的边境及松花江干流的 34 个县 43 个单位展开，试点面积 2500 万亩，年投入试点资金 1. 25 亿元。

试点工作开展后，黑龙江省森林资源保护明显加强，截至 2010 年，黑龙江省重点公益林内基本上阻止了火灾，林政案件下降了 90%，病虫害发生率降低了 20%，防治率提高了 10%；黑龙江省森林面积提高到 2007 万公顷，活立木总蓄积 15 亿立方米，森林蓄积 14. 32 立方米，森林覆盖率达到 43. 6%；森林经营水平明显提高，试点单位全部应用微机等现代化设备进行管理，同时林区优良路况由原来的 1904 千米提高到 2397 千米；减少了木材采伐量，试点区内的木材产量由118.8万立方米调减到了71.2万立方米，并有部分县（市）停止了森林采伐；增加了造林面积，试点单位全区实际落实管护面积135.9万公顷，完成规划管护面积的102%，其中个人承包管护面积119.8万公顷，专业管护面积16.1万公顷。全区参加管护1.7万人，其中，个人管护1.5万人，专业管护2230人。参加管护经营的总户数为1.1万户，其中典型示范户为217个。

（2）停止商业性采伐，建设国家木材战略储备基地。2015年大兴安岭地区已累计查处各类森林资源案件365起，打击处理违法犯罪人员380人，收缴木材366.1立方米，收回林地291.44公顷，累计为国家挽回经济损失2000余万元；大兴安岭全面停止木材商业性采伐，标志着大兴安岭林区作为国家商品材生产基地的历史使命宣告阶段性结束，将把巩固国家生态安全重要保障区地位和建设国家木材战略储备基地作为未来一个时期的主要工作任务。按照这一部署，划定了全区林地保护红线，林地面积不低于805万公顷；森林保护红线，森林面积不低于676.45万公顷，森林蓄积不低于5.2亿立方米，森林覆盖率不低于81%，为确保生态安全提供保障。

（3）加强森林资源培育，构建监测体系。2015年，黑龙江省森工林区派出9个检查组进驻各林业局采伐一线，开展了数次非法侵占林地排查专项行动，共查处林政案件4362起，其中涉及盗伐林木案件2908起；停伐一年来，黑龙江森工林区加强了后备森林资源培育，完成更新造林32.6万亩，森林抚育600万亩。通过停伐，让林区的森林资源得到了恢复和发展，使生态环境得到了明显改善，森林资源管护基础建设也得到加强，更新完善了森林资源档案和森林经营方案，把森林、湿地、植被、物种四条生态保护红线纳入其中，建立了林业局级资源监测体系。

（4）林业经济逐步向“林下经济”过渡。森林作为地球三大生态系统之一，不仅能够为人类提供大量的木材和多种副产品，而且在维持生物圈的稳定、改善生态环境等方面起着重要的作用，素有“地球之肺”的美誉。黑龙江省林业资源丰富，更有大小兴安岭两个天然林宝库。但是，由于监管等相关政策的不严谨，导致长期以来树木的乱砍滥伐，极大地破坏了东北地区森林体系的环境保护体系。为了保护森林生态系统，国家叫停了众多木材开采企业，控制木材尤其是经济林和稀有林的开采量。因此，传统的林业经济面临极大威胁，应适时进行产业转型；林下经济是近年来农业生产领域涌现的新生事物，主要是充分利用林下土地资源和林荫优势从事林下种植、养殖等立体复合式生产经营，从而使农林牧各业实现资源共享、优势互补、循环相生、协调发展的生态农业模式；林下经济投入少、易操作、潜力大。发展林下经济对缩短林业经济周期、增加林业附加值、促进林业可持续发展、开辟农民增收新渠道、发展循环经济和巩固生态建设成果等，都有极其重要的意义。不难预测，林下经济将成为黑龙江省林业资源地区未来经济结构调整的新趋势。

2. 黑龙江省森林资源生态补偿机制实施过程中存在的问题

（1）资金补偿主体单一。目前实行的生态补偿，资金大多数来自国家财政，再由地方财政配套负担一部分。通过财政拨款来扶持生态林的建设与维护，固然可以起到很好的促进作用，但是作为经济欠发达的黑龙江省地方财政资金也十分有限，一旦政府财政状况出现起伏波动，承诺的资金就得不到保障。同时，补偿需要的资金数额大，单纯依靠政府则会因政府投入资金数额有限而导致补偿标准偏低或补偿不能及时兑现，从而不能充分反映生态效益应有的价值，损害了经营者的利益。此外，在政策的执行过程中，森林生态补偿金基本上演变成了林业部门、林场、保护站等林业职工人员工资和日常运行开支的主要资金渠道，林农最后得到的补偿金可能只是其中的小部分，这也极大地挫伤了当地群众保护森林生态环境的积极性，直接影响到森林资源保护的效果。

（2）补偿标准缺少动态调整。目前黑龙江省森林资源生态补偿中资金补偿的客体仅仅是管护费用和基本防护费用等一些刚性开支，只能是一种补助，很难达到营造和防护森林真实的成本水平，更不用说对森林的生态效益和林农发展的机会成本进行补偿。而且，我国现行的森林生态补偿采用一刀切的形式，没有根据黑龙江省的实际情况确定合理的补偿标准体系和价值核算体系。与南方经济较发达的地区相比，经济较为落后的黑龙江省获得的补偿资金并不能满足森林资源生态补偿的要求，且一些本省独有的经济林作物也没有得到特殊的补偿，起不到保护稀缺林木的作用。

（3）资源税亟待改革。税收作为有效的经济调控手段，在控制环境污染、保护生态环境方面具有重要的杠杆效应。我国同生态环境关系最为密切的一个税种是 1984 年开征的资源税，在设计之初，其宗旨是调节级差收入，但自 1994 年税制改革后，资源税被划分为地方税，在实际中很难达到调节级差收入的作用。因此，我国目前不存在纯粹意义上的生态税收。目前我国资源税主要还是应用于矿产资源，森林资源尚未纳入资源税征收范围，而且，现行资源税税率较低，相对于资源开发的高利润而言，很难合理地起到引导资源开发可持续的作用。

（4）林业资源型城市居民生活水平受到影响。森林是林农家庭经济收入的主要来源，他们对森林具有高度的依赖性。同时，林业也是当地政府财政收入的主要来源。限制森林采伐，尤其是经济林采伐，不仅直接减少了林农的收入，而且会影响当地林业相关产业的发展，减少了林农的间接收入。所以实施森林生态补偿应该充分考虑当地群众的需求，通过优惠政策帮助其改变经济结构、经济增长方式，并积极寻求森林多效综合利用途径，实现经济、社会、生态效益的最佳结合。

（三）完善黑龙江省森林资源生态补偿机制的财税政策

1. 继续加大中央及地方政府的财政扶持力度

鉴于黑龙江省国有森林资源占极大比重，中央及地方政府直接的资金扶持仍然是黑龙江省森林资源生态效益补偿的主要手段。但仅依靠政府的财政补偿不能解决森林生态效益补偿长期性问题，地方政府还应最大化地利用权限，积极挖掘企业资金，不仅为生态补偿提供资金来源，而且有助于引导企业生产时外部效用内部化，降低对生态环境的破坏。

2. 发展多元化的补偿资金融资渠道

在市场经济体制的环境下，应当考虑建立森林资源生态效益补偿交易市场，拓宽森林生态效益补偿的资金来源，在财政补偿机制的基础上，逐步发掘建立市场补偿机制。建立黑龙江省森林生态服务市场，能将较大份额的生态服务供给成本转移给非政府部门，缓解国家和地方政府财政压力。

3. 强化生态补偿的税收调节机制

调整和完善现行资源税，拟申请在黑龙江全省试点开征森林资源税和草场资源税，以避免和防止生态破坏行为；对稀缺性经济林资源的开发要逐步提高税率；发挥消费税在环境保护方面“寓禁于征”的调节作用。

4. 开征生态建设费

根据不同行业对生态资源的利用和破坏的不同，建立资源开发生态补偿机制，包括资源开发补偿、资源利用补偿和资源受益补偿三种类型。资源开发补偿是指开发商对水能等自然资源开发造成的局部生态环境的破坏而支付的生态补偿；资源利用补偿是指对利用自然资源进行生产的企业而支付的生态补偿；资源受益补偿是指由于资源开发使水库、电站和旅游等行业受益而支付的生态补偿。

5. **重点扶持林下经济发展**

建立政府专项财政补助资金，引进先进技术和高科技人才，对现有人员进行再培训，提高林下经济的科技含量；发展林下经济前期投入较大，对于资金有困难的个人或企业，可以通过林业企业技改资金和财政贴息贷款等予以帮助。

三、依托财政投融资政策，建设东部煤电化基地

煤电化基地建设的可持续发展离不开财税、金融政策的支持。由于黑龙江省企业直接融资渠道有限，银行贷款成为当前煤电化基地建设的主要融资途径，这种狭窄的融资渠道已不能适应煤电化基地建设对资金的需求，煤电化基地建设的可持续发展战略迫切需要积极拓宽财政投融资渠道，多方筹措建设资金，最大限度地解决资金短缺问题。

（一）东部煤电化基地建设中实施财政投融资政策的现实选择

在我们实地调研中对593户煤电化企业进行了问卷调查，结果发现，资金短缺的企业占所有煤电化企业的比重达到79.4%；融资困难的企业比重达到了46.4%。煤电化企业普遍存在的资金短缺及融资难问题，造成企业自身投资规模和能力的匮乏；再加上东部地区金融机构偏少，金融基础产品及衍生品创新能力的不足，致使煤电化企业出现还贷压力增大、流动资金紧张、周转资金缺乏，直接影响了企业的正常生产和经济效益的增加。因此，融资难、贷款难成为困扰煤电化企业发展的最大障碍。用财政投融资的方式解决煤电化企业资金短缺及融资难的问题具有其独特优势。

1. **财政投融资方式具有鲜明的政策性**

财政投融资能够在为煤电化产业提供资金支持的同时贯彻国家的产业政策，体现国家的政策意图。同时，财政投融资也是财政政策的一个重要组成部分，是实施财政政策的重要工具之一。所以在对煤电化产业提供资金支持的同时，能够实施财政税收政策来促进其发展。

2. **财政投融资具有财政和金融双重功效**

财政投融资既能发挥政策上的优势，又能发挥资金市场化运作的高效率。财政投融资是政策性金融活动，是商业金融的有益补充，它以政府信用为基

础通过发行各种公债和金融债券等筹集资金。因此在煤电化基地的建设中，政府充分发挥在资本市场中的辅助作用，利用资本市场的各种融资工具广泛筹集资金，以此发挥财政投融资的独特功效。

3. 财政投融资具有特殊的优惠性

财政投融资能够提供比商业性金融更加优惠的利率、期限、担保条件，用于补充商业性金融提供贷款的不足。由于东部地区金融机构偏少及金融创新的不足，用财政投融资的方式对煤电化企业进行改造，有效地保证煤电化企业的资金需求。

4. 财政投融资具有准公共性

煤电化产业属于资本密集型行业，由于具有投资规模巨大、回收周期较长、收益较高等特点，单独依靠民间资本承担，由于其自身资金实力劣势，并不能保证煤电化基地建设清洁高效环保的特点，企业为最大程度的追求利润价值，会造成资源的破坏浪费和环境污染。因此只能是用财政投融资的方式吸引和扶植民间资本、社会各投融资主体共同参与煤电化基地的建设。

（二）东部煤电化基地发展现状

2008—2012 年，鸡西、鹤岗、双鸭山、七台河等东部六市着力推进煤电化基地建设，特别是在重大项目的落实上，保证在建项目建设的投资继续稳定增长的同时，狠抓未开工项目的前期准备工作，保证东部煤电化基地建设扎实有序推进。在列入黑龙江省重点规划的 100 个煤电化基地建设项目中，已竣工投产项目的有 12 个，在建项目有 40 个，已开展前期工作项目的 19 个，前期工作进展缓慢的 39 个。其中煤电化项目 28 个，总投资 418. 5 亿元。

2015 年，黑龙江省省政府工作报告中指出：向资源开发和深加工要增量。抓好中铝力拓探矿权与深加工一体化项目协议落实；加快推进中海油煤制 30 万吨合成氨、52 万吨尿素项目投产和中铁集团鹿鸣钼矿正常生产；抓好双鸭山 60 万吨煤制烯烃等煤化工项目前期工作，力争早日开工。

黑龙江省以高新技术为引领，以循环经济为主要发展模式，以大项目建设为载体，努力把黑龙江省东部地区建设成为以煤电化产业为主导，相关产业相互配套，煤电资源综合利用，非煤支柱产业快速发展的重要经济增长板块。按照规划，到 2020 年，黑龙江省东部煤电化基地地区生产总值将达 5700 亿元，年均增长 10% 以上，黑龙江省煤炭及煤炭综合利用产业发展前景广阔。

1. **重点项目建设与新能源项目建设并重**

东部六市在煤电化基地建设中，特别是在重大项目的落实上，积极采取有效措施狠抓重点项目建设和基础设施，同时积极发展太阳能、风电、水电、生物质发电等可再生能源项目。使一批重点项目陆续投产运营，一批需向国家争取的重大项目也正在加紧建设中，风电、水电、生物质等可再生能源也得以迅速开发利用。如表 6 - 3 所示。

表 6 - 3　黑龙江省重点项目与新能源项目建设情况统计　单位：亿元

类别	项目名称	级别	投资	投产运营情况
重点项目	龙煤集团鹤岗分公司瓦斯抽采及民用燃气改扩建发电项目	国家级项目	4.1	竣工投产
	鸡西市年产 20 万吨煤焦油深加工项目	省级环保项目	5	建设中
	国网能源宝清煤化工项目	重点化工项目	28	竣工测试
新能源项目	牡丹江荒沟抽水蓄能电站新建 120 万千瓦项目	国家级项目	58.2	工程开工
	双鸭山汉能薄膜太阳能开发基地项目总产能 300 兆瓦	省级重点	7.1	工程开工
	勃利县风力发电开发项目	省级重点	5.1	竣工投产
	清河泉生物质能热电联产项目	省级重点	3.1	开工建设

资料来源：根据 2014—2016 年调研及各市政府网站资料统计整理。

通过以统计分析发现，东部煤电化基地在保证重点项目建设扎实推进的同时，积极发展太阳能、风电、水电、生物质发电等可再生能源项目，充分体现了煤电化基地建设节能环保高效的特点，做到了重点项目与新能源项目建设并重。

2. **积极引进战略投资者**

煤电化基地建设中除了通过加强与龙煤集团等省内企业的合作外，还积极引进了山东鲁能集团、中国化学工程集团、中煤能源集团、中电投集团、中国航天集团、汉能控股集团等国内有影响力的战略投资者，如双鸭山市与汉能控股集团签订 385 亿元投资合作开发煤基能源转化项目，双方分别利用自己丰富的资源和先进技术、资金，进行强强联合，使煤电化基地建设的步伐得以加快，同时也解决了黑龙江省发展煤电化工项目所面临的技术、资金和人才难题。

3. **构建煤电一体化模式与完善电网体系建设**

大量煤电化工项目的建设，对基地电网的建设提出了更高要求。在充分考虑东部煤电化基地建设的前瞻性和合理性的前提下，积极完善电源电网体系建设，为东部煤电化基地建设提供充足电力保证。如表6－4所示。

在煤电化基地建设中按照煤电一体化的模式，加快了大型坑口电站和中心城市大型热电联产等电源与调峰电站项目建设。同时为适应电力体制改革要求，打破市场壁垒的限制，达到优化资源配置的目的，开辟了3条电力外送通道，并对500千伏骨干网架和500千伏佳—绥—哈输变电工程进行完善和改造建设，形成了500千伏“旧”字形环网结构，使“北电南送”工程得以全面实施。

表6－4　煤电一体化与电网体系建设情况统计

类别	年份	项目名称	能量
煤电一体化模式	2009	七台河发电厂二期扩建项目	2×60万千瓦
	2009	大唐鸡西B厂新建热电联产工程	2×30万千瓦
	2010	国电双鸭山煤电一体化新建项目	4×100万千瓦
	2010	龙煤双鸭山煤矸石电厂	2×30万千瓦
	2012	七台河30万千瓦煤矸石电厂项目	2×30万千瓦
	2012	华电集团密山发电厂	2×60万千瓦
电网体系建设	2009	宝清—桦南—哈尔滨—吉林1000千伏特特高压输电工程	1000千伏
	2009	500千伏骨干网架和500千伏佳—绥—哈输变电工程进行完善改造建设	500千伏
	2009	群林至兴福输电线路、方正至永源输电线路和林海至平安（吉林省）输电线路组成的3条外送通道	500千伏

4. **推进节能环保的新型煤化工产业建设**

东部煤电化基地在充分发挥煤炭资源丰富和产业基础较好的优势条件下，大力发展煤炭气化和洁净煤担压气化技术，延长煤气化—甲醇—烯烃、煤气化—甲醇—二甲醚、煤气化—合成氨—尿素等产业链。省级重点煤电化产业建设规划项目煤黑龙江煤炭化工公司的甲醇制烯烃、鹤岗新华煤化工有限公司104万吨尿素和北大荒农垦集团总公司52万吨尿素、鹤岗华鹤煤化股份公司120万吨甲醇和鲁能宝清煤化工等项目已经建成并顺利投产运营。同时整合焦油、焦炉气资源，发展焦化深加工，延长煤焦化—焦油及焦炉气、煤焦化及下游产品。积极推进油页岩生产粗柴油项目建设，加强油页岩开发利用。并紧密跟踪煤炭液化技术的发展，对煤炭液化项目前期工作进行充分准备。

5. 东部煤电化基地产值及财政收入贡献率情况

2010年，东部煤电化基地地区生产总值达到2200亿元，年均增长13%。2011年东部煤电化基地生产总值达到3130亿元，其中煤化工产值达1189亿元，将占黑龙江省GDP总量的1/4，对全省GDP的贡献率达到25%。截至2012年6月底，黑龙江省煤电化企业拥有资产1420.7亿元，同比增长10.1%。东部六市煤电化企业实现增加值512.6亿元，比2011年同期增长51.8%，占全省GDP的4.1%，占东部六市GDP的17.9%。东部地区煤电化企业主营业务收入908.7亿元，同比增长45.9%，实现利润22.1亿元，同比增长58.4%。

东部六市在建设煤电化基地的过程中，引进了大量的投资项目，推动了地区经济的增长。2012年，黑龙江省实现地区生产总值13691.6亿元，比2011年同期增长10.0%，其中，七台河市实现地区生产总值298.91亿元，同比增长8.1%；鹤岗市实现地区生产总值370亿元，同比增长13%；佳木斯市实现地区生产总值660亿元，同比增长13%；鸡西市实现地区生产总值610亿元，同比增长15%；双鸭山市实现地区生产总值586亿元，同比增长13%；牡丹江市（包括绥芬河）实现地区总产值1092.7亿元，增长14.1%，位列全省第一。

煤电化基地的建设，不但增加了当地的财政和税收收入，也带动了当地GDP的增长。到2020年，东部煤电化基地地区生产总值达到5700亿元，达到年均增长10%以上，占全省GDP比重达到40%。

（三）东部煤电化基地建设中财政投融资存在的问题

1. 财政投融资项目资金投入明显不足

东部六市财力基础相对薄弱，计划经济时期的“多取少予”，导致这些城市普遍存在着基础设施欠账多、城市化进程缓慢的问题。这些城市虽然拥有丰富的煤炭资源，但是财政实力的匮乏，导致财政投融资项目的资金投入不足，制约了财政投融资功效的发挥。

2. **财政投融资渠道较窄**

大部分煤电化企业的资金筹集过度依靠银行贷款或向投资公司融资来度过企业的资金短缺周期，企业股权融资、债权融资或短期融资债券等直接融资模式严重匮乏，TOT、BOT、PPP 等项目融资模式也并未在煤电化基地的建设中发挥其应有的作用。黑龙江省并未成立专门的财政投融资平台，没有形成以政府信用为担保，以投融资平台为基础，对债券等直接融资手段进行资金筹集模式，尚未达到煤电化基地建设筹集资金专款专用，没有充分发挥财政投融资平台对煤电化基地建设的支撑作用。

3. **企业贷款难**

由于煤电化企业投资少、出现企业原材料购进不足、还贷压力增大、市场投入受限等情况，导致企业生产和效益受限，致使企业流动资金紧张，融资难度加大。商业银行在注重风险管理的前提下，并不能满足大多数煤电化企业的巨额资金需求；担保机构对于煤电化企业贷款担保少，对企业信誉要求较高，收费率高，普通企业难以达到担保要求或者达到要求收费较高，企业难以承担；再加上融资租赁业务在东部六市处于起步阶段，并不能满足大多数企业的融资租赁需求。

（四）东部煤电化基地建设财政投融资资金缺口的制度性原因

1. **地方财力弱化**

目前黑龙江省财政投融资的资金主要来源于财政预算中“有偿性财政”项目和银行贷款对财政投融资进行资金注入，造成对财政的依赖性较大，使财政收支逆差加大，增加了财政的负担和风险，限制了财政投融资功能效用的充分发挥。东部煤电化基地建设资金受财政收支的限制，制约了其发展壮大。图 6－1 显示 2010—2014 年财政收支均呈现赤字状态。

2. **缺乏财政投融资平台创新模式**

由于我国的行政体制坚持财权与事权相匹配的原则，即一级政府一级财权，直接造成了财政投融资体系必须按照这一原则进行投融资活动，弱化了财政投融资的功能。据不完全统计，目前已有相当一部分省级地方政府通过组建财政投融资平台，采用政府信用方式筹集巨额资金，很多地方政府举债量已经远远超过当地的财政收入。在地方财政投融资平台的建设中，以上海

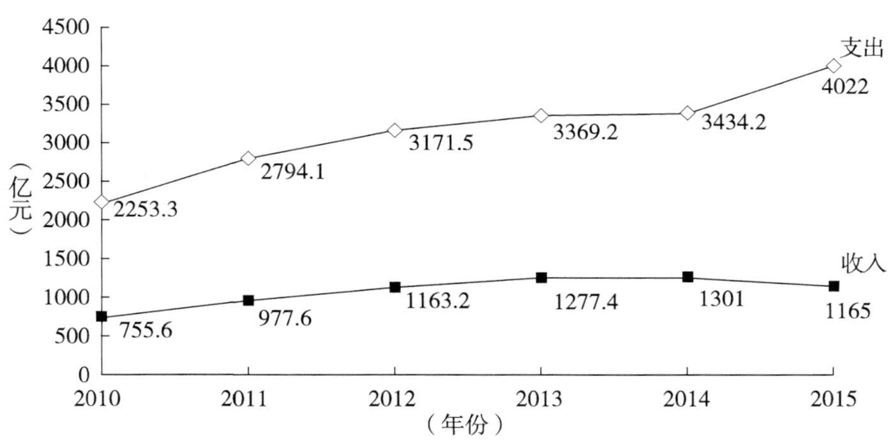

图 6－1　2010—2015 年黑龙江省财政收支状况

数据来源：2010—2014 年黑龙江省国民经济和社会发展统计公报及《关于黑龙江省 2015 年预算执行情况和 2016 年预算草案的报告》。

市投融资平台形成的"上海模式"、重庆市"八大投"构成的"重庆模式"最具代表性，上海市组建财政投融资平台十年来，仅市场批租筹措资金就达 1000 亿元，向国外政府、金融机构融资达 32 亿美元，十年累计发行企业证券 120 亿元。但是，黑龙江省并没有组建类似的财政投融资平台，采用政府信用方式来进行资金的筹集，造成煤电化基地建设中所需的巨额资金缺口单纯依靠政府财政而无力维持。

3. 煤电化行业融资行为的过度依赖性

煤电化行业属于资本密集型行业，资金短缺及融资难是制约煤电化企业发展的最大障碍，巨额资金的投入需要通过多种融资工具进行资金融入，来满足煤电化企业的生产运营。大部分煤电化企业的资金筹集过度依靠银行贷款或向投资公司融资来度过企业的资金短缺周期，这样就将企业的风险转嫁给了银行等金融机构，使得银行等金融机构的投资风险加大，致使银行等金融机构无法满足多数煤电化企业的资金需求。大多数企业资产负债率较高，达不到独立发行债券的要求。并且目前大多数煤电化企业自身财务状况及盈利能力并不能满足证券上市的条件，能通过上市来达到融资目的的企业，也只是极为少数的一部分。自 2008 年 3 月，黑龙江省颁发了《黑龙江省东部煤电化基地发展规划》规划以来，截至 2013 年年底，黑龙江省煤电化企业上市公司只有七台河宝泰隆煤化工股份有限公司 1 家。

4. 企业信用制度和担保机构机制的制约

由于黑龙江省企业信用制度缺乏及信誉等级偏低，再加上担保机构机制匮乏及实力较弱的制约，通常情况下担保期限较短，不符合煤电化基地建设投资周期长的特点，致使商业银行纷纷上收贷款权限。2010 年，黑龙江省财政部门采取创新担保方式等多种形式，以“八大经济区”“十大工程”为重点，通过担保支持“八大经济区”的项目 21 个，担保额度 9.05 亿元，其中煤电化产业担保项目不足 1 亿元，仅占担保额度的 11%。2011 年黑龙江企业联合会 100 强企业排行榜中，鸡西、七台河等东部六市企业仅占据 18 个名额，其中煤电化工企业只有 6 家企业入榜。具体情况如表 6-5 所示。

表 6-5　2011 年黑龙江省企业 100 强排行榜　单位：亿元

排　名	企业名称	地　区	营业收入
40	沈阳煤业鸡西盛隆矿业有限责任公司	鸡西	24.5
45	七台河宝泰隆煤化工股份有限公司	七台河	18.9
61	七台河龙洋焦电有限责任公司	七台河	16.7
74	亿达信煤焦化能源有限公司	七台河	14.7
75	七台河市隆鹏煤炭发展有限责任公司	七台河	14.6
88	佳木斯东兴煤化工有限公司	佳木斯	11.6

据悉，黑龙江省企业联合会自 2010 年起，按照国际上同行的做法，依据《财富》世界企业 500 强、中国企业 500 强的排序规则，以 2014 年企业营业收入为基准，连续第 6 次推出黑龙江省企业 100 强。2015 年排序采取了企业自愿申报和自然排序相结合的方式，通过企业自荐，行业协会、市地企业联合会推荐，共 121 户企业进行了申报，入围标准为 2014 年企业营业收入达到 10 亿元人民币。2015 年黑龙江企业联合会 100 强企业排行榜中，鸡西、七台河等东部六市企业仅占据 10 个名额，其中煤电化工企业只有七台河宝泰隆煤化工股份有限公司 1 家企业入榜，排在 59 位。

根据以上情况可以看出，2011 年东部地区煤电化企业在黑龙江省企业 100 强排名中仅占 6 个名额，且排名都位居中下游；2015 年仅剩 1 家。这说明东部地区大多数煤电化企业无论是资金规模，还是企业信誉，在市场竞争中缺乏竞争力。在商业银行注重企业经营实力的强弱和企业信誉状况的高低的情况下，加之担保机构实力较弱，贷款自然无法满足大多数煤电化企业的资金需求。所以，在商业银行注重风险管理的今天，煤电化基地建设中资金需求无法得到满足。

（五）东部煤电化基地建设的财政投融资政策及措施

1. 财政投资政策取向

（1）增加地方政府在东部煤电化基地建设投资的比重。依据凯恩斯的政府投资乘数理论，政府投资融的增加必然会对国民收入的增长起到很好的带动作用，其增加额将会比政府投资的最初增加额多数倍。凯恩斯投资乘数 = 1/（1 - 边际消费倾向），其中，边际消费倾向小于 1。如图 6 - 2 所示，ΔG 表示政府投资的增加，那么国民收入增加 $\Delta Y = \Delta G/$（1 - 边际消费倾向）。

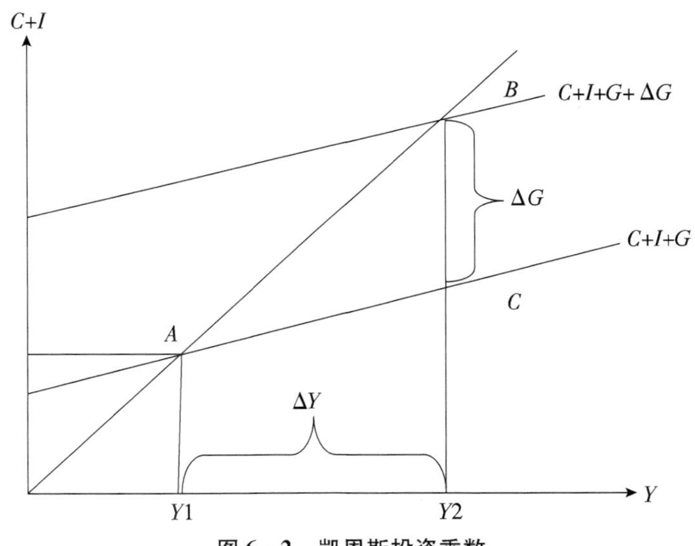

图 6 - 2　凯恩斯投资乘数

由图 6 - 2 可以看出，政府投资对国民收入的增加额远远大于政府的投资额，可见政府投资对国民收入的增加具有乘数效应。财政投融资作为政府投资的一种重要方式，是对传统财政和金融的必要补充及有机结合。通过积极争取中央政府的财政转移支付，增加预算内专项资金和地方政府的财税收入等手段，弥补财政投融资方式的不足，提高政府投资在东部煤电化基地建设中的比重，使东部煤电化基地建设为黑龙江省经济发展创造更多的产值，更好地为黑龙江省经济社会发展服务，政府投资对于煤电化基地的建设具有重要意义。

（2）加强地方政府财政贴息的力度。由于煤电化产业发展具有资金使用量大、投资见效周期长的特点，在商业银行注重风险管理的今天，银行的信贷周期支持不宜使用利率定价覆盖风险的经营手段。政府财政贴息具有重要的杠杆作用，能够以较少量的政府财力调动大量的社会资金，达到“四两拨千斤”的效果。通过地方财政弥补商业银行因在煤电化基地建设中对大中型项目提供低息贷款而产生的利差亏损，减轻煤电化企业贷款利息负担。据专家计量测算，1 元财政贴息带动银行贷款 20 元左右，加上企业、地方自筹资金的配套，总投资额可达 44 元。因此建议黑龙江省在煤电化产业建设中，积极采用财政贴息予以扶持。

（3）设立煤电化基地建设产业基金。产业基金既不同于以行政手段配置资金的方式，也有别于通过银行信贷或是证券市场筹集资金的方式。鉴于黑龙江省财政收支逆差的现状，黑龙江省政府应制定政策，从煤炭销售收入中提取煤电化基地建设产业基金，对于经济效益和社会效益好的省级重点大中型煤电化项目，提供必要的资金支持，以缓解煤电化企业资金短缺的矛盾。黑龙江省历史上就有此做法，于 1999 年予以取消。目前煤炭市场价格较高，销售形势好，利润空间大，建议黑龙江省政府抓住时机，在吨煤销售收入中提取 5% ~10% 的煤电化基地建设产业基金，实行省和地方二八分成（省留 20%，地方留 80%），使这部分资金取之于企，用之于企，专项用于煤炭生产企业发展煤炭转化项目，以实施煤炭转化项目的企业可以先征后返，同时还可以拿出一部分用于新资源的勘探和淘汰高污染落后产能的补偿费用。

（4）积极争取地方债的发行。地方债在发达国家地方政府公共项目建设融资中发挥了重大作用。地方债具有可以与项目建设周期相一致的特点，对于建设资周期长，收益回效慢的煤电化行业来说，发行地方债可以起到减轻地方政府短期的财政负担。同时也能起到创新财政投融资方式，增加财政投融资资金的作用。随着我国投融资体制的改革不断深化，2011 年经国务院批准上海市、浙江省、广东省、深圳市开展地方政府自行发债试点；2012 年财政部代理地方政府共发行债券 1771 亿元，浙江等四地自行发债 229 亿元；2013 年新疆、安徽、福建、甘肃四地发行计划包括 3 年期债券和 5 年期债券两类的政府债券。其中，安徽省规模最大，两期发行额均为 76 亿元；福建省规模最小，包括 3 年期债券 41 亿元和 5 年期债券 42 亿元；新疆维吾尔族自治区、甘肃省的规模分别为 47 亿元、46 亿元；2015 年地方债发行 3.8 万亿元，比2014年增长8.5倍。截至2015年1月22日，已公布往年地方债限额的省份有25个，绝大部分省份债务率处于安全水平。2015年黑龙江省政府专项债券也顺利发行，总额合计35.7亿元。因此，黑龙江省应积极向中央政府争取地方政府自行发债试点，建立专门支持东部煤电化基地建设的“煤电化基地建设债券”，筹集基地建设资金。

2. 融资政策取向

（1）实施银行信贷扶持政策。鼓励商业银行向东部煤电化基地建设的大中型项目发放贷款，对于向确定的东部煤电化基地建设大中型项目发放贷款产生的利息收入，免征商业银行应缴的营业税和所得税。充分发挥政府的政策优势和协调职能，加强与国家开发银行等政策性银行、国有及国有控股银行合作，鼓励各国有商业银行省级机构在对东部煤电化项目的贷款审批上，结合东北老工业基地振兴，减少审批环节，提高效率，形成信贷审批的“绿色通道”。降低建设项目资本金比例的下限，允许东部商业银行跨地区提供贷款，使商业银行信贷资金更充分地参与项目投资。同时在继续巩固传统信贷融资渠道的基础上，加快拓展新的信贷融资模式，稳定信贷融资比重。积极发展银团贷款，进一步提高银团贷款占信贷融资的比重，提高对煤电化企业信用授信规模。

（2）积极运用BOT、TOT、PPP等项目融资模式与直接融资方式。在地方财力紧张，银行贷款难以满足需求的情况下，积极开展TOT、BOT、PPP等项目融资模式与支持重点企业上市融资、债券融资、票据融资、股权融资或短期融资债券等直接融资模式，吸纳更多社会资本进入煤电化行业。有优势的煤电企业可以利用证券市场搭建中长期融资平台，以便获得充足的资金，实现企业的跨越式发展。对具有较大融资需求、资金回收期长的煤电化基地建设项目，企业通过发行债券和股票，拓宽企业直接融资渠道、加大直接融资比例，改变直接融资与间接融资比例失调状况，使煤电化企业改善财务结构，实现可持续发展的努力方向。2011年年初，七台河宝泰隆煤化工股份有限公司IPO发行的“宝泰隆（601011）”填补了东部煤电化基地资本市场融资的空白，为东部地区其他煤电化企业提供了参照。

（3）推进ABS资产证券化融资。积极推进ABS资产证券化，不仅可以拓宽资金来源，分散集中于银行体系的信贷风险，还能够进一步降低投融资平台风险，提高资金使用效率。将大型煤电化企业能够产生按期支付的、可预见的、稳定的资产组合打包，通过设立特殊目的公司（SPV），由平台公司将资产出售给 SPV，并进行信用评级（增级），通过证券市场进行融资。同时加快推进经营领域相同、经营模式相似的国有上市资源整合，腾出上市公司空壳资源，鼓励有实力的煤电化企业通过定向增发、反向收购、吸收合并等方式借壳上市，增强直接融资能力，拓展财政投融资新渠道。

（4）建立黑龙江省能源资源融资平台。在国际金融危机的大背景下，地方投融资平台成为弥补巨大资金配套缺口的主渠道，促使各地投融资平台迅速发展壮大。2005 年，黑龙江省政府以国土资源厅为出资人设立了支持企业到境外投资的融资平台，此后并未组建专门的投融资平台进行资金的筹集。在煤电化项目建设中，应按照“独立核算、自主经营、自负盈亏、自担风险”原则构建黑龙江省能源资源投融资平台。以能源资源投融资平台为承载主体，加强同国家政策性银行、商业银行和非银行金融机构的合作，形成以银行贷款为基础，其他金融机构资金为补充的信贷融资格局。通过银行贷款的引导作用，吸引社会各种资金进入煤电化行业。同时利用银团贷款、结构性融资、收费权质押、固定资产支持融资、资产支持融资、融资租赁、并购贷款、应收账款质押等各类信贷产品，拓宽与各类金融机构合作的深度和广度。适时实行资本市场融资，代表政府发行地方重点项目建设债券、中期票据、短期融资券、资产证券化、集合信托计划债务性融资工具，拓宽财政投融资直接渠道，充分发挥投融资平台的巨大作用。

（5）积极吸引民间资本进入。我国民间资本经过二十多年的发展，已积累到一定规模，达到 10 万亿元，而且近年来国家也逐渐放开对民间资本行业准入限制。因此，黑龙江省应积极鼓励民间资本积极参与，拓宽中小企业的直接和间接融资渠道，通过地方融资平台和民间资本的双重结合发挥杠杆作用，使成本控制更具优势。这样不但使民间资本能够获得一定的回报，而且也能够扩大地方项目建设的资金来源，解决地方政府财政收支平衡问题，降低投融资平台的债务风险，实现投融资渠道的多元化，把社会及民间投资培育成促进煤电化基地建设的重要力量。

3. 建立和健全财政投融资风险防范机制

财政投融资与一般的商业投资一样存在着投融资的风险，这些风险既有宏观政策性风险，也有微观项目管理和操作风险。因此，必须要建立和健全财政投融资风险防范机制。

（1）建立财政投融资风险监管预警体系。要建立财政投融资风险监测预警体系，就必须要设立多种风险监测指标，对投融资风险实时跟踪测度。建立筹资、投资等财务活动的科学决策程序，建立企业财务风险动态监督机制，建立债务风险预警机制，设置风险预警线，将政府性负债建设项目、投资规模和偿还本息等计划纳入预算控制，确保负债水平处于合理水平。将全部的债务资金投资收益，以及土地出让收益、经营性项目收益、国有资产收益、政府性基金等收入按比例纳入专门的偿债基金，并在每年年初预算时从地方的经常性收入中按一定比例安排地方债务还本付息缺口。建议准备金数额可为年初地方性债务余额的5%～8%，有条件的地方可适当提高提取比例。同时加强对重大项目金融风险的监管，建立一套包括资本充足率、流动性、清偿债务力、资产质量、外汇风险、衍生交易、内部控制、意外业务风险和综合风险在内的监管指标体系，实施全面风险管理，提高项目的经济运行质量，以适应东部煤电化基地建设的现金流特点，提高资金供应的稳定性和资金调度的灵活性。

（2）健全财政投融资绩效评价体系。明确设立财政投融资项目的绩效目标评价体系，建立绩效评价制度，通过发改部门审定项目预算，财政投资评审中心审定项目决算和投资效益，统计部门征集有关单位及社会公众对政府投融资绩效的舆论评价等方法，建立对政府投融资定性和定量综合绩效考核评价体系，保证政府投融资活动达到预期目的。财政部门内各职能部门要做好事前预警和事中监控，配合有关部门监控煤电化项目的建设进度和质量，审核用财政投融资方式投资煤电化项目所产生社会效益和经济效益。

（3）加强对财政投融资资金的监督。建立面向结果的追踪问效机制，并将其作为考核地方领导政绩的重要依据。建立健全债务统计体系，由财政部门定期对借债部门和单位的债权债务情况进行统计、分析和初步评估，建立政府债务数据库，全面了解负债结构、使用方向、偿还能力等情况。按照适度负债原则，实施年度融资计划管理。年初由地方政府确定总体融资规模和融资目标，编制具体融资计划，明确融资方案、还贷计划和资金来源，及时披露和公布财政投融资的资金、项目等有关信息，提高信息透明度，实现对资金的全口径管理和动态监控。最后要财政监督管理职能部门要运用专家库和社会中介机构的力量，对财政投融资资金进行检查监督，提高财政投融资资金使用的公开和透明度。

四、黑龙江省资源型城市经济转型中低碳经济发展模式研究

在经济改革进程中，黑龙江省作为资源大省同时会遇到资源开采成本高、

产业结构单一、资源环境遭到破坏等制约着资源型城市经济可持续发展系列问题。面对这些难题，特别是在资源型城市经济转型中，应该寻找新的发展模式。低碳经济及相应新兴产业的兴起，为黑龙江省资源型城市优化产业结构与产业升级提供了新的发展思路。选择什么样的低碳经济发展模式更是资源型城市经济转型的成功和可持续发展的关键所在。本研究主要从资源型城市经济转型与发展低碳经济关系入手，在借鉴英德等国发展低碳经济成功经验的基础上，积极探索黑龙江省发展低碳经济的模式及对策。

（一）黑龙江省资源型城市低碳经济发展现状与问题

2007年黑龙江省出台实施的《黑龙江省循环经济发展规划纲要》，确立了循环经济的发展思路、模式和目标，为发展低碳经济打下了良好的基础。近几年黑龙江省资源型城市在发展循环经济、节能减排、淘汰落后产能、发展可再生资源方面进行了一系列的努力，并取得了一定成果，这些工作与低碳经济发展的要求相符合，但在发展中也存在不少问题。

1. 黑龙江省资源型城市低碳经济发展现状

黑龙江省资源型城市以“油、木、煤”资源著称，这些传统优势产业的生产发展若采用低碳经济发展模式，则有利于第二、第三产业的发展，尤其是第三产业与新能源产业的发展，从而实现资源型城市产业结构转换与低碳经济对接，达到产业优化升级的目的。

（1）资源型城市产业结构转换与低碳经济对接。以石油资源开发为主的大庆市以新能源项目和最大供热系统项目助推低碳经济为发展模式。作为典型资源型城市大庆加快挺进以光伏产业为主的新能源领域。目前，由高新区管委会、北京恒基伟业投资发展有限公司、高新区毅达庆联科学有限公司共同签订了“未来三年，投资126亿元建设大庆低碳光伏产业园项目”的合作协议。光伏是太阳能转化成能源的最佳方式，是新能源领域内的一项战略性新兴产业，利用光伏效应使太阳光射到硅材料上产生电流直接发电，以硅材料的应用开发形成的产业链条称之为“光伏产业”。该项目建成后，预计年可实现产值300亿元、利税50亿元。此外大庆市的华能热电联供项目已获得国家发改委核准，现已进入全面施工建设阶段。这是大庆市最大的供热系统，该机组完成后，将实现1210万平方米供热以及每小时120吨供汽，热负荷可达790兆瓦，一年可节省原煤15万吨，减少粉煤尘、二氧化碳排放40万吨。此项目供热时产生的粉煤灰、蒸汽等附属品，企业可回收利用，将作为建材、新能源的原料。

以煤炭资源开发为主的双鸭山市建设煤电气化、冶金、农产品等低碳产业经济园区和循环工业园的低碳经济模式。在冶金园区，建龙集团投资20多亿元建起矿业、焦化、钢铁3个项目，矿业生产的铁精粉可直接作为钢铁生产原料，化工生产的焦炭又可迅速传送进行炼铁，同时，生产中产生的煤气经综合利用后，剩余部分用来发电，形成产业循环链条。以山东鲁能集团为投资主体的“褐煤电化循环工业园”，几条产业链间存在共生关系，园区对外界的废物排放趋于零，形成一个完整的“绿色循环”。

以木材资源开发为主的大兴安岭地区以开发生态旅游业作为该地区低碳经济发展模式。作为我国首个获正式批复的国家级低碳经济示范区，依靠自身生态优势，全面实施生态立市战略，构建了绿色食品、生态旅游、特色养殖、林产工业等林区特色的生态产业体系，目前，大兴安岭低碳经济在新一轮发展竞争中的新优势和品牌效应已开始显现。2010年前三季度，全区旅游业由先期高投入转入高产出阶段，接待旅游人数增长45.6%，旅游收入增长88.1%；2011年，大兴安岭地区旅游工作始终坚持加快推进旅游大项目建设、加大旅游市场促销力度、提升旅游服务质量，经济指标再创历史新高，前三季度，大兴安岭地区共接待旅游者235.9万人次，实现旅游收入21.5亿元，同比分别增长30.3%和27.5%，完成年计划的80.5%和78.4%；2012年，全区旅游接待人数352.8万人次，实现旅游收入33亿元，同比分别增长18%和20%；2014年1—11月，全区旅游接待人数369.87万人次，实现旅游收入34.95亿元，同比分别增长5.04%和5.9%；2015年上半年，全区生态旅游增势良好。重点推进的漠河神州北极旅游度假区、直升机空中游览项目及塔河鄂族新村3个项目对国内外游客具有吸引力，全区共接待游客188.3万人次，增长5.0%，实现旅游收入17.8亿元，增长5.1%。

近年来，大兴安岭借助“大森林、大界江、大冰雪、大湿地”的金字招牌，全区旅游接待人数、旅游收入均保持了35%以上的增速。大兴安岭地委、行署斥资1000多万元聘请全国顶级规划机构，精心编制了《旅游产业总体规划》《南瓮河国家级自然保护区湿地公园概念性规划》等一批冰雪旅游产品规划，形成了以规划启动项目、带动资金建设的发展格局；初步构筑了大兴安岭旅游目的地的主体框架。精品景区伴生黄金线路，大兴安岭地区重点推出了穿越兴安岭找北游，畅游黑龙江界江游，黄金古驿路自驾游，体验大冰雪极地游，走进鄂伦春民俗游五条特色鲜明的生态旅游线路；大兴安岭把旅游业作为朝阳产业来发展，积极参加了“4 +1”城际旅游联盟上海推介会，由大庆、齐齐哈尔、黑河、大兴安岭和呼伦贝尔5个地市联手缔结的“4 +1”旅游城际联盟相互宣传推介，使“神州北极”“雪域林海”旅游品牌在长三角旅游市场声名鹊起。同时，积极组织参加了全省特色旅游商品展，展出的5大系列特色旅游商品。特别是“穿越大冰雪”系列旅游宣传片拍摄任务顺利完成，在黑龙江电视台和优酷网滚动播出，进一步提升了冰雪旅游的吸引力和影响力。此外，大兴安岭还通过全国自由式滑雪冠军赛、漠河国际冰雪汽车越野赛、北极光节和蓝莓节等节庆赛事活动，进一步提升了大兴安岭生态旅游的知名度和美誉度。

（2）CDM（Clean Development Mechanism，清洁发展机制）项目带动节能降耗。截至2015年5月25日，黑龙江省已获新能源和可再生能源CDM开发项目67项，节能和高效能CDM项目7项，燃料替代CDM项目1项，甲烷回收CDM项目2项，分解H_2OCDM项目1项，其他CDM项目1项，预计每年减排二氧化碳约1181.7万吨。这些CDM项目带动了节能降耗，低碳经济发展初见成效。从图6 -3可见黑龙江省7个资源型城市单位GDP能耗从2005—2009年间成逐年下降的趋势，并且七台河下降最快。图6 -4显示黑龙江省七个资源型城市2006—2009年单位地区生产总值能耗下降率也成下降趋势。

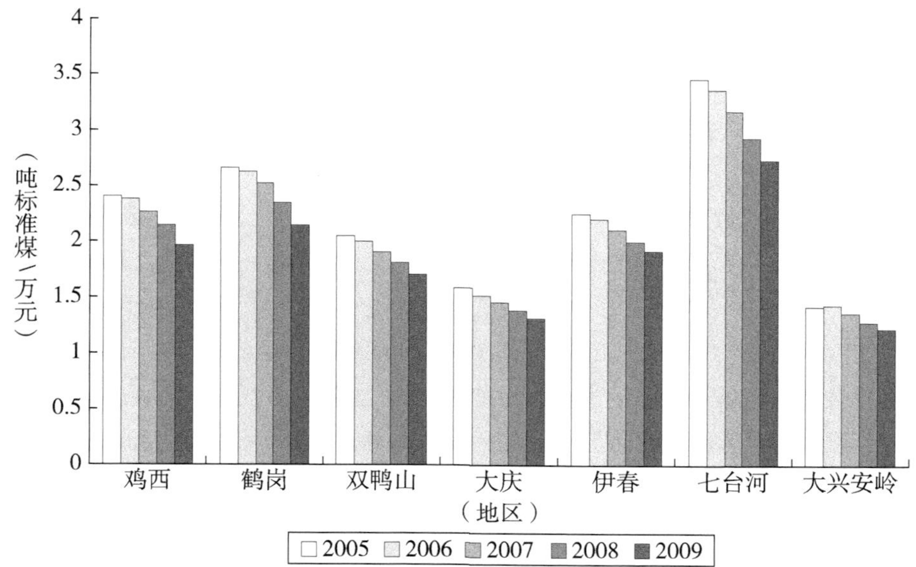

图6 -3　2005—2009年黑龙江省各资源型城市单位GDP能耗变化趋势图

资料来源：《黑龙江省（2010年）统计年鉴》。

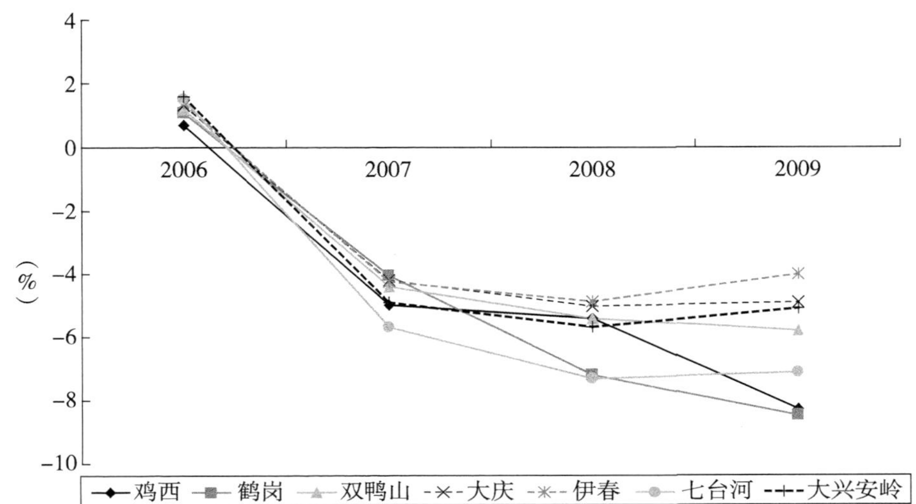

图 6-4　2005—2009 年黑龙江省各资源型城市 GDP 能耗下降率趋势图

资料来源：《黑龙江省（2010 年）统计年鉴》。

黑龙江省 2006—2009 年单位地区生产总值能耗分别下降 3.04%、4.09%、4.75%和 5.61%，至 2009 年，黑龙江省单位 GDP 能耗累计降幅达 16.39%，完成“十一五”能耗下降总体目标的 80.25%。2011 年上半年全省单位 GDP 能耗下降 3.4%，降幅位于全国前列，化学需氧量和二氧化硫排放量下降 2.99%和 3.15%，超额完成年度减排目标 0.99 和 2.65 个百分点。

2. 黑龙江省资源型城市低碳经济发展模式亟待解决的问题

（1）发展低碳经济资金缺口大。国家发展改革委能源所发布的《2050 中国能源和碳排放报告》显示，预计到 2020 年，节能与新能源行业和其他环保行业至少有 2 万亿元资金缺口需要填补。根据美国能源基金会和国家发展改革委联合预测，2005—2020 年，中国需要能源投资 18 万亿元，其中节能、新能源和环保需求约 7 万亿元，平均每年节能环保市场规模为 3000 亿～4000 亿元。而目前我国每年在这个市场投资不到 1000 亿元。报告预测，按目前的投资增长速度，每年资金缺口大约在 2000 亿元。

从表 6-6 可以看出，6 年中黑龙江省 GDP 占全国 GDP 的比重在 2.5%左右。这说明在过去的 6 年中，黑龙江地区经济对全国经济增长的贡献率为 2.7%左右。这要求黑龙江省在发展模式未发生根本改变的情况下，其在全国发展低碳经济的过程中也应做出 2.7%左右的贡献率。也就是说，到 2020 年，黑龙江省要发展低碳经济，每年在节能与新能源行业和其他环保行业的资金缺口大约在54亿元。由于黑龙江省资源型城市经济发展以煤、石油为主，能源结构调整难度大，面临更多的资金压力。

表6－6　　2010—2015年黑龙江省GDP占全国GDP的比重

年　份	黑龙江省GDP（亿元）	全国GDP（亿元）	黑龙江省GDP占全国GDP的比重（%）
2010	10369	408903	2.54
2011	12582	484124	2.6
2012	13692	534123	2.56
2013	14455	588019	2.46
2014	15039	635910	2.36
2015	15084	676708	2.23

资料来源：2011—2015年黑龙江省统计年鉴。

（2）低碳产业技术水平落后。发展低碳经济要以先进科技支撑，黑龙江省资源型城市由于传统经济模式的惯性，在技术结构水平、设备和技术更新、劳动力技术水平与产业发展相去甚远。研究表明，黑龙江省技术装备中进入国际先进水平的仅占设备总数的3.2%，全国平均为13%；属于国内先进水平的占15.4%，全国平均水平为22%；有81%的技术装备属国内一般状态或落后水平。由此可见，整体技术水平落后，技术研发能力不强，导致能源生产和利用水平相对落后，这是黑龙江省资源型城市发展低碳经济面临的严重制约因素。

（3）资源型城市居民低碳意识尚未构成“倒逼机制”。目前，黑龙江省资源型城市盛行“大排量汽车”“大住房”等消费方式，耗费能源大，人们已经习惯了高能量、高消耗、高开支的高碳生活方式。有不少群众现在把用一次性杯子、一次性筷子作为一种时尚在追求，认为这种生活方式更卫生等，生活中的“高碳”行为数不胜数。这种高碳生活方式给城市生活环境造成了极大破坏。然而环境的污染却没有促成居民产生强烈的环保意识和维权动力，从而使政府行为及措施缓慢而失效，自然影响着低碳经济的发展速度。

（二）英德两国低碳经济发展的模式借鉴

1. 英国“政府投资＋企业运作”的实践模式

2003年英国成为世界上第一个将“低碳经济”概念写入政府文件的国

家，成为21世纪全球低碳经济的倡导者和先行者。英国政府用财政政策扶持企业开发低碳技术，在低碳市场技术开发、基础设施和供应链建设方面加大投资，且在帮助高风险企业获取资金方面的作用非常明显。英国政府希望以这种模式降低企业应用能源替代的成本，并可以通过向全世界提供低碳技术转让和服务来获得经济效益。除了政府直接投资外，英国知识产权局还推出了在专利体系中向低碳技术发明提供优先权的举措，并与其各大贸易伙伴协商签署环保专利快速通道体系。这一举措不但着眼于帮助英国低碳技术领域的创新企业更为快速地获得高质专利权，而且为企业产品提供更快速地进入市场的机会。其具体做法如下。

（1）英国政府成立碳信托基金（以下简称碳信托），该基金是2001年成立的，其目的是帮助企业和组织通过提高能源利用率和发展商业低碳技术减少二氧化碳的排放，主要宗旨是通过投资开发低碳技术为企业碳减排提供咨询帮助与资金支持，鼓励企业使用燃料电池、风能、太阳能、生物能和生物燃料等新能源。与一般的政府投资组织不同，碳信托也会进行一些风险投资即为企业早期低碳技术改造进行投资。碳信托的主要资金来源是气候变化税，对电力、汽油、煤炭的税收以及收益循环投入。2009年，英国的财政预算确定碳信托基金增加1亿英镑的政府注资，以帮助更多中小企业提高能源效率，减少能源消耗、降低碳排放，从该低息信贷计划中获益。碳信托自成立以来，累计投入3.8亿英镑并帮助众多英国公司累计减排1700万吨，节省能源支出超过10亿英镑。

（2）政府制定具体规划与战略。2009年7月，英国能源与气候变化部公布了新的能源与气候变化白皮书《英国低碳过渡计划》，明确了英国到2020年将要实现的低碳经济发展目标，同时，政府还公布了《英国低碳过渡计划》《低碳工业战略》《英国可再生能源战略》及《运输业碳减排战略》等。

（3）政府对企业低碳能源技术改造进行投资。2000—2009年，英国政府投资超过了300亿英镑用于支持英国的低碳技术改造，从根本上解决了低碳技术改造中的资金缺口问题。仅2009年的财政预算案中，用4.05亿英镑的资金计划支持英国发展世界领先的低碳工业和绿色制造产业。主要是支持开发和部署低碳技术，如风能、海洋能，并帮助吸引和保护英国低碳产业供应链上的投资。到2009年，全国有超过90万人在低碳产业工作，有5.5万家公司积极参与该产业的生产经营，为人们提供了更多的机会。

2. 德国生态工业政策＋生态工业建设的实践模式

由于德国在环境保护方面起步较早，在对工业改造方面拥有先进的技术，尤其新能源汽车是德国低碳建设的一大特点。

（1）构建生态工业体系政策。德国在长期的生态建设基础上确定了其发展低碳经济的重点方向即发展生态工业。其生态工业政策主要包括六个方面的内容：严格执行环保政策；制定各行业能源有效利用战略；扩大可再生能源使用范围；可持续利用生物能；推出刺激汽车业改革创新措施及实行环保教育、资格认证等方面的政策及措施。

（2）加强对生态工业建设。在德国各生态工业建设过程中，尤其是对新能源汽车发展最具特色。德国政府在 2009 年 8 月颁布了“国家电动汽车发展计划”，其目标是到 2020 年使德国电动汽车年生产量从现在的 2000 辆上升到 100 万辆，为了配合这一目标，政府将于 2012 年以前对电动汽车产业改造投资 5 亿欧元。在政府的大力支持下，德国的各大汽车生产巨头如大众、宝马、奔驰等生产者的新能源技术初具规模，计划成为全球低碳汽车的带头者。在德国很多家庭会购买电动车作为第二辆轿车，在日常生活工作等非正式场合中人们会选择节能环保的电动车。除了对新能源汽车的改造外，德国的生态工业建设还体现在其他方面：①发展德国工业的节能潜力，鼓励企业实行现代化管理。德国政府计划在 2013 年前与工业界签订协议，将企业所享受的税收优惠与企业的现代化能源管理程度相挂钩，并成立专项基金，对德国中小企业的节能改造措施提供资金支持。②鼓励发展可再生能源。德国政府通过《可再生能源法》对应用可再生能源发电的企业进行补贴，以平衡由于采用可再生能源而导致的过高的成本，这一举措使得德国的可再生能源发电得到了快速的发展，目前其比例占总发电量的 15%。③制定《可再生能源供暖法》，计划 2020 年将可再生能源供暖的比例提高 14%。④发展低碳发电站技术减少二氧化碳的排放。德国政府运用二氧化碳分离、运输和埋藏技术、碳排放权交易等手段实现二氧化碳的减排目标。

3. 黑龙江省资源型城市经济转型中低碳经济发展模式及措施

低碳经济发展模式是以低能耗、低污染、低排放和高效能、高效率、高效益为基础，以低碳发展为发展方向，以节能减排为发展方式，以碳中和技术为发展方法的绿色经济发展模式。黑龙江省资源型城市经济转型的低碳经济发展模式应包括以下四种。

（1）资本推动型：黑龙江资源型城市低碳经济发展资金缺口大，无论是技术的研发与应用，还是产业结构升级，都需要规模资金投入。从发达国家低碳经济发展的实践中得到的启示是采用资本推动型模式，结合黑龙江省资源型城市发展的实践，可由黑龙江省政府通过政策扶持、资金援助以及资本市场三种手段对低碳经济进行扶持，用于低碳技术的创新与研发、低碳产业的培育，从而解决低碳经济资金缺口的瓶颈问题。应采取如下措施。

第一，建立碳税为核心的低碳政策体系。可行的政策工具包括政府制定碳排放预算、实施碳排放计划、建立碳信用、征收碳税、制定标准和进行激励与管制、为低碳技术进行补贴等。有约束力的碳预算为政府、私人企业以及其他利益相关者提供了政策上规制安排。基于市场运作的碳税和排放权交易通过碳排放价格使不同的参与者可以自己选择成本最低的方式对政策做出回应，为更好的减排技术的采用提供持续的和自发的激励。

第二，政府绿色投资。黑龙江省政府和各级地方政府将低碳经济的发展资金列入财政预算的支出范畴，把低碳经济发展资金作为财政的经常性支出，通过立法形式确定低碳经济发展投资占财政支出的比例，调动企业投资低碳经济的积极性的政策。

第三，充分利用资本市场。碳交易本质上是一种金融活动，但与一般的金融活动相比，它更紧密地连接了金融资本与基于绿色技术的实体经济：一方面金融资本直接或间接投资于创造碳资产的项目与企业；另一方面来自不同项目和企业产生的减排量进入碳金融市场进行交易，被开发成标准的金融工具。因此，黑龙江省资源型城市必须参与碳市场进行碳交易。2008 年中国先后成立了北京环境交易所、上海环境能源交易所、天津排放权交易所，随后河北、广州等地也成立了类似的交易平台。应积极参与到这些交易平台，为搭建黑龙江省新能源交易所奠定基础，从而为黑龙江省资源型城市发展低碳经济提供资本平台。

（2）新能源技术与节能技术带动型：从发达国家低碳经济发展的实践来看，黑龙江省资源型城市可以采用新能源技术与节能技术带动资源型城市转型模式。结合黑龙江省资源型城市自然资源情况研发和应用低碳技术，使用新清洁能源或应用含有减碳技术的产品达到生产和生活中减少碳排放量的方法。应重点研发和创新以下两方面的低碳技术。

第一，开发以风能、太阳能、生物质能等可再生能源与新能源为代表的零碳技术。可再生能源与新能源是调整能源结构，减少碳排放的一个重点措施。黑龙江省资源型城市位于我国北部，优越的地理条件使这些城市的风能、太阳能、生物质能等新能源有很大的开发潜力，因此需高度重视这些新能源技术的研发。

第二，引进并创新以节能技术为代表的减碳技术。节能技术指通过能源开发利用效率的提高，达到遏制能源资源浪费，最终减少对环境的破坏。因此要不断加大在工业节能方面的投入，供暖和空调节能、余热发电、供电系统节能等、高效节能锅炉、节能电动车和节能灯等节能设备及产品的研发与推广。

（3）意识与消费引导型：目前黑龙江省资源型城市居民低碳意识尚未构成“倒逼机制”。从发达国家得到的启示应该采用意识与消费引导型模式。黑龙江省资源型城市在不降低居民生活质量的前提下，通过一系列宣传措施和示范作用，引导居民形成对低碳经济发展的倒逼意识，同时在消费领域节能和减少二氧化碳的排放。具体措施如下。

第一，在意识和理念上，政府要采取投放公益广告、在各级学校设立“环保课堂”等多种方式和渠道营造低碳生活环境，强化低碳意识，引导居民具有低碳生活、低碳消费的意识和理念。各种新闻媒体应做好宣传工作，发挥社会组织的低碳消费的引领和示范作用，进一步营造全社会节能减排的浓厚氛围和全民节约能源、保护环境的强烈意识。

第二，生活方式上，积极引导资源型城市居民改变固有的观念和思维方式，使生活习惯和低碳经济发展相适应。引导每个家庭尽量使用节能电器和节能灯，尽量不用塑料袋，在日常生活工作等非正式场合中选择节能环保的电动车，作为代步工具。提倡居住低碳建筑和公共住宅，提高大型建筑能效；积极推进建筑节能保温技术和保温材料，如双层玻璃改造，生物质纤维板做内墙，顶层保温等。在资源型城市中推广火电厂凝汽式机组改供热工程，提高热电联产机组在大、中城市供热比例。

（4）政策扶持与法律约束型：由于低碳经济发展模式刚刚兴起，我国在这方面的法律体系几乎还是空白，黑龙江省因此也没有完备的法律法规体系，我们必须加快建立配套的政策扶持与法规体系，从法律上保证低碳经济得以推行。即政府通过制定政策、立法和颁布对行业、部门的最低能效标准和排放标准等推动低碳经济发展。具体措施如下。

第一，加强各项政策的扶持。包括制定长远发展战略，出台鼓励科技创新、节能减排、可再生资源使用的政策，税收减免、财政补贴、政府采购、绿色信贷等措施，以此促进资源型城市向低碳经济转型。

第二，要加快能源立法步伐，确立能源中长期规划的法律地位。颁布针对各种废弃物回收利用的相关法律，加快黑龙江省资源回收体系的建立。设置促进太阳能、风能、水能、生物能、地热能发展的专项法律法规，实施强制性的最低能耗标准认证等，为能源的有效利用提供法律支持。

第三，制定和修订鼓励低碳能源开发和利用的法律政策及其建筑节能管理条例、节约用电等规章制度。要采取有效措施促进这些法律的贯彻落实，为发展低碳经济提供可靠的法律保障。

发展低碳经济是黑龙江省资源型城市实现经济转型与可持续发展的必然选择，也是我国建设资源节约型、环境友好型社会和节能减排工作的客观要求。以上几种低碳经济发展模式应综合利用，全面推动低碳经济的发展，加快黑龙江省资型城市经济转型，实现可持续发展。

参 考 文 献

[1] 李东阳. 资源枯竭型城市经济转型研究——以辽源市为实例的分析[D]. 吉林大学，2009（3）.

[2] 安树伟，张杏梅. 资源枯竭型城市产业转型的科技支撑［J]. 资源·产业，2005（7）.

[3] 姚毓春，宋冬林. 资源枯竭地区转型的社会承载力研究［J]. 当代经济研究，2011（5）.

[4] 李雨潼. 我国资源型城市经济转型问题研究［M]. 长春：长春出版社，2009（77）.

[5] 刘以，吴盼盼. 国外林业生态补偿研究综述［J]. 劳动保障世界（理论版），2011（8）.

[6] 王雅丽，唐德善，刘洋. 基于和谐发展观的资源开发生态补偿机制研究［J]. 科技管理研究，2009（9）.

[7] 刘学，王思彤. 黑龙江省森林生态补偿市场化机制初探［J]. 宁夏农林科技，2011（4）.

[8] 于小飞，吴文玉，张东升，等. 林下经济产业现状及发展重点分析［J]. 林业产业，2010（6）.

[9] 李彦玲. 浅谈林业经济重点向林下经济的转移［J]. 民营科技，2011（1）.

［10］刘晓光，朱晓东．黑龙江省限制开发区域林业生态建设补偿机制探析［J］．生态经济，2013（3）．

［11］刘丽辉．我国资源税改革动态追踪过程中发现的问题与建议［J］．林业建设，2011（5）．

［12］崔丽娜．林业经济发展中的生态补偿问题研究［J］．洛阳理工学院学报（社会科学版），2010（10）．

［13］桑学勇．黑龙江省公司“电网能源高速路”助煤电化基地建设［J］．东北电力报，2011（3）．

［14］黄辉玲．牡丹江煤电化基地现状及分析报告［J］．专题研究，2008（5）：94－94.

［15］李海波，郭玉侠，何嵬．黑龙江东部煤电化基地建设财政金融支持现状分析［J］．商，2013（13）．

［16］徐其瑞．我国财政投融资体制：现状、问题及政策建议［J］．特区经济，2007（8）：57－58.

［17］常友玲．我国地方政府投融资平台存在的问题及对策［J］．经济纵横，2010（5）：52－55.

［18］赵全厚．地方政府投融资管理模式研究［J］．经济研究参考，2011（10）：9－18.

［19］贾康．地方政府融资须规范与创新［J］．第一财经日报，2010（2）．

［20］韩守富．我国基础设施的财政投融资渠道研究［J］．财政与金融，2010（11）：63－64.

［21］何嵬．对金融支持黑龙江省东部煤电化基地建设的思考［J］．黑龙江金融，2012（4）．

［22］周逢民．金融促进煤电化基地建设的思考［J］．黑龙江金融，2008（7）：14－15.

［23］肖玉香．政府投融资平台公司资产证券化实证研究［J］．云南社会科学，2010（2）：117－119.

［24］陈杉．地方投融资平台规范发展的政策建议［J］．财政研究，2011（5）：11－13.

［25］孔微巍，王端坤．黑龙江省东部煤电化基地建设的财政投融资问题研究［J］．北方经贸，2012（11）：67－69.

［26］周沅帆．地方政府投融资平台的风险研究——基于重庆市的分析［J］．中国经贸导刊，2012（2）：56－59.

［27］魏颖．浅析地方政府投融资平台的运作和风险防范［J］．现代经济信息，2010（9）：162－164.

［28］武文莉．我国地方财政投融资平台债务风险分析［J］．行政与法，2011（10）：38－41.

［29］杨秋宇，郑克岭．大庆发展低碳经济的策略研究［J］．大庆社会科学，2010（6）．

［30］韦恒，柴方营，李友华．黑龙江省低碳经济发展战略研究［J］．商业研究，2010（8）．

［31］陈静．2050 中国能源和碳排放报告解读：中国发展低碳经济每年需额外投资 1 万亿［J］．中国石油和化工，2009（4）．

［32］曾珠，周一．主要发达国家发展低碳经济的经验［J］．商业研究，2010（12）．

专题七

资源枯竭地区经济转型中的金融支持问题研究

摘要：资源枯竭地区，长期积累的结构性、机制性矛盾比较突出。在产业结构调整中需要得到各方面的支持，特别是金融的扶持。从可持续发展的角度来看，东北老工业基地部分重点地区的矿产资源已经完全或濒临枯竭。就黑龙江省来看，大庆油田的可采储量只剩下了30%，仅有7.45亿吨，到2020年，年产量只能维持到2000万吨左右，开采成本将在目前已经很高的基础上再大大提高。我国最大的森林工业基地伊春，可采的成熟林只剩下1.7%，可采木材不足500万立方米。因此，资源型工业企业的转型、发展新兴产业是战略之举。而新兴产业的崛起，需要大量的资金和技术支持。我们在延伸传统产业链条、发展新兴产业中，应针对黑龙江省经济发展的特殊属性，借鉴国外老工业基地改造中资金筹集经验和融资模式，制定产业结构优化的金融政策、设计支持产业调整的金融体系模式、构建产业调整中的融资平台。

东北地区作为中国重要的资源基地，为全国经济发展做出了重要贡献。东北地区资源型城市经济转型是今后较长时间内我国经济发展的主要问题之一。企业融资结构问题则是资源型城市经济转型过程中有待解决的重大问题之一。我们在对东北地区资源型城市企业价值与融资结构的现状及模型实证分析基础上，得出企业价值与融资结构呈正相关，通过优化融资结构可以提高东北资源型城市上市公司的企业价值；提出东北资源型城市的各项融资扶持政策，并系统性制定东北资源型城市经济发展过程中优化融资结构的具体对策；最后，根据数据分析、模型分析得出提升资源枯竭地区企业价值关键在于从企业自身、监管机构及政府部门三个方面进行综合治理。

一、金融支持对资源枯竭地区经济转型的特殊性分析

1. 资源枯竭地区产业调整中融资主体的特殊性

资源枯竭地区产业调整需要大量的资金支持，其融资主体与一般工商企业融资主体有明显的不同，其特殊性表现为以下几方面。

（1）在资源枯竭地区产业调整中，需要融资的主体都是曾为国家和社会做出过巨大的贡献的国有企业。但随着经济改革的进程，自身发展受到限制甚至已无发展能力，经济效益日益下滑，特别是依靠资源而起的企业都面临着不可再生资源的枯竭、替代产业的发展、产业结构升级等诸多问题，在转型中企业自身吸收资金能力差，企业外源融资能力明显不足。

（2）大部分国有企业计划经济运行模式根深蒂固，信息闭塞，企业自主融资能力和意识差。大部分资源枯竭城市形成和发展是在国家计划经济时代背景下完成的，资源枯竭地区的赖以依靠的主导资源产业企业都是计划经济的产物。而在传统的计划经济体制下，资源型的国有企业的资金来源主要通过财政渠道划拨，改革开放以来，这种状况有了很大的变化，企业的外部资金来源已从依靠财政逐渐转变为主要依靠银行。而从目前的情况看企业实际上只能依靠贷款而发展，因为除了银行贷款这一渠道外，不存在其他的融资渠道。

（3）资源枯竭地区改造中核心问题是体制创新问题，而资源枯竭地区在经济发展中面临的最大问题之一就是国有企业改制问题。这些企业大都存在着在内部治理结构不规范、企业产权不清，从而没有长期信用基础、信用地位不稳固、获取担保贷款能力差。国有企业无论是通过争取额度直接上市，或通过股权转让间接上市，还是发行企业债券，都存在一定困难。

2. 资源枯竭地区产业调整政策安排的特殊性

政策安排是制度安排的集中表现。资源枯竭地区振兴改造是我国经济发展进程中的特殊阶段和特殊表现。这一阶段政策正是针对资源枯竭地区历史与发展进程这一特定问题而制定的。无论是国家制定的经济调整政策还是转产业调整的地方政策，都是资源枯竭地区改造的重要支撑系统。鉴于资源枯竭地区企业产业调整的融资状况，有必要对其融资体系进行制度的重新安排。现在各国政府大都在市场配置资源作用的基础上，不同程度地利用产业金融政策干预经济发展。完全“政府主导式”的产业发展资金的解决方式和寄希望于完全市场化的运行机制的两种模式都有失偏颇。

3. 产业延伸新技术支撑的特殊性

资源的有限性和长期采掘的连续性使得资源枯竭，最终导致资源枯竭地区单一产业退化并形成“矿竭城衰”，从而影响了资源枯竭地区的可持续发展。其根本出路就是要实现主导资源型产业的经营方式由初级加工的粗放型向精深加工的集约型转变，也即产业的延伸。但延伸产业需要新的技术以及新的管理手段来支持，以保证产业延伸的有效性和可行性。在这种情况下，金融支持手段就显得比较重要，实际上往往对延伸产业金融政策的倾斜，通过有效的金融市场体系的支持，将资源枯竭地区的产业基础优势和资源优势转化为经济竞争优势。对于产业延伸会产生决定性的作用。

4. 替代产业发展过程的特殊性

调整经济发展方向，积极扶持替代产业，培植新的经济增长点。资源枯竭地区转型必须根据自身优势和市场需求，不断发展替代产业。发展的替代产业是要代替原有的资源型产业成为主导产业的，而培育主导产业的过程是一个极其漫长而且耗资巨大的过程，特别是在推进旅游业、新材料、节能环保、新型能源等产业的崛起，必须要用金融政策与财政政策予以保证的。

二、黑龙江省资源型城市经济转型中的金融障碍

1. 资金短缺障碍

新中国成立以来，黑龙江省资源型城市由于计划经济时期特定的财税融资政策，企业长期靠国家拨款或贷款，企业留存利润很少，导致资源型城市企业的自我发展资金不足；进入市场经济时代，由于国家将森林和煤炭行业下放到地方，而外部产品价格低廉、内部负债累累的企业根本补充不了紧缺的资金。虽然实施股份制吸引民间资本是解决的方法之一，但并不能完全改变资源型城市资金紧张的现状。

2. 与金融配套政策障碍

为有力推动资源型城市的经济转型，中央政府给出了诸多方面的政策支持，具体包括项目投资政策、财税政策、金融政策、国有企业改革政策、沉陷区治理等政策，但从长远发展看以上政策容易产生一些问题：一是由于这些项目主要集中在国有企业尤其是国有工业方面，因而将有可能进一步强化东北地区的国有经济比重。二是如果观念、体制和机制不改变，这些项目所发挥的作用将受到很大限制。三是大量的国有经济投资有可能会对民间资本产生一种挤出效应。过去的经验表明，由于东北老工业基地国有经济涉及的

领域过于广泛，而国有企业往往采取内部化的方式，把产业链各个环节甚至相关活动都集中在一个企业内部完成，由此扼杀了民间资本的投资机会，对民间投资产生了明显的挤出效应。四是政策适用地域的“泛化”问题。目前国家采取的带“普惠制”性质的援助政策，有些过于宽泛，难以取得较好的实施效果。五是缺乏区别对待、分类指导。资源型城市的老工业基地具有不同的类型，这些基地所面临的问题各不相同。然而，国家现有的政策还没有较好地考虑到地域的差异性。

3. **市场机制与政府干预并存障碍**

经历了先有资源开发企业而后再有城市（政府）演变过程的资源型城市，其政企关系大致有两种模式：一是政企合一型，即资源工业企业和城市党政组织实行党政企一元化领导，城市党政一把手要兼任企业一把手。比如伊春市现行的就是政企合一的管理体制。“政企合一”体制对于以大企业为依托，加速资源开发是非常有利的，也是必要可行的，它排除了条块分割、相互制约的干扰，决策快、实施快且见效快，但在资源型城市的经济转型之际，仍采用和维持这种体制则值得商榷。政府的行政干预给银行资金造成了惨重损失。二是政企分离型，绝大多数资源型城市都采用这种管理体制，或在经历了“政企合一”后，最终走向了“政企分离”。原因是城市和企业追求的战略取向和发展目标不尽相同。比如大庆市就是市政府和大庆石油管理局两者分离管理体制。

4. **区位障碍**

对于资源型城市来讲，随着自然资源的采掘，资源型城市资源储量逐渐减少，资源开采工业的生产成本总体上呈不断上升趋势，地区的区位优势也就逐渐下降。从黑龙江省七个资源型城市看，资源型产业发展的鼎盛期已经过去，矿产资源产业的整体萎缩已经相当明显。以大庆市为例，大庆油田探明石油储量约占全国的47.4%，居全国第一位，是世界特大油田之一；天然气储量居全国第8位，已连续27年稳产在5000万吨以上，2003—2014年，连续12年稳产在4000万吨。大庆市是我国目前最大的陆上油田和重要的石化基地，但其可采储量只剩了30%。根据中国石油可持续发展的方案估计，大庆油田的产量在未来几年内将以每年200万吨的数量递减，截至2015年年底，大庆油田剩余可采储量仅为1.97亿吨，主力油田可采储量采出程度已达92.31%。到2020年，年产量只能维持在2000万吨左右，开采成本也将在目前已经很高的基础上大大提高，2015年大庆油田开始减产，并在“十三五”

期间每年都要减产130多万吨。无独有偶，号称“祖国林都”的国家最大的森林工业基地伊春市，位于小兴安岭腹地，是我国最大的专业化林业资源型城市，森林面积395.4万公顷，下辖16个林业局中已有12个无木可采，其余5个处于严重的过度采伐之中，活立木总储积量由开发初期的4.28亿立方米减到2.92亿立方米（至2015年）；公顷蓄积量由167立方米减少到87立方米，可采的成熟森林只剩1.7%，可采木材不足500万立方米。2004年，伊春市停止了天然红松林的采伐，2008年停伐了“三大硬阔”，2011年停止了森林主伐，2013年全面停止了商业性采伐。图7-1是黑龙江省部分资源型城市经济转型以来占全省GDP的占比情况，可以看出2014年地市GDP位于黑龙江省后五位中的鹤岗市、伊春市、七台河市和大兴安岭地区，合计起来仅占全省当年GDP总量的5.7%，可见资源型城市在区位优势方面的地位正在逐渐下降，有的地市甚至在经济转型过程中可谓步履蹒跚。

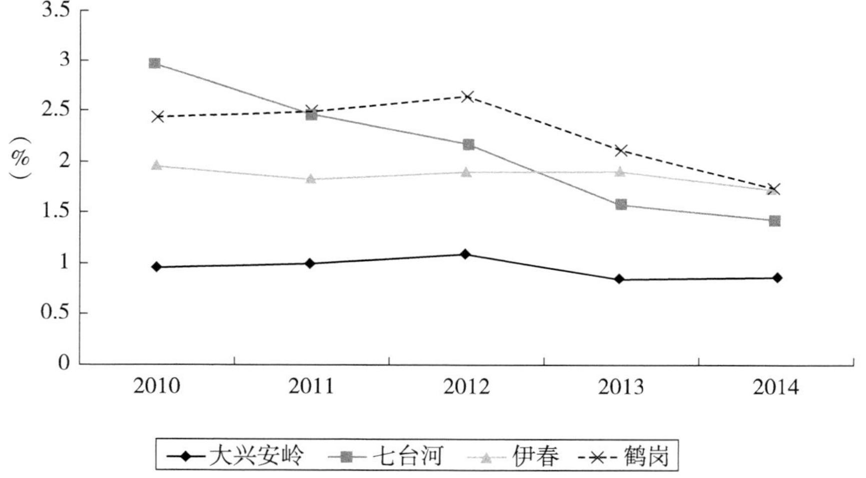

图7-1　2010—2014年黑龙江省部分资源型城市占当年全省GDP占比情况

资料来源：《黑龙江统计年鉴（2015年）》。

5. 再就业压力障碍

从现实的角度讲，黑龙江省资源型城市的下岗失业人员在城市总人口中占很大比例，这些人员主要由三部分组成，一部分是由于资源的枯竭或资产组建而造成的资源性企业减员；另一部分是因资源性企业的萎缩而萧条的关联企业和缺乏竞争力的其他企业所产生的失业人员；还有一部分是因城市经济缺乏新的增长点而形成的新增劳动力的失业。再就业工作面临着三个突出矛盾：一是劳动力总量多与就业岗位少的矛盾。2016 年 1—2 月，我国的焦煤产量下降 10%。2016 年 2 月，国家人力资源和社会保障部部长曾透露，化解煤炭行业和钢铁行业的过剩产能，要安置分流 180 万名职工，其中煤炭系统下岗职工约 130 万人，钢铁系统约 50 万人。因此，在接下来几年，可能有更多的国企工人面临下岗待业的问题。以双鸭山市为例，该市到 2004 年年末有近 4 万名下岗职工需要安置，每年新增 5000 名左右的城镇劳动力，还有 7.9 万农村富余劳动力等待转移，而全市每年新增的就业岗位仅有 6000 ~ 8000 个。二是就业愿望高与就业岗位条件差的矛盾。大部分下岗职工观念旧，缺少创业的激情和冲动，择业挑剔，都想找比较稳定安逸、收入较高、不脏不累的工作，但能够满足这种就业愿望的岗位非常少。三是需安置人员素质低与市场用人要求高的矛盾。就业需求的是有专长、有特殊技能的人，而待就业的大多是年龄大、文化低、素质较低的人员。此外，部分资源型城市主导产业支撑力减弱甚至断层，将引致经济发展缓慢或停滞。而许多资源型城市的劳动力就业主要是围绕着资源型企业就业的，从而资源型企业进入转型调整期就业矛盾就会非常尖锐，给当地经济稳定造成很大的压力。

三、以大庆市、伊春市为依托搭建资源型城市经济转型融资平台

大庆市作为我国典型的资源型城市，研究其融资公共政策具有重要的理论意义和现实意义。通过对大庆市产业发展现状及特点分析，提出融资公共政策选择的相关对策，从而对大庆市转型时期的发展产生一定的借鉴作用。

（一）大庆资源型城市转型的产业发展现状及特点

1. 大庆资源型城市产业发展现状

大庆市位于黑龙江省西部，松嫩平原中部，地处哈尔滨、齐齐哈尔市之间。这是在沼泽和草原上建立的以石油和石油化工为主的新兴工矿城市。油田南北长 140 千米，东西最宽处 70 千米，总面积 5470 平方千米。1976 年原油产量突破 5000 万吨，到 1996 年已连续年产原油 5000 万吨，稳产 21 年。1995 年年产原油 5600 万吨，是我国第一大油田。50 年来，已累计生产原油超过 20 亿吨，约占同期中国陆上原油总产量的 47% 以上。实现年产原油 5000 万吨以上 27 年高产稳产，向国家上缴各种资金并承担原油价差 1.7 万亿元，2000 年以来连年位居中国纳税百强企业榜首。辖五区四县，1 个国家级高新技术产业开发区。总面积 2.1 万平方千米，人口 269.3 万人。大庆区域内，

有大庆石油管理局、油田公司、石化总厂、石化公司、炼化公司5家中直石油石化大企业，油田公司为全国企业前50强之首。

2010—2015年，城乡居民人均可支配收入年均分别增长10%和13%；主要受单一产业结构和原油价格影响，“十二五”期间经济发展波动较大，地区生产总值、地方财政收入年均分别增长6.1%和6.6%。2015年完成地区生产总值2983.5亿元，下降2.3%；第一产业增加值增长3.7%；电商企业新增215家，交易额130亿元，旅游收入达到96亿元，金融业进一步壮大，信息、物流产业加快发展，第三产业增加值增长6%。争取国家和省里政策性支持资金6492万元，开展银企对接协调贷款196.3亿元；参与沃尔沃SPA（可扩展的平台架构）平台建设顺利，实现产值110亿元、税收3.1亿元。

但在经济转型中存在以下问题：一是经济结构失衡。三大产业结构在总量减少下出现了变动，第一产业和第三产业占比上升，三大产业比重达到6.5∶65.4∶28.1，但仍然没有摆脱结构失衡状态。第二产业占64.7%，规模以上工业中油化产业处于绝对支配地位，占80.5%，而非油比重仅为32.2%，产业链和价值链总体处于中低端。二是体制性矛盾突出。市场主体缺乏活力，资源配置市场化程度不高，地方国有企业发展动力不足，尤其是民营经济发展缓慢，非公经济只占23.1%，远低于全国及全省平均水平。三是区域发展和民生水平不均衡。城乡之间、城区之间发展差距较大，县域经济总量不足全市的20%。在民生事业发展上农村存在很多短板，整体不均衡问题仍然比较明显，还有2个贫困县、90个贫困村、11万贫困人口亟待脱贫。四是政府思想观念上不适应市场经济。想问题办事情还习惯按计划经济和行政思维方式。工作状态上不敢担当、束手束脚，不作为、乱作为等现象不同程度存在。能力水平上抓政府投资项目、办有钱的事比较擅长，抓产业培育、资产运营、社会融资等方面专业化水准比较欠缺。实际操作上不按规则行事，一些历史遗留问题亟待解决，一些“土政策”需要清理。

2. 大庆资源型城市产业特点

（1）大庆市作为资源型城市，产业分类严重向第二产业倾斜，第二产业所占比重高达85.33%。从大庆市工业内部结构来看，大庆市的第二产业在三大产业中的比重居高不下，经过略微的波动过程后略呈下降的趋势，由1980年的90.2%降为2015年的80.5%；第三产业有良好的增长态势，占国内生产总值的比重连年上升，由1980年的2.6%上升到2015年28.1%，第三产业的发展速度已明显快于第一、第二产业的发展。从三大产业就业结构来看，大庆市也符合产业结构演进规律。呈现出随着人均 GDP 的增长，就业人口由以第二产业为主要构成的特征，逐渐向第三产业转移的规律。(见表 7－1)

表 7－1　　大庆市经济发展及产业结构变动的关系

年　份	人均 GDP（万元）	产值结构（%）			就业结构（%）		
		一	二	三	一	二	三
2000	41479	1.8	89.7	8.5	45.0	23.0	32.0
2001	—		—			—	
2002	40674	2.9	86.2	10.9	44.0	24.0	32.0
2003	43927	3.0	85.4	11.6	42.8	25.7	31.5
2004	47273	3.2	84.6	12.2	42.7	26.1	31.2
2005	53119	3.0	85.9	11.1	42.7	25.4	31.9
2006	60493	3.1	85.7	11.2	42.6	25.2	32.2
2007	66657	3.0	85.0	12.0	42.3	24.9	32.8
2008	81318	3.1	85.1	11.8	41.0	24.3	34.7
2009	89962	3.8	81.6	14.6			
2010	99847	3.3	82.2	14.5	36.7	28.7	34.6
2011	128816	3.6	82.1	14.3		—	
2012	137238	3.8	80.9	15.3		—	
2013	149172	4.2	79.4	16.4		—	
2014	138746	4.5	77	18.5		—	
2015	101707		—			—	

数据来源：《大庆市国民经济和社会发展统计公报》《黑龙江统计年鉴》。

（2）拓展第一产业和第三产业增长空间。从近几年情况看，大庆按照全产业链思路，调整种植业结构，大力发展畜牧业，粮食产量 107.6 亿斤，果蔬等经济作物产量 48.2 亿斤，农副产品市场化销售量价双增，第一产业增加值增长 3.7%；催生新业态、新商业模式，增加服务业有效供给，电商企业新增 215 家，交易额 130 亿元，旅游收入达到 96 亿元，金融业进一步壮大，信息、物流产业加快发展，第三产业增加值增长 6%。解决行业和企业发展个性化困难，遏制地方工业下滑幅度。支持停产半停产企业释放有效产能、有上升空间企业扩能升级、新投产企业上产达效。争取国家和省里政策性支持资金 6492 万元，开展银企对接协调贷款 196.3 亿元，7 家企业在新三板成功挂牌。助力重点行业开拓市场，在大庆油田公司支持下，60 家地方装备企业进入油田采购网。坚持多措并举，优化产业成长环境。

（3）建设产业项目、培育多元升级产业链项目。近年来大庆市从既有需求增长空间出发，又深入有供给优势的产业领域。拓宽石化项目生成渠道，推进“以化补油”战略，中直石化大企业 7 万吨石油磺酸盐等项目投产，石化公司千万吨炼油项目启动前期工作。地方国有企业与炼化公司合作建设的 15 万吨丙烯等项目建成投产，民营石化项目签约落地，为石化产业注入了新动能；推进战略性龙头项目建设。大庆市参与沃尔沃并购的资金已经开始回笼，SPA 平台建设顺利，实现产值 110 亿元、税收 3.1 亿元，以沃尔沃整车项目为牵动，加快建设汽车零部件产业园，江森汽车座椅等项目建成投产；完善忠旺集团 200 万吨高精铝深加工项目建设条件，加快推进全面建设的各项准备工作；抢抓全国云计算产业区域性布局的机遇，引入华为东北数据云中心、国裕“创业云 +”等应用项目，带动大数据、“互联网 +”、现代商贸物流等关联产业快速成长。升级发展地方重点产业链项目。

（二）大庆资源型城市发展的融资配套政策问题分析

1. 财力短缺，财税政策支持不足

大庆市是一个财政税收体制很特殊的城市。特殊的财政管理体制导致了相对薄弱的财政实力。大庆市从 1960 年开发建设到 1983 年，一直实行政企合一的财政体制，地方政府的行政经费及文教卫生事业费，城市建设和维护等开支全部由石油企业承担。直到 1995 年，大庆市都没有一级金库，是作为省级收支的一部分进行管理的。1996 年起，黑龙江省对大庆市实行视同地市级财政管理，大庆市建立市级金库，属于市级的收入直接纳入市级金库，并从 2005 年开始纳入中央财政转移支付。

目前，大庆油田的原油产量已经开始逐渐递减，量价齐跌，加上煤炭行业市场萎靡，工业增速持续低位运行。“‘十三五’期间，大庆油田仍会科学采油、主动减产，计划每年减产 150 万吨，从 4000 万吨减到 3200 万吨，持续影响黑龙江工业增长。”大庆市工信委相关负责人算了一笔账，1 吨原油折合 7 桶原油，国际油价下降 1 美元，影响大庆市 GDP16 亿元，影响大庆市财政收入 4500 万元。数据显示，国际原油价格在 2008 年 7 月为 150 美元/桶，截至 2015 年 10 月下旬价格徘徊在 50 美元/桶。据此测算，仅 2015 年黑龙江就

因油价变化减少省本级财政收入 100 多亿元，中央财政将减少税收（含特别收益金）600 多亿元，根据大庆现有财政收入及财税政策是无法支撑大庆可持续发展的。

2. 产业升级政策亟待调整

在产业结构上，石油经济占全市经济的比重仍在 65% 左右，地方财政收入 75% 来源于石油经济，工业总量占全市经济的 85%，服务业仅占全市经济的 12%。在工业总量中，87% 是石油石化工业，地方工业仅占 9%。石化、食品、高新技术等接替产业还比较弱小，拉动经济发展的力量有限。总体看，依旧是石油工业的“一柱擎天”。在体制机制上，大庆国有经济比重占 80% 以上，中直五大企业占国有经济的 90% 以上。中直企业的投资决策、产品销售、外贸进出口等经营管理权有限，还不是完全意义上的自主经营者。大庆区域内生产要素还不能自由整合，产品价格还不能完全由市场形成。大庆经济的市场化程度还比较低，对外开放度也不高。这些问题与产业政策不健全有着直接关系。

3. 金融政策无法满足中小企业发展的融资需求

国家在大庆初建时进行了大量投资，建立了大型或特大型企业，而这些大型或特大型企业主要与国家工业体系连在一起，跟地方中小企业和乡镇企业基本没有什么关系。一方面，国有企业实力强大，人员素质很高；另一方面，当地中小企业非常落后，它们之间便形成一个“断层”。这个断层需要相应的政策来填补。大庆市市场经济成熟度还不高，中小企业起步较晚，金融政策体系尚不完整，针对中小企业发展的融资政策还不健全，有待进一步完善。银企合作亟须加强，针对中小企业的金融服务产品还不够多。中小企业的融资担保体系缺失，相关制度需要健全。据调查，大庆中小企业需求的融资额平均在年 50 亿 ~ 60 亿元，但实际能够落实的贷款额度在 30 亿元左右，仅占企业总需求的 60% 左右，融资空间有待突破。

4. 城市基础设施建设不健全，公共产品政策缺失

大庆建市较晚，现有城市基础设施大部分是为石油开发和石化生产配套建设的，与城市发展很不适应。一些城市道路、城乡电网、给排水及环保设施等都急需新建和改造。特别是公益事业、文化设施欠账较多，城市人均绿地面积少，改善生态环境任务繁重。

5. 生态破坏严重，环境政策缺失

作为典型的资源型城市，大规模、长时间、高强度的石油开采等生产活动，使大庆付出了沉重的生态代价。根据大庆市环保局提供的资料，油田开发对生态环境的损毁情况主要表现为以下方面：①地面水环境恶化。②地下水环境存在潜在威胁。③草原“三化”现象严重。④湿地面积日益萎缩。⑤土壤环境存在石油类污染。生态问题已经严重危及大庆市的可持续发展，生态修复的任务十分繁重。

6. 企业负担重，就业亟须扶持政策

目前，中直大企业仍然承担着公交、供电、供水、医疗卫生、高等教育等社会服务职能，每年非生产性投入高达几十亿元，给企业造成了较大的经济负担。中直大企业尤其是中直未上市企业承担了有偿解除劳动合同人员、油田退养家属、待业子女等 16 万人的管理和安置工作，每年需要支付管理和安置的相关费用就有 13 亿多元，而且还有大集体及离退休人员统筹和社保等历史遗留问题需要解决。大庆每年还有 2 万多名大中专毕业生、转业军人和新增劳动力需要安置，农村还有 40 万劳动力需要转移。随着油田企业的深化改革和原油产量的调减等，油田企业吸纳就业能力将不断降低。大庆产业结构二产突出及城市功能不完善，使解决就业再就业问题及扶持资金受到许多制约，没有好的融资配套政策扶持，大庆市将面临危机。

（三）大庆资源型城市转型融资的财税与金融政策选择

1. 财税政策

（1）建立油气资源勘探风险基金。目前，油气资源的勘探费用都由石油企业承担，虽然油气勘探能够取得高回报，但同时也具有高风险，石油企业受成本限制因素的影响，能够用于勘探的资金有限，在一定程度上制约了在新地区、新领域勘探的进展，影响了石油资源后备储量的增加。因此，建议国家有关部委在目前油价较高的情况下，尽快建立油气资源勘探风险基金，并向大庆市更多地倾斜，从资金上加大支持力度，保证大庆市所需勘探资金的投入，寻找更多的油气资源，实现石油资源的战略接替。同时，建议国家有关部委在大庆优先实施“重大科技专项资金”，依靠科技进步和技术创新进一步提高原油采收率。这些资金在使用上实行专户管理、专户核算、专款专用的办法，主要用于油田的低、深、难储量的勘探开发和科研技术攻关等方面。

（2）对开采贫矿、尾矿在税收方面给予优惠政策。大庆市的主力油田已逐步进入特高含水阶段，并动用了外围的特低渗透、特低丰度油田。这些贫矿、尾矿的开发投资大，生产运行成本高，投资回收期长。建议国家有关部委按照西部大开发政策或国家扶持“老少边穷”地区的政策，给予油气田企业在对贫矿、尾矿开发上减免15%所得税的优惠政策。

（3）建立可持续发展基金。实施可持续发展战略、调整经济结构、发展替代产业、恢复和保护生态环境等都需要大量的资金投入，除了积极鼓励和引导个体私营企业投入、努力利用外资外，更需要一个来源渠道比较稳定、具有一定规模、能按规划进行调控的可持续发展基金。可持续发展基金可以通过向大庆市石油生产和石油化工企业征收的办法建立。从2007年开始到2020年，根据需要，对石油生产企业按销售收入的2.5%征收，对石油化工等加工企业按销售收入的0.5%征收。按照这个征收比例估算，每年可筹集基金11亿元左右。

（4）积极运用资源税改革的优惠政策。随着财政部、国家税务总局关于印发《新疆原油天然气资源税改革若干问题的规定》（财税〔2010〕54号）的出台，我国开始了新一轮的资源税改革。2011年9月21日，国务院第173次常务会议通过《国务院关于修改〈中华人民共和国资源税暂行条例〉的决定》，决定于2011年11月1日起在全国范围内实施。此次改革最重要的在于改变了部分资源税的征收方式，将石油、天然气由原来的从量计征改为从价计征，以原油、天然气销售额为计税依据，按照一定的比例税率征收，同时还保留了浮动利率，浮动利率是调节级差收入的有效手段。征收方式的改变，将资源税的税收收入与价格的变动有机地联系起来，保证了国家与企业共同享有市场变化带来的效益。资源税的改革对石油资源型城市的转型必将产生很大影响。

一方面，为资源型城市转型提供资金保障。此次资源税改革，将资源税税收收入与资源价格相衔接，实行从价计征的征收机制，对于资源税税收收入带来的直接影响就是税收收入的增长。按照我国现在的税收分配体制，资源税税收收入归地方政府，显然，资源税的改革使得资源型城市的财政收入明显增长，这就为资源型城市的经济转型提供了有力的资金保障，从而实现产业结构优化与升级。

另一方面，为促进资源型城市的可持续发展提供后续资金。此次资源税改革对于促进资源开采企业提供开采率也做出了相应的规定，财政部国家税务总局关于印发《新疆原油天然气资源税改革若干问题的规定》（2010年6

月 1 日财税〔2010〕54 号）明确规定，三次采油资源税减征 30%，从而鼓励企业深度开采，提供开采率，对于在资源的开采环节减少资源的浪费提供了政策支持。虽然石油资源逐渐减少的趋势不可逆转，我们能做的就是减缓资源耗竭的速度，最大限度地做到保护性开发，避免掠夺式开发，从而为资源的可持续利用及资源型城市的可持续发展提供支持。

（5）按照资源质量实行差别税率。通过考察石油企业近两年为了适应资源税的改革，大量投资开采重油、稠油、高含硫天然气的策略不难发现，税收杠杆在对资源保护、提高资源利用效率方面发挥了明显的作用。所以在资源税进一步改革当中，应该根据资源的品位设置更明确的差别税率，甚至可以保持对特低等级资源的零税率，鼓励资源开采企业增加对低质和不易开采资源的投入，提高资源的整体使用效率。

2. 金融机构推动产业结构调整政策

（1）金融机构加强金融服务支持科技产业发展。高科技产业化是实现科技进步的重要方式，然而高科技产业化离不开金融支持。高科技产业化从项目试产到形成产业的各个环节都需要有资金支持，而且这一领域的投资特点是风险大、成功后收益亦大。目前，大庆市正处在传统动能减弱、新动能不断积蓄的拐点上。因此需要相关金融机构加强金融服务，为高科技产业提供充足的资金与金融服务有效供给，支持大庆产业结构优化。

金融机构加强金融服务的方法有两种：第一，完善原有金融服务。金融机构可以设立相关创业投资基金，由其选择具有发展前景的项目。在项目发展时期介入，提供资金、咨询、管理服务，待项目成熟后从二级市场退出。第二，创新金融服务。银行应发挥其点多面广、信息灵通的优势，灵活运用各种金融工具，在结算、汇兑、转账、投资理财、咨询评估等方面为企业提供全方位、高效、便捷的金融服务。服务方式方面，从大众化、标准化逐步转向专业化、个性化和综合性的服务，以满足石油石化工业对金融多层次的需求；服务渠道方面，利用信息网络技术提供高效、便捷的交易通道，如电子银行业务；交易工具方面，从简单粗放逐渐向复杂精巧的交易工具发展，以适应个性化和专业化的服务方式；交易市场方面，利用国债、金融债的二级市场、离岸金融市场和股票市场及其他金融衍生产品市场来满足石油石化工业融资需求。

（2）金融机构积极支持石油下游产业的发展。金融机构要充分发挥其信用中介、支付中介、金融服务、信用创造的功能，在央行宏观调控下通过资金的配置促进产业和产品结构的调整，通过改革现行的信贷资金管理模式和融资方式，建立多元化的资金投入机制。金融机构应紧紧围绕大庆市确定的石油石化重点企业，在深入开展项目可行性研究、准确估算项目所需资金额的基础上，大胆介入，积极支持。同时，加大金融创新力度，不断开发适合其融资的金融产品，切实解决一些石油石化企业流动资金短缺的问题，从而支持石油下游产业的发展。

（3）金融机构积极推行信贷倾斜政策。对于大庆市重点产业尤其是新兴能源产业及高端三产业，金融机构不仅要实行差别利率政策，还要通过信贷倾斜政策进行金融支持。近年来，随着大庆市石油产量的不断下降、存贷比例的不断降低、可贷资金的不断增加，使得企业对信贷倾斜的要求越来越高。

对新能源产业来看，大庆市是能源大市也是耗能大市。地热、太阳能、风能、生物质能等资源富集，加之盐碱地等未利用地空间大，建议国家支持大庆市创建新能源示范城市，带动分布式能源应用，发展新能源装备等相关产业，加快能源城市转型。金融机构应认真执行国家的货币信贷政策同时，积极推行信贷倾斜政策，调整信贷结构。对大庆市石油石化两大类企业改革后的非主体部分要适当增加投放，实施针对新能源产业的信贷倾斜政策；按照企业的生产经营特点，并依据生产周期的不同阶段合理确定贷款期限，对国家重点企业，商业银行要继续签订银企合作协议，加大支持力度，保证信贷资金供给，支持企业发展；金融机构应加大对中小企业的信贷倾斜支持，主要支持科技含量大、产品附加值高和有市场潜力的中小企业。大庆市市政府已成立了中小企业担保中心，对中小企业的贷款信用提供担保，银行业应积极利用这一条件，尽快改变目前中小企业有效资金需求不足的状况，采取有效的信贷倾斜政策。

对于高端第三产业来说，目前贷款结构中科技开发贷款比例较低，科技开发资金投入不足。从而需要逐步扩大科技贷款比重，集中资金支持重点科技企业和技术含量高、经济效益好、有较强还款能力的科技创新企业的发展。大力支持大庆高新技术产业开发区及其高科技型企业的发展，加快科技成果产业化的步伐，使科技成果迅速转化为生产力。借助金融机构的信贷倾斜政策可以提高高端三产业的比重，加快大庆市产业结构升级。

（四）伊春市经济转型中产业升级与融资结构关系研究

我国资源型城市经济转型过程中，面临诸多困惑。其中产业升级与融资结构关系成为所面临的主要困惑之一。通过对伊春市产业升级与融资结构的实地考察，根据我们已掌握的信息进行分析和处理，得出了产业升级与融资结构的关系为经济转型初期直接融资与产业升级成负相关关系、随着经济转型获得成效直接融资比例与产业升级关系则转变为正相关关系的结论。

1. 伊春市融资结构现状考察

伊春市地处黑龙江省东北部，小兴安岭纵贯全境，是一座典型的林业资源型城市。在我国的经济发展中，作为重要的木材供应地，曾为社会发展做出了巨大贡献。然而，由于缺少科学的统筹规划，林业资源锐减，产生“资源危机、经济危机”的两危局面，经济社会发展面临严峻挑战。2005 年，伊春市被国务院确定为林业资源型城市经济转型试点城市。

在经济转型中资金无疑是一个城市发展中的助推器，融资结构问题又是其关键所在。不同的融资结构使得经济转型中产业升级的效率也不尽相同。我们从直接融资与间接融资的角度对如下问题进行分析。

（1）伊春市产业升级主要依赖间接融资渠道。经济转型主要是指技术转型、产业转型、增长方式转型、金融及经济体制转型的合成变动，其中主要是指由于技术进步导致的产业升级过程。产业升级是经济转型的内驱动力，二者相互促进、相互制约。为了分析问题我们暂且不考虑金融政策问题，把资金量用融资结构来表示，从而可以得出如图 7 – 2 所示的结构关系。

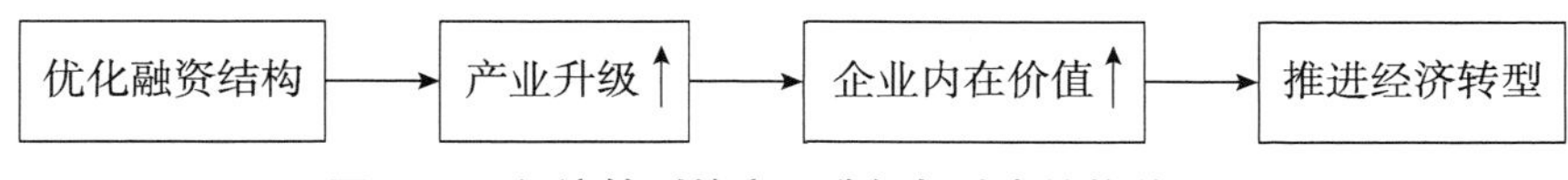

图 7 – 2　经济转型的产业升级与融资结构关系图

从我们对伊春市调查情况来看，该市企业在经济转型初期产业升级过于集中几乎都以间接融资为主。以下主要从金融机构信贷授权规模的角度阐述目前伊春市间接融资的实际情况：在经济转型过程中，金融业发挥了强大的助推作用。尤其在产业升级过程中，金融的助推作用对伊春经济转型突现。截至 2013 年 6 月末，伊春市银行业机构向矿产资源开发及冶金建材、森林食品及北药、森林生态旅游、绿色能源和木材精深加工五大接续替代产业发放贷款余额 244915 万元，同比增长 29.41%，占全辖银行业贷款余额的 18.62%。

从伊春市股份商业银行派生的存贷情况看，截至 2015 年年末全市金融机构人民币各项存款余额 596. 1 亿元，比年初增加 74. 4 亿元，比 2014 年增长 14. 3%。其中住户存款余额 406. 9 亿元，比年初增加 36. 7 亿元。金融机构人民币各项贷款余额 147. 4 亿元，比年初增加 6. 9 亿元，同比增长 4. 9%。其中短期贷款 43 亿元，比年初减少 3. 8 亿元；中长期贷款 85. 6 亿元，比年初增加 1. 4 亿元。存贷比 24. 73%，但大部分资金通过上存、转存等渠道流入到异地。从存贷安全的比例看伊春商业银行的存款流向，我们可以得出：间接融资为伊春市经济转型、产业升级提供了空间。

（2）伊春市产业升级中直接融资比例低。从直接融资角度来看，截至 2015 年 6 月 4 日，伊春市仅有光明集团家具股份有限公司 1996 年在深圳证券交易所挂牌上市。在近年来的经济发展中，该市企业债券融资为零发行。

直接融资在伊春市未来的发展道路也将是崎岖的。通过我们对中国人民银行伊春市中心支行了解的情况看，伊春市现有四千多家企业，其中能达到上市资本要求的企业仅有一家——西林钢铁集团，其资本规模已超过五千万元。其余企业则为中小企业，不具有直接融资能力。在光明家具法人非法挪用资金的情况下，光明家具已不具有直接融资能力，西林钢铁集团目前还没有上市的意图。此时伊春直接融资额度为零，从短期看伊春市经济转型中大多数企业直接融资的空间有限。

2. 伊春市产业升级中企业融资结构存在的问题

（1）企业过度依赖间接融资导致融资方式单一化。融资环境是影响融资结构的关键因素之一。在经济发展初期，存在大量的市场风险，经济主体大都采取风险规避方式来化解风险，而间接融资往往拥有政府信用担保，从而成为经济主体融资的首选。从伊春市的历史来看，其原有大部分企业为国有企业，而国有企业享有政府信用担保等政府性金融支持政策，以至于伊春市企业过度依赖于间接融资。

根据我们的调查，伊春市拥有一家大企业，还有不足十家的规模以上企业，剩余部分为中小企业。从该市的企业结构来看，伊春市企业缺乏直接融资能力。在中长期，要素推动产业升级，必须改进金融环境，加大五大接续产业的直接融资比重，打造企业知名度，促进经济转型，加速产业升级。

（2）间接融资过度集中导致林业资源配置失效。间接融资主要集中在信贷方面。根据我们对中国人民银行伊春市中心支行的调研获知，从短期信贷投向上看，短期信贷主要集中于农业，占短贷余额的 37%，其次为商业，占比为27%，工业企业类短期贷款占比很小。从中长期贷款投向看，信贷投向偏重于固定资产投资，尤其是风力、水力发电行业的基本设施建设，对这两个行业的投资额占中长期贷款的比重达56%。如伊春市某金融机构对一项风电项目的中长期投资占其全部资产业务的比重高达74%。信贷投向集中，导致少数行业、企业占据了大部分金融资源，对中小企业支持力度不大。2004年至今，中小企业贷款累放占全部贷款累计投放的平均比重仅为4%左右。除西林钢铁集团及少量效益较好的企业通过票据融资的方式获得银行资金外，大部分企业无法得到银行的信贷支持，制约了企业的发展壮大。同时，金融对职工发展林下经济、特色种养和旅游业的支持力度也较小，有待于进一步加强。从而限制了伊春市从原有产业向五大接续替代产业升级的速度。

信贷资金投放结构失衡使经济资源无法得到合理配置，进而预留了帕累托改进空间。资源有效配置可以推动产业升级，资源有效配置也是产业升级的基础，而产业升级反过来带动资源配置向更有效方向发展，二者是相互促进、相互制约的关系。

（3）直接融资工具匮乏导致融资结构失衡。截至2008年9月，伊春市融资额85.6亿元，同比增长19%。其中主要的融资工具为票据融资，票据融资余额13.9亿元，同比增长74.9%；2008年新增3.3亿元，占全部融资新增额的28%；累计发放票据贴现资金45.1亿元，同比增长14.6%，占全部累放额的63.3%。无论从余额还是从累计投放上都可以看出票据融资占全部融资额的比重逐渐加大，票据融资趋势明显。通过调查我们了解到，目前伊春市可进行贴现的票据全部为银行承兑汇票，且都是有真实交易背景的商品销售凭证，主要投向黑色金属冶炼及压延加工业、木材加工、制药三个行业，代表企业是西林钢铁集团、铁力森源木业、南岔格润药业，其中对西林钢铁集团的票据贴现额占到总量的70%。

融资工具单一的主要原因是伊春市金融生态环境相对较差，其主要表现为以下几个方面：一是不良贷款居高不下。截至2008年9月，伊春市金融机构不良贷款余额为37.4亿元，不良贷款率43.6%。中国银行业监督管理委员会2006年5月16日宣布，国有商业银行重组后不良贷款率应该持续控制在5%以下，伊春市金融机构距这个标准还有相当大差距。二是客户诚信意识较差，违约率较高。目前，公司类信贷客户违约率高达70%，个人类为20%。三是拖欠利息依然较多。目前企业和个人拖欠银行业金融机构利息高达6.8亿元。四是司法执行乏力，金融债权案件胜诉容易，但执行难。司法机关在执法方面对金融债权人权益的维护力度还不够，造成银行债权案件久拖不决、判决后难执行、执行期过长，致使金融债权人在权益受损后不能及时得到补偿，胜诉执行率仅为11%左右。上述问题导致了伊春融资工具的匮乏，尤其是在直接融资工具投放方面。只有彻底解决金融和生产中的不足，才能使伊春市摆脱直接融资工具过少的局面。

3. 融资结构与产业升级相关性实证分析——以光明家具为例

融资结构与产业升级的数量关系（见表7－2），首先可以用融资结构中的直接融资比例来体现；其次，产业升级对于企业来说，意味着企业内在价值的提升，我们将产业升级的效果用内在价值的变化率来表示。

在相对完善的资本市场中，上市公司的内在价值主要体现在两个指标上，一个是净资产，另一个是企业成长性。证券市场投资者是通过对净资产和企业成长性的评估与测算对企业进行定价的，进而影响股票定价。从而不难看出，股票价格的变化反映了企业内在价值的变化；我们在这里用股票价格的收益率代替企业内在价值的变化率来进行分析，具体情况如表7－2所示。

表7－2　　光明家具融资结构表　　单位：亿元

融资项目 \ 年份		1996	1997	1998	1999	2000	2001
直接融资总额	吸收权益性投资	0.46	0.78	0	1.07	0.11	0
	子公司吸收少数股东权益性投资	0	0	0	0	0	0
	发行债券	0	0	0	0	0	0
合计		0.46	0.78	0	1.07	0.11	0
间接融资总额	借款	1.42	1.12	2.56	1.22	3.70	3.20
	其他间接融资额	0	0	0.80	1.62	0	0.06
	间接融资总额	1.42	1.12	3.36	2.84	3.70	3.26
合计		1.88	1.90	3.36	3.91	3.81	3.26
间接融资比例（%）		75.53	58.95	100	72.63	97.11	100
直接融资比例（%）		24.47	41.05	0	27.37	2.89	0
内在价值变化率（股价收益率）（%）		－40.47	－13.33	－2.71	0.16	96.13	－34.02

续 表

融资项目 \ 年份		2002	2003	2004	2005	2006	2007
直接融资总额	吸收权益性投资	0	0	0	0	0.07	0
	子公司吸收少数股东权益性投资	0	0	0	0	0	0
	发行债券	0	0	0	0	0	0
合计			0	0	0	0.07	0
间接融资总额	借款	3.35	4.33	1.360	0.29	0.19	0.04
	其他间接融资额	0	0.11	0.004	0	0	0
	间接融资总额	3.35	4.44	1.364	0.29	0.19	0.04
合计			4.44	1.364	0.29	0.26	0.04
间接融资比例（%）		100	100	100	100	73.08	100
直接融资比例（%）		0	0	0	0	26.92	0
内在价值变化率（股价收益率）（%）		-30.74	-39.21	-32.67	-18.14	30.93	212.6

数据来源：2008 年 6 月 10 日和讯网。

我们也可以通过散点图来观察直接融资比例与内在价值变化率之间的关系，并用一条曲线来拟合它们，为了减少对有效数据的干扰，将直接融资比例为零的年份去除，得到 1996 年、1997 年、1999 年、2000 年、2006 年这五年的经济数据，再对直接融资比例与内在价值变化率关系进行分析，如图 7-3 所示。

通过图 7-3 来观察直接融资比例与内在价值变化率之间的关系，我们可以用曲线来拟合。拟合方程式中包括 x^2，即方程式中的最高阶，可知方程式所对应的几何图形为抛物线；最高阶 x^2 前面的系数为 $10.103>0$，表明抛物线开口向上。

我们再用 Eviews 统计软件对 Excel 得出的抛物线趋势进行检验与判定，如表 7-3 所示。

T 检验中概率都小于 0.07%，说明拒绝系数为零的原假设，F 检验中概率为 0.0027，调整后判定系数（R^2）为 0.999 趋近于 1，从而说明拟合方程近似完全符合。拟合方程如下：

$$NZJZ = 113.6486474 + 0.07786409513 \times ZJRZ^2 - 6.288378833 \times ZJRZ$$

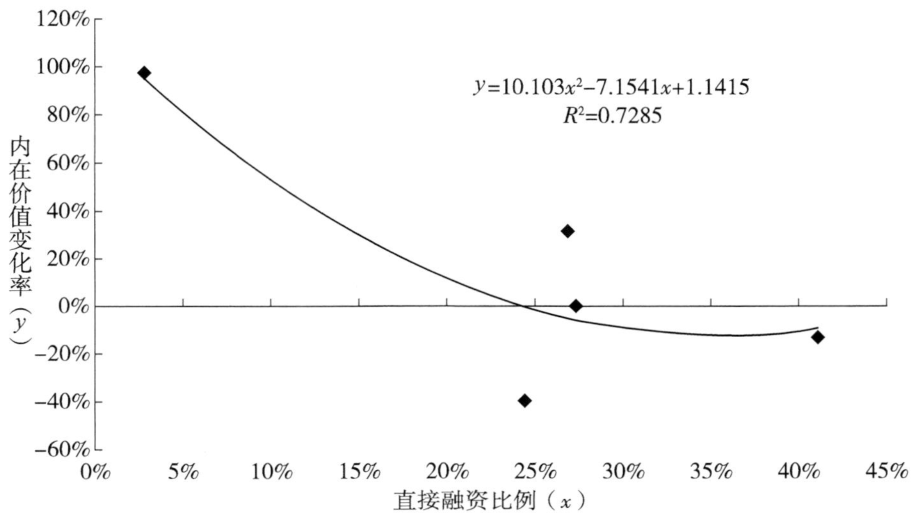

图 7－3　光明家具 1996、1997、1999、2000、2006 年直接融资比例和内在价值变化率关系散点图

表 7－3　Eviews 统计表

Dependent Variable（被解释变量）：NZJZ		Method：Least Squares（最小二乘法）		
Date（日期）：08/31/08 Time（时间）：19：29		Weighting series（权数）：E1		
White Heteroskedasticity－Consistent Standard Errors & Covariance（怀特协方差矩阵估计）				
Variable（变量）	Coefficient（系数）	Std. Error（标准差）	t－Statistic（T 值）	Prob（P_t 值）
C（常量）	113. 6486	0. 797692	142. 4718	0. 0000
$ZJRZ^2$（直接融资平方）	0. 077864	0. 006830	11. 39963	0. 0076
ZJRZ（直接融资）	－6. 288379	0. 297942	－21. 10605	0. 0022
Weighted Statistics（加权统计）				
R－squared（R^2）	0. 999111	Mean dependent var	48. 88796	
Adjusted R－squared（调节的 R^2）	0. 998223	S. D. dependent var	118. 9933	
S. E. of regression	5. 016216	Akaike info criterion（AIC 值）	6. 346938	
Sum squared resid（残差平方和）	50. 32484	Schwarz criterion	6. 112601	

续 表

Weighted Statistics（加权统计）			
Log likelihood	-12.86734	F-statistic（F 值）	369.7943
Durbin-Watson stat（DW 值）	0.985796	Prob（F-statistic）（P_F 值）	0.002697

显而易见，上式同为开口向上的抛物线，因此得出如下结论。

开口向上抛物线可以说明在融资初期，直接融资比例较低，间接融资比例较高，伊春市此时的经济也是在发展初期，产业水平不高，国家整体经济又是在计划经济向市场经济的转型初始阶段，从而间接融资能够为企业带来一定的利润回报。随着直接融资比例不断提升，与此同时产业水平也有了一定的提高，光明家具的企业价值有所增加，因此在产业升级的初期，直接融资比例与内在价值变化率成负相关，在产业升级的中后期，直接融资比例与内在价值变化率成正相关。从拟合的方程式也可以推断出，随着产业结构的不断升级与发展、直接融资比例的不断提升，直接融资比例与内在价值的变化率将成正相关。

根据目前光明家具发展程度来看，该公司处于较高的林业产业转型状态。通过对该公司直接融资比例与内在价值变化率的分析及其当前的发展状况来看，可以得出该企业应扩大直接融资比例，这与当前伊春市以间接融资为主的融资结构相背离，因此伊春市经济转型中产业升级中的融资结构存在问题。

四、建立资源型城市经济转型与金融支持关系模型

东北地区作为中国重要的资源基地，为全国经济发展做出了重要贡献。东北地区资源型城市经济转型是今后较长时间内我国经济发展的主要问题之一。企业融资结构问题则是资源型城市经济转型过程中有待解决的重大问题之一。在系统梳理资源型城市融资结构理论的基础上，通过实证分析，以提升企业价值、全面促进东北经济可持续发展为目标，论证融资结构与企业价值之间的关系，提出东北资源型城市的各项融资扶持政策，并系统性制定东北资源型城市经济发展过程中优化融资结构的具体对策，为具备区域特色的经济可持续发展探索可行路径，对东北区域经济的振兴具有参考意义。

我国资源型城市目前的发展状况令人担忧。一是经济机构不合理，“三产”（第一产业、第二产业和第三产业）比例失调，影响经济的长远发展；二

是对资源的掠夺式开发不仅带来的是资源的枯竭，并给产业链的延伸和接续产业的开发造成了极大的困难；三是环境污染和生态破坏严重，“先污染再治理”的模式给城市建设留下了祸根；四是人才结构较为单一，有综合管理能力和业务知识的科技人才缺乏；五是资源型城市布局不合理，基础设施差；六是资源型城市转型中的资金供给不足，而需求较多，比如说人才和技术的引入、产业链的接续、城市人口再就业问题、环境保护、“三废”的处理、生态平衡问题、新兴产业的发展等。

资源型城市实现可持续发展的主要途径是资源型城市的经济转型。在我国部分资源枯竭型城市经过持续探索，已初步探索出资源转换模式（辽宁省阜新市）、科技主导模式（甘肃省白银市）、发展循环经济和延长产业链模式（河南省焦作市）、建立再就业特区四大转型模式。资源型城市的转型需要大量的财力、人力、物力及技术，而在这些因素之中，资金是最为重要的。

在现代市场经济条件下，随着融资效率的提高，融资对经济的支持与推动越来越明显，并在相当大的程度上决定着经济发展的速度和效率，使得融资在经济中逐步处于重要地位。融资为转型发展提供资金支持，因而成为促进资源型城市实现可持续发展的重要保证。我国转型发展时期的融资制度安排对融集资金的配给和配置偏向于国有经济部门，正规融资渠道对资源型城市的资金融通严重短缺，这就必然导致推进资源型城市转型发展的所需资金投入出现一定的缺口。资源型城市可持续发展的融资渠道的调整与完善，正是为了弥补这个缺口而出现的一种新制度安排，旨在通过融资方式和融资政策的选择，实现融资结构的改进与创新，来合理配置信贷资源、优化信贷结构、规范并引导资源型城市资金市场运行、完善融资服务等途径，为资源型城市可持续发展奠定坚实的资金基础。

通过对我国资源型城市经济转型与融资重要性的阐述，我们不仅应客观地审视资源型城市在东北经济发展过程中所起到的重要作用及其发展潜力，在此基础之上，为科学制定资源型城市融资政策提供指导。积极利用与企业扶持相关的金融政策与手段为东北资源型城市合理地提升企业价值提供理论支持。

资源型城市经济要发展，就必须走经济转型与可持续发展道路，最终达到提升本地企业价值的目标。由于经济转型与企业价值之间存在辩证关系，因此本论题将通过考察东北地区资源型城市融资结构与企业价值之间的关系，揭示出优化融资结构对企业价值的影响，进而通过对企业价值的正面影响来促进资源型城市经济转型，最终为东北地区资源型城市经济转型中的企业融资对策提供参考。

（一）经济转型与企业价值及融资结构的关系

1. 经济转型与企业价值关系

经济转型主要是指技术转型、产业转型、增长方式转型、金融及经济体制转型的合成变动，其中主要是指由于技术进步导致的产业升级过程。这种转型是整个经济结构的提升，是支柱产业的替换，因而是一种阶段性质的变化或飞跃。

企业价值从不同的角度、使用不同的标准来分析、研究，就会形成不同的概念。会计师强调企业的账面价值，经济学家强调企业的公允市场价值，而投资者强调企业的市场价值和内在价值。提升企业价值对于经济转型有以下四方面影响。

第一，在技术转型方面，提升企业价值是企业聚集人才与筹集资金的基础，只有企业不断地壮大，才会获得社会最优质的资源，最终研发最优质技术，使企业得到技术转型，将整个行业提到一个新高度。

第二，在产业转型方面，提升企业价值是强化整个产业的核心，只有企业价值得到不断的提升，整个产业才有能力去进行升级、转型，否则就失去了产业转型的原动力。

第三，在增长方式转型方面，提升企业价值是增长方式转型的目标，转变增长方式的主要目的便是企业价值能得到不断的提升。所以提升企业价值对增长方式转型具有方向性作用。

第四，在金融及经济体制转型方面，企业价值是企业信用评级的核心指标，完善企业价值的评定则会促进信用体系的建立，完善的信用体系既是金融及经济体制转型的成果，也是金融及经济体制转型的推动力量。

总之，只有在经济转型的基础下，才能实现区域经济可持续发展，进而最终达到社会整体价值的最大化。企业价值是社会价值不可或缺的一部分，所占比重较大。由于区域经济的发展在很大程度上是由企业发展带动，换一个角度说，企业的发展是区域经济发展的根源。从而我们可以得出企业的发展推动区域经济的转型。企业价值是企业发展程度的重要指标，企业价值的变化在一定程度上说明企业发展的现实状况。因此我们可以得出这样的结论，提升企业价值能够促进资源型城市经济转型。

2. 企业价值与融资结构关系

企业的融资结构是指企业取得长期资金的各项来源、组成及其相互关系；由于企业的融资结构影响企业的融资成本、市场价值、治理结构和总体经济的增长与稳定，因此，企业如何通过融资方式的选择来实现其市场价值最大化，即如何确定最优融资结构，一直是财务理论和实践中人们十分关注的问题。

融资结构理论在研究时一般遵循这样一种逻辑，即通过融资结构的调整影响企业价值的变化。因此我们可以得出这样的结论，提升企业价值作为优化融资结构促进经济转型的媒介，即优化企业融资结构通过提升企业价值对东北资源型城市经济转型具有促进作用；与此同时能合理解决东北资源型城市在经济转型过程中的资金问题（见图 7－4）。

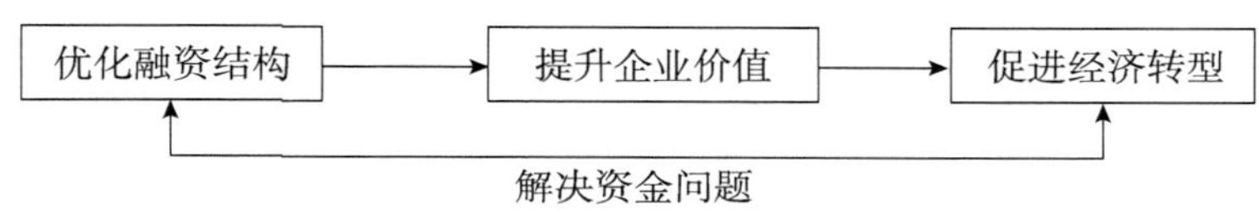

图 7－4　以提升企业价值为媒介的思维逻辑图

（二）东北资源型城市上市公司企业价值与融资结构现状

东北地区资源型城市企业可分为两类，一类是上市公司，另一类是非上市公司。目前，非上市公司的外部融资方式较为单一，间接融资是其融资的唯一途径。因此，我们将东北地区资源型城市当中的上市公司作为我们研究资源型城市企业融资结构的重心，进一步反映当地企业融资结构的现实状态，揭示企业融资当中所存在的问题。

东北资源型城市当中的上市公司，其融资行为以债权融资为主，债权融资又以银行的长期贷款为主，且负债增长过快，利息支出加大，财务风险较高。据统计，2008 年，东北地区资源型城市 9 家上市公司年末负债总计 413.59 亿元，同比增长 38.74%。其中，国有控股公司 401.26 亿元，同比增长 40.68%；集体控股公司 12.33 亿元，同比下降 4.25%。9 家上市公司应付利息 4.16 亿元，同比增长 101.71%。其中，国有控股公司 2.81 亿元，同比增长 165.1%；集体控股公司 1.35 亿元，同比增长 34.65%。2008 年东北地区资源型城市上市公司资产负债率平均为 67.56%，同比增长 12.22%。

1. 东北地区资源型城市上市公司概况

（1）资源型城市上市公司数量分析。如表7-4所示，截至2008年12月底，东北地区资源型城市上市公司9家，共发行股票10只。9家上市公司中，有A股上市公司8家，“A+B”股公司1家。9家上市公司分布在辽宁省葫芦岛市（2家）、辽宁省盘锦市（1家）、辽宁省抚顺市（1家）、吉林省敦化市（1家）、吉林省辽源市（1家）、黑龙江省大庆市（1家）、黑龙江省伊春市（1家）共7个省辖市，涉及黑色金属冶炼及压延加工业、有色金属冶炼及压延加工业、基本化学原料与肥料制造业、化学纤维制造业、中药材及中成药加工业、木材家具制造业。从中我们不难发现，这些行业可分为四个方面分别为冶炼、化工、中药加工、木材加工。首先，冶炼的主要原材料是煤，煤矿是资源型城市当中三大资源之一；其次，化工化纤的主要原材料是石油，石油也是东北地区重要的矿产资源之一；再次，中药加工的主要原料是一些珍贵植物，其属于一种可再生资源；最后，木材加工的主要原料一定就是木材，其也是林业型城市重要的组成部分。由此我们可以得出，当前东北地区资源型城市上市公司都是依靠本地资源而建立的，那么研究这些上市公司就是研究资源型城市经济转型的核心。所以促进此类上市公司的经济转型，能明显带动资源型城市的整体转型，最终实现资源型城市可持续发展的目标。

表7-4　　东北地区资源型城市上市公司数量　　单位：个

年份	上市公司数量			上交所		深交所		仅发A股		发AB股	
	东北	全国	占比	东北	全国	东北	全国	东北	全国	东北	全国
1993	1	183	0.55	1	106		77	1	183		34
1994	1	291	0.34	1	171		120	1	227		54
1995	1	323	0.31	1	188		135	1	242		58
1996	3	530	0.57	1	293	2	237	3	431		69
1997	6	745	0.81	1	383	5	362	6	627		76
1998	7	851	0.82	1	438	6	413	6	727	1	80
1999	7	949	0.74	1	484	6	465	6	822	1	82
2000	9	1088	0.83	2	572	7	516	8	955	1	86
2001	9	1160	0.78	2	646	7	514	8	1025	1	88

续　表

年份	上市公司数量			上交所		深交所		仅发 A 股		发 AB 股	
	东北	全国	占比	东北	全国	东北	全国	东北	全国	东北	全国
2002	9	1224	0. 74	2	715	7	509	8	1085	1	87
2003	9	1287	0. 70	2	780	7	507	8	1146	1	87
2004	9	1377	0. 65	2	837	7	540	8	1236	1	86
2005	9	1381	0. 65	2	834	7	547	8	1240	1	86
2006	9	1434	0. 63	2	842	7	592	8	1287	1	86
2007	9			2		7		8		1	
2008	9			2		7		8		1	

数据来源：根据 1995—2007 年中国统计年鉴及中国上市公司咨询网相关数据整理。

（2）资源型城市上市公司分布概况，如表 7 –5 所示。

表 7 –5　　　　东北三省上市公司区域分布表

辽　宁	吉　林	黑龙江
本钢板材、辽通化工、抚顺特钢、锦化氯碱、辽源得亨	吉林敖东、锌业股份	大庆化科、光明家具

资料来源：根据中国上市公司咨询网相关资料整理。

2008 年 9 家上市公司相对 1993 年的 1 家而言，无论是数量还是发展速度都有了显著提高，但是与全国水平相比差距还是比较大的。从表 7 –4 中可以发现，尽管 1993—2000 年，东北地区资源型城市上市公司数目不断上升，这几年的平均发展速度达到 36. 87%，但是从 2001 年以来上市公司数目一直保持在 9 家的水平，并且上市公司的数量占全国比重一直低于 1%，近几年这一比重还有不断下降的趋势。因此可见东北地区资源型城市上市公司数量限制了资源型城市直接融资的能力，并且从上市公司数量上看其直接融资能力与全国平均水平相比还有较大差距，而且差距有不断拉大的趋势。

2. 东北资源型城市上市公司企业价值现状

此问题通过惯用参数托宾 Q（TobinQ）反映东北地区资源型城市上市公司的企业价值，进而体现上市公司的企业价值状况。Q 值的高低说明企业投资的意愿高低，通过投资意愿能反映企业未来的价值增值空间，进一步体现企业现期及未来价值。用来计算托宾 Q 的数据也能较好地体现现期的企业价值，如表 7－6 所示。

托宾 Q =（股票市价 × 流通股股数 + 股票市价 × 非流通股股数 ×30% + 债务资本）/公司总资产

债务资本 = 短期借款 +1 年内到期的长期负债 + 长期借款 + 应付债券

股票市价 = 每一年最后一个交易日的个股收盘价

相关数据由中国上市公司咨询网和同化顺软件信息库相关资料整理而得。

表 7－6　　东北资源型城市上市公司的企业价值数据表　　单位：万元

上市公司及年份		市价（元）	流通股	非流通股	短期借款	一年内到期的长期负债	长期借款	债务资本	总资产	Q 值
光明家具	1996	7.65	4113	7086	11619	1000	2609	152284	45239	1.39
	1997	6.63	6359	10284	8122	1500	3094	12716	55281	1.36
	1999	6.46	8267	10303	7180	1580		8760	64784	1.27
	2000	12.67	8343	10227	14890	1580	1480	17950	69710	2.33
	2006	2.54	8343	10227	52611			52611	72611	1.12
大庆华科	2000	25.16	3000	8500				0	47539	2.94
	2001	17.55	3000	8500				0	48353	2.01
ST 得亨	1999	8.1	5999	7243	1414		8902	10316	40585	1.89
	2001	7.97	8998	8694	8444		26530	34974	85479	1.49
	2002	5.8	9144	8835	24357		28030	52387	1171325	1.03
	2006	2.19	13035	5537	22797		56150	78947	147454	0.75
吉林敖东	1996	17.62	1800	5360	6568		1683	8251	42142	1.62
	1998	13.23	4914	14632	10470		407	10877	84827	1.58
	2000	17.12	11072	12293	16780		54000	16785	143266	1.88
	2001	11.22	11072	12293	25150		54000	25155	155216	1.23
	2002	9.78	11072	12293	40479			40479	188153	0.98
	2004	5.54	18792	16257	41138	3700	9944	54783	252203	0.73
	2007	67.35	48062	9273	19036		1000	20036	563849	6.11

续　表

上市公司及年份		市价（元）	流通股	非流通股	短期借款	一年内到期的长期负债	长期借款	债务资本	总资产	Q值
锌业股份	1997	15.06	9000	32000	81365		4936	86301	286638	1.28
	2000	9.63	34702	53407	63890	1650	10200	75740	405043	1.39
锦化氯碱	1997	7.81	8100	25900			1271	1271	100161	1.25
抚顺特钢	2000	7.18	12000	40000	14370	21578	27470	63418	275368	0.85
辽通化工	1997	12.22	11700	49800	35800	9299	65349	110448	279015	1.56
	1998	5.53	16900	49422	27475	12075	59140	98690	292660	0.94
	2007	12.55	32989	33333	180200		61666	241866	897970	0.87
黑化股份	1998	5.6	7500	25500	4005		77350	81355	176287	0.94
	2004	4.33	10000	23000	46429		450	46879	176126	0.68
恒丰纸业	2000	25.01	4000	10000	2630	5000	5800	13430	66961	2.81
	2007	12.5	8700	10600	12115		21800	33915	159529	1.14
吉林森工	1998	7.75	6800	21700	5170		2362	7532	99172	1.12
	2000	11.68	11050	20000	14600		8850	23450	166067	1.34
	2001	9.68	11050	20000	22000	27	8370	30397	171201	1.14
	2006	8.51	16801	14248	33500		4000	37500	240607	0.90
	2007	19.95	18354	12696	18500		3000	21500	241825	1.91
本钢板材		A股	B股	A股	B股	非流通股	短期借款	一年内到期的长期负债（亿）	长期借款	总资产
1998		4.4	0.85	1.2	4	61600	12700	11651	10456	38625

数据来源：根据中国上市公司咨询网相关资料整理而得。

根据表7－6，东北资源型城市上市公司的Q值，我们可以看到Q值大于1的数据有25组，说明东北资源型城市上市公司其企业投资意愿较强，企业账面价值在远期将会有所提升；Q值小于1的数据有9组，说明此9组数据所对应的年份及企业，其企业投资意愿较弱，企业账面价值在远期将会有所下降。通过东北资源型城市上市公司总资产可以观察企业的当前账面价值，通过东北资源型城市上市公司的托宾 Q 值可以观察企业的远期价值（未来收益的折现价值）。因此通过表 7－6 我们不仅可以了解东北资源型城市上市公司的企业价值现实状况，而且可以发现上市公司的远期财务价值将有所提升。

3. 东北资源型城市上市公司融资结构现状

（1）内源融资。为了反映所有样本公司的留存利润总体情况，本书选取每股收益、每股净资产、每股净资产收益率、净利润、利润留存与折旧和利润留存度以及利润留存与折旧和占总融资的比例这七个变量进行描述统计分析，最后的结果如表 7－7 所示。

表 7－7　东北地区资源型城市上市公司利润留存情况有关变量的均值比

报告期（年度）	每股收益（元）	每股净资产（元）	每股净资产收益率（%）	净利润合计（万）	利润留存合计（万）	利润留存额与折旧和（万）	利润留存度（%）	利润留存占总融资（%）	利润留存与折旧和占总融资（%）
2003	0.17	3.42	4.14	66146.1	50739.2	63419.3	76.71	11.07	13.84
2004	0.22	3.32	6.28	101583.8	57875.4	70597.6	56.97	7.83	9.55
2005	0.26	3.66	6.85	104038.5	50739.2	60084.0	48.77	5.65	6.69
2006	0.37	3.95	7.32	228365.1	193628.6	204397.7	84.79	19.75	20.84
2007	0.77	4.70	10.80	399360.7	262916.2	271761.9	65.83	15.87	16.40
2008	0.19	4.63	0.04	119825.4	－5670.7	10196.3	－4.73	－0.37	0.66

资料来源：根据中国上市公司咨询网相关数据整理。注：由于 9 家上市公司中有 3 家企业（SST 光明、ST 得亨、＊ST 锌业）多年处于亏损状态，所以内源融资的部分指标缺乏经济意义，因此从公司利润留存情况表中剔除。

第一，资源型城市上市公司内源融资情况。

①公司利润留存及累计折旧的总体情况。从上市公司的收益情况来看，由于受金融危机对我国经济的负面影响，并波及资源型城市上市公司的总体业绩，进而 2008 年上市公司的财务指标有明显下降，但上市公司在国内经济稳定的年份（2003—2006 年）每股收益维持在 0.2 元左右，呈上升趋势，2007 年达到最高点；每股净资产呈曲折上升的趋势，2007 年达到最高点；净资产收益率除 2007 年相对比较高，2008 年比较低，其他年份的净资

产收益率都约为5%～8%。由于剔除了ST类上市公司的财务数据并且不断地增发与配售新股进而扩大企业运营规模、增强企业整体盈利能力，因此上市公司的净利润有逐年递增的态势，从2003年的661461212.4元增长到2007年3993607225.7元，5年的时间增长了6倍多。公司的利润留存量和利润留存度呈曲折性变化，2003—2005年逐年下降，到最低点48.77%，从2006年开始维持在65%以上（剔除金融危机对上市公司影响所产生的2008年财务数据），从6年的利润留存度来看除2003年以外，其他年份都维持在55%～85%，以上统计资料可以说明东北地区资源型城市上市公司的内源融资政策比较稳定，采取积极的融资政策，对内源融资一直比较重视。

另外，公司的留存利润占总融资规模的比例近年来一直处于20%以下，利润和累计折旧之和占总融资的比重处于21%下方，说明东北地区资源型城市上市公司在内源融资方面，能力不足，而其对外源融资的依赖性较大。更进一步说当前该类上市公司主要依靠外源融资，从而其对企业价值的影响也较为明显。

②相关变量的变动趋势。从表7－7中的数据统计中，我们可以看出，2003年以来资源型城市上市公司的平均每股收益逐年升高，在2007年达到最高点0.77元，2008年受金融危机的影响公司每股收益明显下降。剔除金融危机的影响，据此数据可以估计，在可预见的未来，上市公司的每股收益水平，在没有其他外在条件的影响下，应该保持逐渐上升的趋势。

2003年以来，公司的每股净资产一直维持在3.3～4.7，有曲折向上的发展趋势，说明企业的发展潜力较大；净资产收益率有逐年递升的趋势，从2003年的4.14%攀升到2007年的10.8%，反映出资源型城市上市公司的生产经营在不断地改善，净资产盈利能力明显提升；上市公司的净利润总额会随着上市公司的发展而继续增长；公司的利润留存度在45%以上，说明公司分红意愿较低，对内源融资的要求较高，但内源融资能力有限；利润留存额和累计折旧之和曲折上升，除2005年与2008年下降外，其他年份全部上升，说明公司每年计提的折旧大小与经济环境好坏较为一致，在经济环境好的年份，其固定资产更新速度较快。

第二，与全国上市公司的内源融资平均状况比较。如表7－8所示。

表 7－8　　全国上市公司利润留存情况有关变量的均值比较

报告期（年度）	每股收益（元）	每股净资产（元）	每股净资产收益（%）	净利润合计（万元）	利润留存合计（万元）	利润留存占总融资（%）
2000	0.21	2.70	7.83	764.60	265.04	12.60
2001	0.14	2.52	5.74	731.84	－137.43	－11.46
2002	0.15	2.52	5.81	837.45	88.18	9.17
2003	0.20	2.68	7.50	1264.28	763.14	56.20
2004	0.24	2.70	8.95	1697.90	565.42	37.42
2005	0.25	2.75	8.96	1857.51	618.57	40.94
2006	0.25	2.80	9.00	2056.26	702.35	38.44

资料来源：根据中国上市公司咨询网相关数据整理。

从表 7－8 我们可以看出，我国上市公司的内源性融资政策是十分不稳定且随意性很大，盈利能力并没有随公司的融资政策的变化而改变，新增资金的利用效率不高，公司不重视内源性融资，内源融资政策往往根据上市公司其他政策的变化而调整。而东北地区资源型城市上市公司的内源融资政策较为稳定，利润留存占总融资的比重维持在 5%～20%，虽然比重不高，却可以说明东北地区资源型城市上市公司对内源融资还是比较重视的，但由于公司内源融资能力有限，以致内源融资占融资总额的比例较低，可是其内源融资政策不会随上市公司的其他政策的变化而随意更改。

（2）股权融资，如表 7－9 所示。

表 7－9　　东北地区资源型城市企业股票发行及融资情况

年份	股票发行数量（万股）		股票融资总额（万元）	配股与增发数量（万股）		配股与增发融资额（万元）
	A 股	B 股		A 股	B 股	
1993	2500.00		8000.00			
1996	4800.00		13861.6			
1997	45059.25	40000	354628.16	2059.25		7825.16
1998	5888.72		43302.07	5888.72		43302.07
1999	1876.88		10510.51	1876.88		10510.51

续 表

年份	股票发行数量（万股）		股票融资总额（万元）	配股与增发数量（万股）		配股与增发融资额（万元）
	A股	B股		A股	B股	
2000	24879.30		164954.94	9879.30		77200.90
2001	1714.69		12002.81	1714.69		12002.81
2006	20000.00		93400.00	20000.00		93400.00
2008	53728.12		371296.56	53728.12		371296.56
合计	160446.96	40000.00	1071956.65	95146.96		615538.01

资料来源：根据中国上市公司咨询网相关数据整理。股票发行额、股票融资额包括首次发行、配股、增发。1993—2008 年年未标年份为该年无股权融资。

表 7－10　东北地区资源型城市上市公司融资总额　单位：万元

年　份	2003	2004	2005	2006	2007	2008
融资总额	458285.63	739277.18	897930.60	980579.36	1656611.07	1547332.11

资料来源：根据中国上市公司咨询网相关数据整理。

从表 7－9 可以看出，东北地区资源型城市上市公司的股权融资规模一直在曲折上升，2008 年的股权融资额比 1993 年提高将近 47 倍（2008 年股票融资总额/1993 年股票融资总额）。尽管如此，股权融资额在东北地区资源型城市上市公司的融资总额中所占的比重仍然较低。从表 7－10 可以看出，上市公司的融资总额不断上升，将股权融资额与融资总额比较，我们不难发现，股权融资额与融资总额的比例，2006 年 9.5%，2008 年 24%，说明近三年东北地区资源型城市上市公司股权融资不断增加，上市企业开始加大直接融资力度，但力度仍然较小。随着资本市场的发展，股权融资占总融资的比重一直不稳定，且所占比例较低，这说明，东北资源型城市上市公司近几年股权融资发展速度缓慢，利用资本市场的能力远远低于全国平均水平。

①初次股权融资额。截至 2008 年年底，上市的 9 家公司的首次上市股权融资额为 1071956.65 万元。首次股票的发行价平均为 5.53 元；东北地区资源型城市上市公司首次股权融资主要采用的方式有上网定价、向二级市场投资者配售、全额预缴款、比例配售、全额即退、网下发行等。

②再融资股权融资额。如表 7－11 所示，截至 2008 年年底，东北资源型

城市上市公司股权再融资的融资额为615538.05万元股票的平均定价6.62元，总共进行了9次股权融资行为，其中增发进行了2次，配股进行了7次。

表7－11　　东北地区资源型城市上市公司股权再融资情况

公司名称	融资方式	发行日期	发行数量（万股）	发行价格（元）	资金（万元）
本钢板材 000761	增发	2006－10－09	20000.00	4.67	93400.00
辽通化工 000059	配股	1998－08－12	3807.71	7.00	26654.00
	增发	2008－01－14	53728.12	7.00	371296.56
锌业股份 000751	配股	2000－05－17	6169.14	6.50	40099.39
吉林敖东 000623	配股	1998－02－23	2081.01	8.00	16648.07
	配股	2000－08－25	3710.16	10.00	37101.55
辽源得亨 600699	配股	2001－11－26	1714.69	7.00	12002.81
光明家具 000587	配股	1997－08－07	2059.25	3.80	7825.16
	配股	1999－03－12	1876.88	5.60	10510.51
合计			95146.96	59.57	615538.05

资料来源：根据中国上市公司咨询网相关数据整理。

如表7－12所示，东北地区资源型城市上市公司中实施股权再融资的企业有6家，剩余的3家从未在资本市场中采用任何形式的股权再融资方式来为企业筹集发展资金，该行为严重制约了企业的发展速度。2006—2008年的平均发展速度为：（以净资产增长率来表示公司的规模发展）除2008年为－15.78375%，2006年和2007年均出现了正增长（如表7－12所示）。2006年和2008年东北地区资源型城市上市公司存在股权融资，2007年则未发生股权融资行为，因此根据近三年数据未发现股权融资与公司发展速度有明显的相关性。但通过表7－13，发现2006—2008年融资额度变化与公司发展速度呈正相关。

③与全国上市公司股权融资情况比较，如表7－13所示。

表 7－12　　上市公司的净资产收益率

公司名称	净资产收益率（%）		
	2006 年	2007 年	2008 年
大庆华科	2.47	4.00	－2.69
辽源得亨	－30.81	5.28	－69.71
吉林敖东	21.85	43.23	17.79
锌业股份	7.94	－10.06	－56.82
锦化氯碱	3.36	1.69	－24.43
抚顺特钢	1.01	1.51	2.16
辽通化工	4.94	4.23	6.39
本钢板材	10.30	10.15	1.04
平均发展速度	2.6325	7.50375	－15.78375

资料来源：根据中国上市公司咨询网相关数据整理。由于光明家具 2006—2008 年净资产为负，所以将其剔除。

表 7－13　　全国上市公司股权融资情况

年份	股票发行额（亿股）		股票融资总额（亿元）	东北占融资总额比（‰）	配股与增发额（亿股）		配股与增发融资额（亿元）
	A 股	B 股			A 股	B 股	
1993	42.59	12.79	375.47	2.13	276.41	38.13	314.54
1994	10.97	10.40	326.78	—	99.78	38.27	138.05
1995	5.32	10.90	150.32	—	85.51	33.35	118.86
1996	38.29	16.05	425.08	3.26	294.34	47.18	341.52
1997	105.65	25.10	1293.82	27.41	825.92	107.90	933.82
1998	86.30	9.90	841.52	5.15	778.02	25.55	803.57
1999	98.11	1.77	944.56	1.13	893.60	3.79	897.39
2000	145.68	7.10	2103.08	7.84	1527.03	13.99	1541.02
2001	93.00	—	1252.34	0.96	1182.13	—	1182.13
2002	134.20	—	961.75	—	779.75	—	779.75
2003	83.64	1.00	1357.75	—	819.56	3.54	823.1

续 表

年份	股票发行额（亿股）		股票融资总额（亿元）	东北占融资总额比（‰）	配股与增发额（亿股）		配股与增发融资额（亿元）
	A股	B股			A股	B股	
2004	54.88	1.53	1510.94	—	835.71	27.16	862.87
2005	13.80	0.00	1882.51	—	338.13	0.00	338.13
2006	351.11	—	5594.29	1.67	2463.70	—	2463.7
合计	1273.54	8163.33	19119.30		11254.59	40140.03	51394.62

资料来源：《2007年中国统计年鉴》。东北占融资总额比为东北地区资源型城市股权融资总额占全国的比重。

如表7－13所示，截至2008年年底全国上市公司的股权融资额为19119.30亿元，在过去的14年中，东北地区资源型城市股权融资总额在全国的比重，除1997年27.41及2000年7.84外，其余年份都低于5.2，其均值为2.38，这与东北资源型城市上市公司的数量占全国的比重平均在6.52极度不符。

（3）债权融资。为了反映所有样本公司的留存利润总体情况，我们选取长期借款、长期负债、长期借款/长期负债、长期借款/总融资额这四个变量进行描述统计分析，最后的结果如表7－14所示。

表7－14　　东北地区资源型城市九家上市公司债权融资情况

年份	长期借款（万元）	长期负债（万元）	长期借款/长期负债（%）	长期借款/总融资额（%）
2003	390688.97	490040.51	79.73	85.25
2004	394767.64	490031.07	80.56	53.40
2005	369835.65	455468.04	81.20	41.19
2006	484663.75	523345.86	92.61	49.43
2007	430722.76	430722.76	100.00	26.00

资料来源：根据中国上市公司咨询网相关资料整理。

①东北地区资源型城市上市公司债权融资情况。因为短期负债的需求量和筹集是经常变化的，且在整个资金总量中所占比重不稳定，所以本书选取

长期负债来代表企业的债权融资状况。近几年长期负债总额一直维持在 50 亿元左右，占总融资的比重在 26% 以上，比重起伏较大，不太稳定，但数量上较为稳定。长期负债的结构单一，主要为长期借款，其占长期负债的比重均高于 79%，且东北资源型城市上市公司从未对外发行过公司债券。

②全国上市公司债权融资情况，如表 7 – 15 所示。

表 7 – 15　　　　我国上市公司债权融资

年份	公司数量（个）	长期负债（亿元）	长期借款（亿元）	债券（亿元）	长期借款/长期负债（%）
2000	1088	21673. 88	21568. 58	105. 30	99. 51
2001	1160	29257. 03	29113. 03	144. 00	99. 51
2002	1222	41539. 41	41214. 41	325. 00	99. 22
2003	1287	53844. 88	53486. 88	358. 00	99. 34
2004	1377	63186. 38	62864. 38	322. 00	99. 45
2005	1381	74517. 42	74099. 42	418. 00	99. 36
2006	1434	87326. 58	86824. 58	502. 00	99. 27
合计		371345. 6	369171. 3	2174. 3	

资料来源：根据中国上市公司咨询网相关资料整理。

从表 7 – 14 与表 7 – 15 的比较中发现，在过去 7 年里，全国上市公司的债权融资中，以银行长期借款为主，占债权融资总额的比率维持在 99% 以上，债券融资有所发展，但发展速度太慢跟不上企业的融资需求。这与东北地区资源型上市公司的债权融资基本类似。

4. 东北资源型城市上市公司企业价值与融资结构的实证分析

（1）模型设计

由前三个问题分析可知，提升企业价值是经济转型的必要条件，提升企业价值有利于推动经济转型，经济转型的主要目的之一也是提升企业价值；根据 MM（莫迪里亚尼—米勒定理）定理可知，融资结构是影响企业价值变化的因素。从而经济转型与融资结构之间存在一定程度上的关联关系，我们可以通过优化融资结构来推动资源型城市经济转型。资源型城市的融资结构与企业价值的实证分析是本问题的关键部分。

为了论证融资结构与企业价值的关系，本章采用了多元回归模型来分析。

由于融资结构分为内源融资与外源融资两部分，而大多企业内源融资数额较小，对企业融资成本的影响不大，因此我们主要研究外源融资。外源融资又可分为直接融资与间接融资。直接融资依靠两种途径，一是股票融资，二是债券融资。由此我们建立一个以企业价值为被解释变量，股票融资、债券融资与间接融资为解释变量的多元回归模型，以分析融资结构对企业价值的影响。

①模型假设。根据前文所述的代理理论与信号传递理论，可以看出债务对企业价值起着正面效应，体现在其对债务人的激励与约束机制上。如果采取债务融资，一方面，债务契约会减少股东从事有较大风险的项目并借助有限责任制度把失败的损失推给债权人的可能性，从而减少债权的代理成本，增加企业价值；另一方面，信号传递理论认为，由于破产机制的约束，如果企业经营失败，无力履行债务契约，债权人就可以由债权持有者转化为股权持有者，按照契约或者有关法律对债务人进行相关治理，如对企业进行破产清算或重组等。为了避免控制权的丧失，经营者只有努力经营力争保持财务状况的良好。因而，举债使潜在的投资者对企业市场价值的前景充满信心，所以发行债券可以降低企业资金的总成本，企业的市场价值也随之增加。因此本书提出假设 A：债券融资与企业价值正相关。假设 B：间接融资与企业价值正相关。假设 C：融资结构影响企业价值。

②样本选取及数据分析。本书的样本数据选自中国上市公司咨询网中上市公司 1997—2008 年年末的财务数据。为了验证前文假设，选取东北资源型城市上市公司数据作为本书研究的样本。在样本的选取中，本书遵循以下原则：上市公司的注册地是东北资源型城市，即资源型城市企业。除注册地是东北资源型城市的上市公司外，还选取了注册地在东北的典型性资源类加工企业。资源类加工企业的发展有利于推动产业升级，产业升级是经济转型的重要组成部分，从而选取资源类加工企业作为研究样本的一部分。根据以上原则进行筛选，选取了 12 家上市公司，它们分别是本钢板材、辽通化工、抚顺特钢、锦化氯碱、锌业股份、吉林敖东、辽源得亨、大庆华科、光明家具、黑化股份、恒丰纸业、吉林森工。初步得到 123 组数据，在数据的收集过程中发现，大部分年份融资方式为间接融资，直接融资额非零的年份数为 34 个，从而得到有效数据 34 组。通常习惯上以数量大于等于 30 的样本作为大样本，34 组数据满足了统计学中“样本容量足够大”的要求。因此这 34 组数据（如表 7 – 16 及表 7 – 17 所示）作为本书实证研究的对象。

表 7－16　　12 家上市公司融资结构样本数据表　　单位：万元

公司及年份		直接融资	间接融资	总融资额	直接融资比例	间接融资比例
ST光明	1996	4600.00	14200.00	18800.00	0.2447	0.7553
	1997	7800.00	11200.00	19000.00	0.4105	0.5895
	1999	10700.00	28400.00	39100.00	0.2737	0.7263
	2000	1100.00	37000.00	38100.00	0.0289	0.9711
	2006	700.00	1900.00	2600.00	0.2692	0.7308
大庆华科	2000	24307.74	454.57	24762.31	0.9816	0.0183
	2001	45.00	380.00	425.00	0.1059	0.8941
ST得亨	1999	22.07	27527.00	27549.07	0.0008	0.9992
	2001	12002.81	29640.00	41642.81	0.2882	0.7117
	2002	30.00	40805.00	40835.00	0.0007	0.9993
	2006	10.00	13700.00	13710.00	0.0007	0.9993
吉林敖东	1996	9261.60	6648.27	15909.87	0.5821	0.4178
	1998	19838.88	10670.47	30509.35	0.6502	0.3497
	2000	37208.33	7515.00	44723.33	0.8319	0.1680
	2001	200.00	12120.00	12320.00	0.0162	0.9837
	2002	805.00	48341.51	49146.51	0.0163	0.9836
	2004	152.00	40006.05	40158.05	0.0037	0.9962
	2007	469.00	47549.19	48018.19	0.0097	0.9902
锌业股份	1997	65288.00	81365.60	146653.60	0.4451	0.5548
	2000	28867.39	129160.00	158027.39	0.1826	0.8173
锦化氯碱	1997	55323.00	1086.96	56409.96	0.9807	0.0192
抚顺特钢	2000	63859.00	2800.00	66659.00	0.9579	0.0420
辽通化工	1997	68120.00	35800.00	103920.00	0.6555	0.3444
	1998	27751.08	26375.00	54126.09	0.5127	0.4872
	2007	371737.88	181850.00	553587.89	0.6715	0.3284

续　表

公司及年份		直接融资	间接融资	总融资额	直接融资比例	间接融资比例
本钢板材	1998	159151.00	11251.00	170402.00	0.9339	0.0660
黑化股份	1998	39100.00	29256.57	68356.57	0.5720	0.4280
	2004	550.00	46441.00	46991.00	0.0117	0.9883
恒丰纸业	2000	27409.92	6380.00	33789.92	0.8112	0.1888
	2007	289380.00	23115.04	52053.04	0.5559	0.4441
吉林森工	1998	43993.63	2174.90	46168.54	0.9528	0.0471
	2000	22083.55	26415.00	48498.55	0.4553	0.5446
	2001	669.00	9000.00	9669.00	0.0691	0.9308
	2007	49800.00	71821.55	121621.55	0.4094	0.5905

数据来源：根据中国上市公司咨询网相关资料整理而得。

表 7－17　　12 家上市公司的企业价值样本数据表　　单位：万元

上市公司及年份		市价（元）	流通股	非流通股	短期借款	一年内到期的长期负债	长期借款	应付债券	债务资本	总资产
光明家具	1996	7.65	4113	7086	11619	1000	2609		152284	45239
	1997	6.63	6359	10284	8122	1500	3094		12716	55281
	1999	6.46	8267	10303	7180	1580			8760	64784
	2000	12.67	8343	10227	14890	1580	1480		17950	69710
	2006	2.54	8343	10227	52611				52611	72611
大庆华科	2000	25.16	3000	8500					0	47539
	2001	17.55	3000	8500					0	48353
ST得亨	1999	8.1	5999	7243	1414		8902		10316	40585
	2001	7.97	8998	8694	8444		26530		34974	85479
	2002	5.8	9144	8835	24357		28030		52387	1171325
	2006	2.19	13035	5537	22797		56150		78947	147454
吉林敖东	1996	17.62	1800	5360	6568		1683		8251	42142
	1998	13.23	4914	14632	10470		407		10877	84827

续　表

上市公司及年份		市价（元）	流通股	非流通股	短期借款	一年内到期的长期负债	长期借款	应付债券	债务资本	总资产
吉林敖东	2000	17.12	11072	12293	16780		54000		16785	143266
	2001	11.22	11072	12293	25150		54000		25155	155216
	2002	9.78	11072	12293	40479				40479	188153
	2004	5.54	18792	16257	41138	3700	9944		54783	252203
	2007	67.35	48062	9273	19036		1000		20036	563849
锌业股份	1997	15.06	9000	32000	81365		4936		86301	286638
	2000	9.63	34702	53407	63890	1650	10200		75740	405043
锦化氯碱	1997	7.81	8100	25900			1271		1271	100161
抚顺特钢	2000	7.18	12000	40000	14370	21578	27470		63418	275368
辽通化工	1997	12.22	11700	49800	35800	9299	65349		110448	279015
	1998	5.53	16900	49422	27475	12075	59140		98690	292660
	2007	12.55	32989	33333	180200		61666		241866	897970
黑化股份	1998	5.6	7500	25500	4005		77350		81355	176287
	2004	4.33	10000	23000	46429		450		46879	176126
恒丰纸业	2000	25.01	4000	10000	2630	5000	5800		13430	66961
	2007	12.5	8700	10600	12115		21800		33915	159529
吉林森工	1998	7.75	6800	21700	5170		2362		7532	99172
	2000	11.68	11050	20000	14600		8850		23450	166067
	2001	9.68	11050	20000	22000	27	8370		30397	171201
	2006	8.51	16801	14248	33500		4000		37500	240607
	2007	19.95	18354	12696	18500		3000		21500	241825
本钢板材	1998	A股	B股	A股	B股	非流通股	短期借款	一年内到期的长期负债（亿元）	长期借款	总资产
		4.4	0.85	1.2	4	61600	12700	11651	10456	386258

数据来源：根据中国上市公司咨询网相关资料整理而得。

第一，变量设定。关于企业价值的度量方法有很多种，这些方法大多数是运用某一时期的绩效指标与某一个时点的指标相比较。这些方法包括财务绩效法、股价绩效法、市值—账面值比（MV/BV）法、托宾Q（TobinQ）法、超额价值法等。本书选用的被解释变量（独立变量）公司价值的度量指标是托宾Q。这是度量企业价值的最常用指标，被绝大多数研究文献所采用。托宾的Q值是经济学家托宾提出的一个衡量公司绩效的参数，它等于公司的市场价值与公司的资产重置价值的比值。公司的市场价值可用公司股票的市值与公司发行的债券市值来计算。在这里，由于我国历史数据中非流通大量存在的特殊性，我们借鉴其他文献的方法，对非流通股采用市价的30%计算其市值（很多文献采用的是20%、30%、40%的市值来计算，鉴于此，为使托宾Q的计算更接近企业的价值，故采用了30%的折算比率）。由于“股改”产生流通股中存在限售股现象，此种限售股在限售期内无法进行交易，在一定程度上仍具有非流通股的特性，因此在下面的计算中将此种限售股归类为非流通股。鉴于我国企业债券市场规模小、品种少且流动性差，债券的市场价值难以确定，而且公司财务报表没有提供资产重置成本的数据，所以本书采用了下面的方法来计算该值。因此，本书的托宾Q值定义如下：

托宾Q＝（股票市价×流通股股数＋股票市价×非流通股股数×30%＋债务资本）/公司总资产

其中，

债务资本＝短期借款＋1年内到期的长期负债＋长期借款＋应付债券

股票市价＝每一年最后一个交易日的个股收盘价

相关数据根据中国上市公司咨询网和同化顺软件信息库的相关资料整理而得。

融资结构选用的解释变量为直接融资与间接融资。在财务报表中，融资方式即融资结构，概念一致，字面进行了转换。因此我们将利用现金流量表中的数据来计算直接融资与间接融资，进而体现融资结构。

直接融资（ZJRZ）：直接融资能较好地反映企业的经济实力，打造企业品牌，扩大企业知名度，提升企业无形资产价值，推动企业在产业链中升级，最终显现企业在资源型城市区域经济转型中的重要地位。直接融资是指资金需求者通过股票、债券等金融工具直接融通资金，因此又可把它分为股票融资和债券融资两个主要部分，其中股票融资在现金流量表中包括吸收股票性投资所收到的现金、子公司吸收少数股东股票性投资收到的现金；债券融资在现金流量表中为发行债券所收到的现金。

间接融资（JJRZ）：间接融资为现阶段资源型城市上市公司的主要融资方式。间接融资是指以货币为主要金融工具，主要依靠银行等金融机构为中介进行融资的方式。在财务管理学中，其主要特点为融资成本低，有利于提升企业价值。间接融资在现金流量表中包括借款所收到的现金、收到的其他与融资活动有关的现金两部分。

为了控制其他公司特征因素对企业价值的影响，本书选用的控制变量为融资规模（LNRZ），即融资总额的自然对数。变量描述如表 7－18 所示。

表 7－18　　变量定义

变　量	变量类型	变量符号	计算公式	变量含义
托宾 Q	被解释变量	TobinQ	市值/总资产	企业价值
直接融资	解释变量	ZJRZ	（股权融资额＋债券融资额）/融资总额	融资结构
间接融资	解释变量	JJRZ	（借款＋其他融资活动）/融资总额	融资结构
融资规模	控制变量	LNRZ	融资总额的自然对数	融资规模

注：①在计算流通股市值时，我们采取将每年最后一个交易日的收盘价来代替股票市价。②托宾 Q＝市值/重置成本，但由于我国财务报表并未提供重置成本的相关数据，因此本书采取现今大多数学者采取的方法，即总资产账面价值代替重置成本。

根据当前数据收集的现实情况看，东北资源型城市上市公司的债券融资部分全部为零，从而可见资源型上市公司的直接融资即为股权融资，因此我们可以从两个角度去分析建立的模型，一是从直接融资与间接融资考虑，债券融资属于第一解释变量（ZJRZ）。二是从股权融资与债务融资考虑，债券融资属于债务融资范畴，即第二解释变量（JJRZ）。通过这两种角度，我们将得到两个结果，那么两个结果的交集就是我们最终解决问题的方案。

第二，描述分析。1997—2008 年度企业价值指标情况简要分析，表7－19与表 7－20 给出了 1997—2008 年的企业价值指标托宾 Q 的相关统计描述。它们分别从不同的样本容量来描述企业价值，第一种样本容量为 123 组，我们将其定义为初始样本；第二种样本容量 34 组，我们将其定义为最终样本，这也是我们最终的研究对象。在我们选取的 12 家样本公司中，从得到两组样本数据中得出一些直观结论。

①企业价值的变化很大，无论是初始样本，还是最终样本，其最大值分

别是最小值的29倍与12倍。

②两组样本之间的变化不大，从均值来看，分别为1.1449与1.5128，相差0.3679；从标准差来看，分别为0.7239与0.9862，相差0.2623。从企业价值角度看，可以说明最终样本具有初始样本的代表性。

表7－19　　初始样本的变量描述统计分析表

变量	样本数	最小值	最大值	均值	标准差
TobinQ	123	0.21	6.11	1.1449	0.7239
ZJRZ	123	0	0.98	0.1130	0.2565
JJRZ	123	0.02	1	0.8870	0.2565

表7－20　　最终样本的变量描述统计分析表

变量	样本数	最小值	最大值	均值	标准差
TobinQ	34	0.53	6.11	1.5128	0.9862
ZJRZ	34	0.001	0.98	0.4086	0.3447
JJRZ	34	0.02	0.999	0.5914	0.3447

1997—2008年度融资结构指标情况简要分析，表7－19与表7－20给出了1997—2008年的融资结构指标直接融资与间接融资的相关统计描述。它们也分别从不同的样本容量来描述融资结构。我们可以从这两组样本中得出一些直观结论。

首先，两组样本中融资结构的变化幅度较大，分别从最大值与最小值之差就可发现其变化幅度大。

其次，从两组数据的均值得出直接融资在东北资源型城市上市公司中的比例很低。未剔除直接融资额为零的样本组，即初始样本，直接融资均值为11.3%，间接融资均值为88.7%，间接融资是直接融资的8倍。剔除直接融资为零的样本组，即最终样本，直接融资均值为40.86%，间接融资均值为59.14%，间接融资是直接融资的1.5倍。

最后，从融资结构角度看，将两组样本的最大值与最小值进行横向比较，我们不难发现其差距不超过0.001；两组样本标准差的差距也在0.1的范围之内。因此，最终样本对初始样本也具有较强的代表性。

③构建模型。参考同类研究的方法体系，本书对企业价值与融资结果建

立的模型为：

$$TobinQ = \alpha + \beta_1 ZJRZ + \beta_2 JJRZ + \gamma LNRZ + \varepsilon_t$$

式中，α 为模型的常数项，说明不受融资结构影响的企业价值是α；

β_1 为企业价值对直接融资指标的弹性；

β_2 为企业价值对间接融资指标的弹性；

γ 为企业价值对控制变量的弹性；

LNRZ 为融资总额的自然对数，即模型的控制变量；

ε_t为模型的残差项。

但是，由于模型中直接融资比例与间接融资比例两者之和等于1，即解释变量间存在共线性，因此我们将对模型进行处理，来解决其在回归中所产生的问题。由于我们建立模型的假设条件为融资结构影响企业价值，考察的是融资结构对企业价值的影响情况，那么我们就可以在模型中忽略不受企业融资结构影响所形成的部分，即常数项α，从而也解决了共线性问题。最终我们得到如下模型：

$$TobinQ = \beta_1 ZJRZ + \beta_2 JJRZ + \gamma LNRZ + \varepsilon_t$$

（2）模型检验

①协整检验：在模型建立之前，本书首先对 TobinQ、ZJRZ、JJRZ、LNRZ 的序列分别进行了单位根检验，检验发现 TobinQ 在 1% 的显著水平下是平稳的，ZJRZ 与 JJRZ 在 5% 的显著水平下是平稳的，LNRZ 经过一阶差分后的 ADF 量大于 1% 的显著水平的临界值 -3.6576。因此在 5% 的显著水平下 TobinQ、ZJRZ 与 JJRZ 都是平稳的，而 LNRZ 是一阶单整的；在 1% 的显著水平下 TobinQ 是平稳的，ZJRZ、JJRZ 与 LNRZ 经过一阶差分后是平稳的，即一阶单整，其中不难发现 ZJRZ 与 JJRZ 的组合是协整的。我们对建立的模型进行回归，得到模型方程的残差，并对其进行单位根检验，发现 δ 的 ADF 统计量为 -4.208245 小于1% 显著水平下的临界值 -3.6496，即残差是平稳的，所以可知 TobinQ、ZJRZ、JJRZ、LNRZ 的组合是协整的。单位根检验结果如表 7-21所示。

表 7-21　　　　单位根检验结果

变　量	ADF 统计量	平稳性	结论
TobinQ	-4.035495***	平稳	I（0）

续 表

变 量	ADF 统计量	平稳性	结论
ZJRZ	-3.496091**	平稳	I (0)
Δ*ZJRZ*	-5.863653***	平稳	
JJRZ	-3.496091**	平稳	I (0)
Δ*JJRZ*	-5.863653***	平稳	
LNRZ	-2.295450	不平稳	I (1)
Δ*LNRZ*	-5.511887***	平稳	
δ	-4.208245***	平稳	I (0)

注：***表示在1%的水平下是显著的；**表示在5%的水平下是显著的。

②Granger 因果关系检验：对融资结构中直接融资（ZJRZ）与间接融资（JJRZ）两个解释变量与企业价值托宾 Q 分别进行滞后 2、3、4、5、6 期的 Granger 因果关系检验后发现，直接融资（ZJRZ）和间接融资（JJRZ）与企业价值托宾 Q 有必然明显的因果关系。表 7－22 显示的是在 10% 的显著水平下，分别滞后 2 期和 3 期的结果。可以看出，在滞后 2 期的情况下，解释变量与被解释变量之间不存在因果关系。而在滞后 3 期的情况下解释变量与被解释变量之间是单向的因果关系，即融资结构对企业价值有影响，企业价值对于融资结构无明显影响。这也印证了融资结构影响企业价值这一概念，其在东北资源型城市的企业发展过程中同样适用。从而为我们研究优化东北资源型城市企业融资结构，以至提升企业价值，进一步推动产业升级，最终促进经济转型这一目标提供实证与理论支持。

表 7－22　　Granger 因果关系检验

滞后长度 *S*	Granger 因果关系	*F* 值	*P* 值	结论
2	*ZJRZ*→*TobinQ*	2.02252	0.15189	拒绝
	TobinQ→*ZJRZ*	0.30209	0.74174	拒绝
	JJRZ→*TobinQ*	2.02252	0.15189	拒绝
	TobinQ→*JJRZ*	0.30209	0.74174	拒绝
3	*ZJRZ*→*TobinQ*	2.47254	0.08607	接受
	TobinQ→*ZJRZ*	0.23890	0.86834	拒绝

续　表

滞后长度 S	Granger 因果关系	F 值	P 值	结论
3	$JJRZ \rightarrow TobinQ$	2.47254	0.08607	接受
	$TobinQ \rightarrow JJRZ$	0.23890	0.86834	拒绝

注：在置信水平小于 0.1 的情况下是显著的。

（3）实证结果及其分析

利用 Eviews 软件，首先对企业价值与融资结构的相关变量进行了描述统计性分析，同时又进行了平稳性检验，最终发现企业价值与融资结构的相关变量是协整关系，由此可以得到如下回归模型，相关指标见表 7-23。

$$TobinQ = 3.397027414 \times ZJRZ + 3.472561278 \times JJRZ - 0.09864649372 \times LNRZ$$

表 7-23　　Eviews 统计表

Dependent Variable（被解释变量）：托宾 Q		Method：Least Squares（最小二乘法）		
Date（日期）：01/16/09 Time（时间）：11：42		Weighting Series（权数）：E2		
White Heteroskedasticity - Consistent Standard Errors & Covariance（怀特协方差矩阵估计）				
Variable（变量）	Coefficient（系数）	Std. Error（标准差）	t - Statistic（T 值）	Prob（P_t 值）
ZJRZ（直接融资）	3.397027	0.241505	14.06605	0.0000
JJRZ（间接融资）	3.472561	0.252363	13.76021	0.0000
LNRZ（控制变量）	-0.098646	0.012252	-8.051379	0.0000
Weighted Statistics（加权统计）				
R - squared（R^2）	0.992706	Mean dependent var	1.440702	
Adjusted R - squared（调节的 R^2）	0.992235	S. D. dependent var	2.153203	
S. E. of regression	0.189734	Akaike info criterion（AIC 值）	-0.402287	
Sum squared resid（残差平方和）	1.115972	SchwaRZ criterion	-0.267608	
Log likelihood	9.838879	Durbin - Watson stat（DW 值）	1.825268	

注：在置信水平小于 0.05 的情况下是显著的。

同样，采取 Eviews 软件对模型的残差序列进行单位根检验，发现该模型的残差序列是平稳的，因此，该模型不存在着伪回归问题。利用 Eviews 软件进行 t 检验，结果发现参数的 *P* 值都为 0，小于事先给定的 5% 的显著水平，由此可以推断该模型的参数显著地不为 0，即该模型中两个解释变量、一个控制变量对被解释变量的影响显著。*DW* 值为 1.83 小于 2，证明所得模型中存在正序列相关。对该模型进一步分析发现，该模型的参数具有非常重要的经济意义。

第一，*ZJRZ* 的系数是 3.397027，说明在只考虑融资结构对企业价值产生影响的条件下，直接融资的边际增加量是 3.397027，该系数实际上是企业价值的直接融资比例弹性，即说明了当直接融资上升 1%，企业价值上升 3.397027%。这说明了东北资源型城市企业的直接融资与企业价值是同方向变动的，也说明增加直接融资的比重对于提升企业价值来说是有现实意义的。

第二，*JJRZ* 的系数是 3.472561，说明间接融资对企业价值有正面效应，其边际增加量是 3.472561，该系数实际上是企业价值对间接融资的弹性，即说明当间接融资上升 1% 时，企业价值会上升 3.472561%，这说明间接融资对企业价值有正的影响。正说明增加间接融资的比重对于提升企业价值来说也是有意义的。

第三，参数比较。比较两个参数我们不难发现：①二者皆为正，说明两种融资方式对于企业价值的提升都有意义，这也就证实了融资能提升企业的价值，无论其是以何种方式。事实也是如此，一般情况下企业融资主要有两大目的，一是有投资项目，进而获取利润，二是增加企业现金流，解决企业现金短缺的现状，使企业从资金短缺时的资产被低估到资金充裕时的资产被合理评估。这两大目的都能提升企业价值。②间接融资的系数大于直接融资，说明间接融资提升企业价值的幅度要大于直接融资，从财务管理学的角度，我们能很容易解释这种现象，在债务融资中有“税盾”的存在，然而间接融资便是债务融资中的一部分，又因为本书的直接融资中只包括股票融资，因此其给企业带来的价值在一定程度上要大于直接融资。③两参数之差仅为 0.075，从而可见直接融资也是东北资源型城市可能忽略的融资方式，然而目前直接融资比例很低，在容量为 123 的样本中我们得到直接融资比例均值仅为 11%，因此我们可以看出目前东北资源型城市的企业提升直接融资比例的空间还很大。④由于直接融资中只包含股票融资，不包含债券融资，而债券融资属于债务融资的一部分，财务管理学以及在前面的实证分析中已经阐述，债务融资的融资成本要低于股票融资的融资成本，因此结合②③的分析我们不难得出，对于东北资源型城市的企业来说，既要提升直接融资比重，又要提升债务融资比重（见图7－5），其交集就是提升债券融资，进而最有效地提升企业价值。

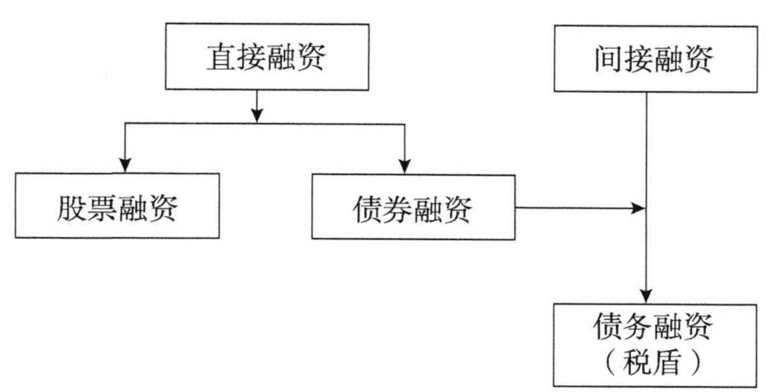

图7－5　融资成本分析图

五、资源枯竭地区经济转型中的金融支持对策及建议

（一）资源枯竭地区产业调整中金融支持的对策

1. 制定产业结构优化的金融政策

资源枯竭地区在产业结构调整中应借鉴国内外成功模式，针对各地区的经济发展特殊属性，在延伸传统产业链条、发展接续或替代产业以及在此基础上做大做强资源枯竭地区的优势产业方面采取积极的金融扶持政策。

（1）产业延长的金融扶持政策。延伸产业链是资源枯竭地区实现产业结构调整的有效路径之一，通过延长产业链，增加传统产品的附加值，从而实现资源枯竭地区企业的经济效益最大化。但从宏观金融角度看，信贷资金对资源枯竭地区经济发展的支持方式没有得到很好的调整，其支持力度不够，尚未找到信贷资金与资源优势两者之间的契合点，所以我们认为可以考虑以下路径：信贷部门应该进一步调整和优化信贷结构，为资源枯竭地区产业调整过程中的延伸和发展提供必要的资金支持，信贷资金的增量要有重点地向资源精深加工产业、绿色生态产业倾斜，不断拉长产业链条。各金融机构要根据资源枯竭地区转型和发展延伸产业的重点，积极支持资源枯竭地区的调整与改造，同时根据信贷政策适当放宽信贷管制，增加授权、授信额度。

（2）替代产业发展金融支持政策。对于资源枯竭地区产业调整来讲，发展替代产业是一个要建立新兴产业来代替传统产业成为主导产业的过程，于是持续、稳定的金融支持对于资源枯竭地区发展替代产业来讲显得尤为重要。对此我们建议如下：一是积极做好资源枯竭地区申请政策支持的各项工作。二是协助政府及其有关部门出台相关政策。三是出台培育“朝阳客户”政策，扩大资源枯竭地区新兴产业的客户群体，增加信贷市场份额。四是出台相关政策，支持资源枯竭地区的地方商业银行发展。五是积极引进国内知名金融机构到黑龙江省资源枯竭地区安家落户。六是筹划建设资源枯竭地区内的“金融一条街”或“金融集约区”，增强商业银行品牌意识。七是大力发展传统的信贷业务。八是商业银行要积极发展中间业务，增加新的盈利手段。九是在信贷投放主体上，要有所突破。十是抓好金融安全区建设，不断完善征信系统。

2. 设计支持产业调整的金融体系模式

借鉴国外资源枯竭地区改造的资金筹集经验和融资模式，结合各地资源枯竭地区产业调整的具体情况和产业发展方向，确立一个以金融为主，财政等其他方式为辅的多形式、多渠道的组合式金融支持模式。其主要特点在于资金能得到最大限度地筹集与分配，具体表现：内资与外资的结合；短期资金与长期资金的结合；体系内资金与体系外资金的结合；间接融资与直接融资的结合；资金的流入与优化配置。具体模式如下。

（1）商业银行融资模式。由于我国银行体系的组织形式主要采取总分行的设置，因此，资源枯竭地区要吸引国内商业银行的信贷资金，前提是国有商业银行、国家政策性银行、股份制商业银行总行能够适当下放审批权限，扩大资源枯竭地区的信贷规模或存贷比例，并在再贷款、再贴现等方面给予支持。一方面，需要国家的政策倾斜；另一方面，各地应积极推荐符合商业银行利益的贷款项目。就目前情况看，一个是基础设施项目；另一个是科技含量较高的项目，尽管这些项目未来发展具有不确定性，但在财政资本金注入的前提下，可减小项目风险，并且政府通过设立高新技术园区，给予一定的政策优惠，能进一步吸引信贷资金，既有利于保障银行资金的安全，又能加快资源枯竭地区产业的升级，一举两得。

（2）资本市场融资模式。资本市场融资主要包括长期证券和长期信贷两种。就目前来看，我国发行债券主要有两种形式，即项目融资债券和企业债券，这样涉及的融资主体也就不尽相同。通过发债方式，可大大降低融资成本。因此，发行企业债券可成为各地特殊行业和特殊项目积极利用的一种筹资方式。尤其是在 2016 开局之年，国家大力提倡和鼓励企业进行直接融资以解决资金不足及供给侧中的结构性问题，资源枯竭地区在经济转型中应抓住这一历史机遇。在进一步扩大上市公司数量的同时，重视抓上市公司的质量，通过优良上市公司的示范效应吸引广大投资者的投资，并通过股权的分散化和新股东的介入，完善公司治理结构，引进先进的技术和管理，通过转换公司经营机制，最终实现产业结构的调整和经济的可持续发展。

（3）项目融资模式。黑龙江省资源枯竭地区改造中利用项目融资吸引外资的重点应集中在高精尖技术项目上，国外在这一领域发展很快，而我们刚刚起步可采取双方合作，通过各自的专利技术结合来开发新研究成果的领域。此外，考虑到资源枯竭地区的改造对于我们来说是一个崭新的课题，为了把改造成本降为最低，我们要借鉴国外经验，对于一些涉及转型的制度和决策安排的项目，我们同样可按照项目融资的方式处理。

（4）转型基金融资模式。转型基金的建立应根据基金投向类别不同，分别建立一般性的产业投资基金和风险投资基金。一般性的产业基金主要为资源枯竭地区产业升级服务。风险投资基金，主要投向高科技、转型风险较大的项目，并且要与资本市场紧密结合。转型基金的设立应采用契约型、开放式或是上市开放式，并以公募方式发行，基金的主要来源可通过提高资源税中央集中程度、开征社会保障税、向一次性能源用户征收“煤炭附加费”或“煤炭补贴税”、发行特种国债、外国政府或国际金融组织长期低息贷款等渠道筹集。基金应专项用于发展接续和替代产业投资、职工安置、转岗培训以及冲销银行呆坏账等。

3. 构建产业调整中的金融支持系统

（1）为产业调整中的企业资本重组提供金融政策扶持。对于资源枯竭地区国有企业的资产重组，应该打破行政区划的限制，按照市场经济的原则，推动森工、石油以及煤炭等重点行业进行跨区域性重组，优化整合各方面资源，构建一批专业化分工明确、竞争力较强的大型企业集团。同时还要收缩国有企业的战线，解决国有企业覆盖面大、战线过长的问题。对于现有竞争性领域的国有企业，应采取股份制、拍卖、租赁、破产等多种途径，通过产权的多元化逐步实现国有资产的退出。对于自然垄断行业的国有企业，也应积极鼓励外商投资和非公有资本进入，逐步解决国有股“一股独大”的问题。在推进国有企业重组的过程中，中央应加大金融支持的力度，对那些困难中央直属企业的主辅分离、企业办社会，应由政策性银行给予一定的贷款优惠。

(2) 支持资本扩张。运用投资银行的方法进行兼并收购服务。在传统的融资体制下，一般产业的优势企业要扩大生产、实现规模经营，通常只能通过依靠内部积累和向银行借贷先获得资金，再扩大生产规模。而对于产业集中度很高的资源枯竭地区来说，完全可以通过进行水平购并（发生在经营业务相同的企业之间）和垂直购并（发生在存在供需关系的上下游企业之间）在短期内实现企业的低成本扩张。2006年开始实施的新《中华人民共和国证券法》降低了公司股票发行与上市条件，但是对于债券发行与上市交易条件的规定则没有松动，也就是说，企业债券的发行与上市仍然有着较高的准入限制。在这种情况下，一方面，可以允许地方性投资公司通过在国内甚至国外发行债券为优势资源精深开发项目进行直接融资；另一方面，可以由政府担保或允许企业以一定的资产做抵押，向社会发行高风险、高收益的企业债券以募集资金，同时建立或引入规范的投资银行，支持企业购并行为。

(3) 投资主体多元化。发展和建立衰退产业的专项投资基金和转型援助基金。对于资源枯竭地区的替代产业的金融支持，主要体现在资金来源如何解决以及收益如何分配等问题。实际上可以考虑由中央财政、地方财政、当地法人单位，甚至自然人以及其他单位共同出资设立资源枯竭地区可持续发展的投资基金。基金主要用于本地区发展衰退产业的补贴、替代或接续产业的发展、人员培训以及环境治理等方面。基金设立的程序可考虑：一是由国家和地方两级财政共同出资，作为启动资金；二是从处于高产和稳产期的产业的利润中提取一定比例作为进一步发展资金；三是积极鼓励法人、自然人投资购买基金；四是可以考虑建立矿山环保与土地复垦保证金制度等。在利益分配过程中坚持“谁治理谁受益”的原则，在开发接续产业过程中要严格落实“开发与保护”和“谁污染谁治理”的原则。

资源枯竭地区经济转型中也可效仿德国的做法，建立社会转型援助基金。产业调整过程中可以更多地借助非财政投资的方式：金融衍生工具选择。包括有保护的可提前退还债券、可退还股票、可转换含看涨期权的债券以及市政债券的实施。还可选择信托参与方式。基础设施项目投融资改革成功的关键是通过各主体参与协调，设计出好的融资计划、风险控制方案、收益共享方案。信托公司作为项目的投融资中介，接受分散的投资者的资金信托，主要有贷款信托和股权融资方式。

（二）搭建资源枯竭地区融资平台的对策

1. 发挥直接融资的积极作用，避免间接融资的过度集中

以证券市场为主的直接融资体系可以从三个方面发挥整合产业资源的积极作用，具体表现如下。

（1）股权融资。以获得长期投资回报为目的，具有很强的抗风险能力，对企业、产业发展提供长期的、连续性的资金支持。特别是第二板市场或创业板证券市场，解决了新兴产业资金筹措和风险投资转移等问题，对产业的可持续发展具有重大意义。

（2）提供产业选择机制。产业结构转换的历史过程，就是主导产业选择的过程，通过产业选择可以把有限的资本资源与主导产业、支柱产业相结合，进而实现合理化、高度化的产业成长。

（3）证券市场为新兴产业发展和衰退产业的市场化退出提供了重要的资本流动机制。资产证券化实现了资产的产权明晰化和以金融工具为载体的资产价值转化，消除了资源在产业间转移的障碍，促进了产业调整中企业之间的控股、参股、并购等活动，真正实现了产业的退出和转移，极大地促进了产业资源的重新整合和资源配置效率的提高。

将以上三方面与资源枯竭地区的现实经济状况相结合，打造具有资源特色的融资结构与产业升级道路，使资源枯竭地区成为产业结构合理、融资结构合理、金融环境优良的经济发展新区。

2. 国有经济改革推动间接融资结构均衡发展，促进产业升级

国有经济改革是政企分开的一个突破口，也是目前资源枯竭地区面临的首要问题。国有经济改革的一个根本动因，就是破解经济深层次矛盾，加快经济发展。首先，国有经济改革明确了产权问题，增强了经济发展的内在动力。通过将经营权、所有权和处置权交给人民，使国有产权主体虚置、国有经济保护缺少利益主体和责任主体的问题得到根本解决，体现了以人为本的科学发展观。其次，国有经济改革将市场动力植入了国有经济领域，不仅敞开了民间资本进入国有企业的渠道，解决了资源枯竭地区国有企业投入乏力问题，而且通过资本运营、资本流转，促进了人才、科技等生产要素向重点经济领域集聚，缩短了企业的经营周期，盘活了国有企业不良资产，极大地促进了生产力的解放和发展。最后，国有经济改革促进了经济资源“三大效益”的充分发挥，建立了国家、企业、职工三者共赢互利的新机制。随着经

营主体的到位和经营机制的活化及社会大量资金的注入，企业质量将大幅提高，企业融资系统的整体功能将进一步增强；国家可以节约大量的经济成本，使经济资源配置合理化，政府还可获得一部分改革收益；企业职工则可以通过带有政策补偿性质的改革及综合经营等方式取得长久稳定收益；有效解决资源枯竭地区历史欠账、就业、贫困、稳定等一系列社会问题。最终取得国家得生态、企业得效益、职工得收益、社会得稳定的效果。有力地推进了社会主义新经济建设，为国有经济建立完备的经济体系和发达的产业经济体系创造了有利条件。国有经济制度改革的实施，实现了国家资金注入、内部体制改革的双向联动。

3. 政府加大直接融资市场的扶植力度，增加直接融资工具投放

（1）政府应加大直接融资市场的扶植力度，利用自身优势，辅助各大金融机构获取企业信息及其信用状况，促使资源枯竭地区部分企业的信用评级达到上市公司的标准，这样企业可以发行股票或债券，进行直接融资，从而为资源枯竭地区直接融资市场增加动力，使得信用等级高的企业以较低的成本获得资金，信用不高的企业以适宜的利率获得资金。

（2）增加直接融资工具，如资产证券化。资产证券化的融资优点主要在于其盘活了一些风险较大的资产，较快地回笼资金，从而增加了企业现金流。资产证券化将林业、矿产等资产进行证券化，以解决其投资时间长、资金回笼慢的问题；将长期投资转化为各种短期金融产品，易于中小投资者投资，阻止本地资金外流，扩大外部资金的投入；增加资金流动性，在一定程度上提升资源枯竭地区资金保有量，为科技含量高的企业提供良好的资金环境，为资源枯竭地区的整体产业升级提供足够的资金支持。从而改变资源枯竭地区融资结构中直接融资比重过低的局面，解除了融资结构失衡对产业升级的障碍。

（三）优化资源型城市上市公司融资结构，提升企业价值的建议

1. 对企业自身的建议

（1）建立转型企业内部积累制度，扩大内源性融资。内源性融资是企业原始资本积累和剩余价值资本化过程，不需要其他金融中介，因而具有内生性。内源性融资取得的资金是企业产权所有者的自有资本，是企业承担民事责任和自主经营、自负盈亏的基础，也是企业进行外源性融资的保证，因为投资者将根据企业的内源性融资能力，来衡量对企业投资的风险，进而影响

企业进行外源性融资时所能取得的融资规模和资本成本。相对于外源性融资，内源性融资不需要支付利息或股利，不会减少企业的现金流量，也不需支付任何融资费用，因而融资成本相对较低。而且，企业进行内源性融资，不存在偿付风险，不会产生到期还本付息或支付股利的压力。企业内源性融资取得的资金在资本结构中所占比例越大，企业的财务风险越小。

因此建立有利于企业内部积累的制度成为必要。首先在财务税收制度方面，需要减轻企业的税费，规范企业的利润分配和利润滚存制度，引导企业在努力提高经营效益的基础上积极进行内源性资本扩张，不断增强自我发展的能力；另外，还应适当修改固定资产折旧政策。适当修改企业折旧政策，允许企业自主选择折旧方法，缩短固定资产折旧年限，提高折旧率，扩大企业内源性融资的资金来源，提高企业的自我积累能力，使企业有足够的内部资金用于固定资产更新改造。

（2）积极利用债券市场提高债券融资比例。自从债券市场产生和发展以来，企业在债权融资问题上拥有了更多的选择机会，不必像以前那样纯粹依赖银行融资渠道。债券市场在资源再配置、横向风险管理等方面较银行部门具有更多的优势。从西方发达国家的融资方式发展历程来看，债券融资与股票融资发展较为均衡。近些年，我国债券融资得到了长足发展，但仍远落后于股票融资。因此，我国上市公司应进一步扩大融资中的债券融资比例，减少对银行贷款的依赖性。同时，考虑到不同企业的性质和发展程度，需要结合具体情况做出理性选择，而不能把问题绝对化。譬如，通过债券市场进行的直接融资为投资者提供了多样化的选择，并且一个竞争性市场的存在便于处理观点的多样化问题，因而有利于创新性企业或项目的融资。而由于银行是负债型企业，遵循审慎经营的原则，进而有利于相对成熟的产业或企业融资。

2. 对监管机构的建议

（1）放宽金融类衍生产品投放的审批限制。增加金融类衍生产品，如资产证券化。资产证券化的融资优点主要在于其盘活了一些风险较大的资产，较快地回笼资金，从而增加了企业现金流。资源型城市企业的资产证券化可以分为两个部分：一是可再生资源，如资源型城市的可再生资源主要为林业；二是不可再生资源，资源型城市的不可再生资源主要包括石油与煤炭等。对于可再生资源来说，资产证券化将资源类资产进行证券化，解决了可再生资源投资时间长、回笼资金慢的问题；将长期投资转化为各种短期金融产品，易于中小投资者投资，阻止本地资金外流，扩大外部资金的投入。对于不可再生资源来说，在期货市场上增加投放不可再生资源的期货合约品种，进而增加企业资金流动性，在一定程度上提升资源类城市的资金保有量，为科技含量高的企业提供良好的资金环境，为资源类城市的整体产业升级提供足够的资金支持。从而改变了资源型城市融资结构中直接融资比重过低的局面，解除了融资结构失衡对产业升级的障碍。

（2）加强监管力度防范金融风险。加强对上市公司及其相关中介机构行为规范的法律制度建设，增强监管的有效性，增加违规行为的成本。证券市场与其他实物交易市场不同，因为投资者很难亲眼看到交易品种背后的上市公司的实际运行情况，因此基本上一切判断都基于信息。从这个意义来说，这是一个信息导向的市场。为了确保市场的高效运行，这个信息就必须具备高度的“信誉”。一旦信誉缺失，那么市场各方就不得不相互提防，隐性交易成本急剧升高，影响整个市场的发展。由于资源型城市重点企业普遍由原企业（包括国有企业和民营企业）部分资产或业务重组而来，不可避免形成一股独大的股权结构。因此，需要设置与发达国家成熟证券市场不同的监管规则。例如，通过界定关联程度，分别采用不同原则来处理；针对一股独大和可能形成的损害外部股东利益的行为，可以实施相应的表决制度和议事程序。随着独立董事制度的实施，由独立董事进行重大交易的程序监督；要求关联交易价格按市场价格披露，资产置换估价由独立董事聘请有资格的评估事务所来评估。对于大股东可能做出的对自己有利的投资或融资行为，可以通过提高对某些特定投资项目表决权的有效比例来限制，比如表决要征得流通股一半以上股东同意，而不是简单采取大股东回避制度，形成小股东决定大股东命运的另一种极端。针对上市公司投资行为的随意性，可以采取业内人士提出募集资金专户管理的对策。

加强对公司证券发行行为、利润分配行为和资金使用过程的法律监督，在股权融资的制度准则上要加强对拟上市企业证券发行行为、利润分配行为和资金使用过程的约束，使监管政策有利于公司弱化股权融资偏好。主要措施：适当限制不派发现金股利而单纯送配股的行为，提高资金使用上的透明度和资金的使用效率；上市公司增发新股的审批制修改为核准制，由上市公司根据资本市场的状况和自己的实际情况决定进行股权融资的数量；建立多项指标考核上市公司取得配股和增发新股资格的标准。目前，我国上市公司的监管当局仅将净资产收益率作为考核上市公司取得新股和增发新股资格的唯一标准，会导致上市公司玩弄数字游戏，操纵公司业绩，具有一定的局限性。因此，我们认为应将目前的单指标考核拓展为多指标考核，在净资产收益率这一指标的基础上，设立资产负债率、主营业务利润率、净资产增长率及每股现金流量等考核指标来综合考核上市公司的质量；加强对配股资金使用情况的跟踪，建立股权融资档案，将目前配股审批的单点控制改为全过程监管，如配股资金使用是否严格按照原计划进行，项目收益情况是否与预期一致等，并将这些情况作为下一次配股审查的重要依据。

加快我国银行体系的改革，充分发挥银行对企业的监督约束作用。银行在有能力和动力监督公司的状况下，才能充分发挥其债权人作用。关于银行体系的改革，我们认为关键在两点：一是增加银行的资本金，改善其财务状况，如果银行财务状况差，企业破产会暴露其财务状况，银行会陷入债权人消极状态，即使公司到期不偿还贷款，银行也不会令企业破产；二是加快债券市场的建设。从控制效果看，债券融资是比较有优势的，能引入外部债权人的监督，更大程度地降低权益代理成本。此外，债券还能将风险分散到各债权人，而不是集中在银行，可降低金融风险。从政府和商业银行的角度而言，由于银行贷款利率低于市场利率将抑制债券的发展，故应改革贷款机制，逐步放开银行贷款利率。

3. 对政府部门的建议

（1）大力发展债券市场优化资本市场结构。只有大力发展债券市场，特别是大力发展公司债券市场，才能为产业升级中的资源型企业债券融资提供一个广阔的空间，进一步降低企业债券融资的风险和成本。发展债券市场，一是要继续推动债券市场产品创新，重点开发直接融资工具、避险工具，深化债券市场的融资功能和避险功能，以创新促发展。二是要大力加强债券市场基础性建设，为市场发展提供良好的环境。如完善银行间债券市场法律法规体系，丰富投资者群体，完善做市商、经纪商制度，建立行业自律组织等。三是要逐步放松对企业发行债券的管制力度以及发行额度的限制，降低企业发债资格的审核标准。尽可能地扩大企业债券发行主体以及发行规模，允许企业发行级别不一样的债权。四是推动境外机构在境内发行人民币债券，加快债券市场对外开放，使我国债券市场进一步同国际接轨。五是在交易方式上，在适当的条件下组建大规模的债券场内交易，建立市场和合适的交易机制。

建立完善、有效的多层次资本市场，每一个市场具有不同的证券发行和上市机制，不同的市场有不同的门槛，企业可以根据各自的规模、盈利状况、企业价值等选择相应层次的市场，从而实现最优化的融资行为。

（2）构建资源型城市企业的增信系统。政府增信不同于财政信用和财政拨款，它不是靠补贴与国家贴息资金运转，也不是对政府信用的简单分配，而是在依靠政府信用运转的基础上，不断运用和放大政府信用在市场建设中的功能与作用，它将政府的组织优势与开发银行的融资优势相结合，成为组织增信的社会功能，成为市场经济分配资源的新的基础性平台、支柱，通过建设市场实现政府意志。

政府增信的核心在于运用国家及政府信用，建设市场配置资源的基础和支柱，这就要建立一个风险控制机制和信用体系，从而使被增信一方能够有效防范风险和减少损失。

通过政府增信，金融机构能够充分发挥政府的组织优势和政治优势，有效弥补现有金融制度的不足。在完全市场化的融资体制中，政府不直接参与市场运行，但在我国目前情况下，政府具有管理、规范、提供制度框架和参与经济运行的多重身份，这是社会主义初级阶段融资体制的基本特征，在当前具有高效率，经过了市场实践的检验。

横跨政府意志和市场规律的开发性金融机构已成为政策性银行改革和职能调整的主流趋势，因此，政府增信在开发性金融中的应用还将持续相当长的时间。与开发性金融不断寻求并打通经济社会发展中的新的瓶颈制约，帮助政府实现其在新的领域提出的新的目标一样，政府增信在开发性金融中的应用领域和方式也会不断创新。一些领域可能是商业金融不愿涉及的，例如资源型城市经济转型中企业需要的资金支持，开发性金融要在这些领域扩大范围，在盈利的基础上打通该领域的融资通道。

国家开发银行可以参考 Fannie Mae（美国联邦国民抵押贷款协会）与 Freddie Mac（联邦住房贷款抵押公司）为消除市场缺损，实现“居者有其屋”的社会目标所采取的相应措施。可将国家开发银行作为政府与市场之间的中介，承担资源型城市优质企业经济转型过程中在债券市场发行债券的担保功能。加速债券市场建设，政府运用组织增信，赋予机构优惠政策，如隐性的债务担保，税收减免，财政部提供信用额度、证券，为低风险类及其他业务特许权等，支持机构对经济转型过程中的资源型城市企业的融资进行市场化运作，进而扩大债券融资额度，增加直接融资比例。由于债券市场有评级机构的监督，因此对企业发行的债券进行担保，既能推动企业发展，促进经济转型，又能降低政府担保风险。

（3）加速启动资源型城市转型中企业评级系统。目前资源型城市的全面征信体系尚未建立。资源型城市转型中企业信用体系的构建一方面可以为商业银行发放贷款提供评级依据，另一方面可以增强投资者的理性投资行为，真正实现资源的优化配置。一个全面可靠的信用评级可以使企业为自己的融资行为承担责任。在现有的信用体系下，需要清理信用体系中的制造虚假信息的行为，强化信用基础，规范资信评级机构，建立风险赔偿机制。建议对信用评级机构实行风险连带责任，对个人的在评级过程中出现的重大遗漏、虚假记载、误导性陈述等行为且对债权人造成的损失，承担赔偿责任。政府应严把信誉关，提高评级质量，增加投资者对评级结果的信任度。

参 考 文 献

［1］刘力钢，罗元文，等．资源枯竭地区可持续发展战略［M］．北京：经济管理出版社，2006（5）．

［2］齐建珍，等．资源枯竭地区转型学［M］．北京：人民出版社，2004（3）．

［3］许岩．2016 年经济工作：供给侧将出实招，稳增长仍居首［J］．证券时报，2015 - 12 - 7.

［4］徐孟洲，胡林林．发展新能源与可再生能源税收激励机制研究［J］．中州学刊，2010（2）．

［5］宋连生．工业学大庆始末［M］．武汉：湖北人民出版社，2005.

［6］张秀生，陈先勇．论中国资源型城市产业发展的现状、困境及对策［J］．经济评论，2004（6）．

［7］刘阳，张丹，等．东北振兴看黑龙江：推动改革深化，找准发展路径［EB/OL］. http：//finance. people. com. cn/n/2015/11 23/c1004 - 27843170. html.

［8］刘丽娜，韩朝．大庆中小企业发展问题与对策研究［J］．区域经济，2014（3）．

［9］李向阳．谁来为 21 世纪中国加油［M］．北京：中国社会科学出版社，2005.

［10］王美玲．资源税改革对石油资源型城市转型的影响［J］．当代经

济，2012（7）.

［11］姜杰．资源税改革对石油行业的影响［J］．税务研究，2013（8）.

［12］刘玉杰．对林业资源型城市伊春市实现经济转型的思考［J］．金融调研，2005（7）：3－5.

［13］王晓宇，万超．资源型城市转型的策略研究——全国第一个林业资源型城市转型试点伊春市研究［J］．财经界，2007（2）：41－42.

［14］孔微巍，杨晓冬．黑龙江省资源型城市经济转型中的现状及障碍分析［J］．商业研究，2007（11）：91－94.

［15］王青云．资源型城市经济转型研究［M］．北京：中国经济出版社，2003（7）：13－15.

［16］齐建珍，等．资源型城市转型学［M］．北京：人民出版社，2004（9）：10－16.

［17］陈志楣，杨德勇．产业结构与财政金融协调发展战略研究［M］．北京：中国经济出版社，2007：44－46.

［18］刘子旭，常秀杰．大庆城市经济转型对策探讨［J］．科技与管理，2008（1）：9－11.

［19］陆正飞，等．中国上市企业融资行为与融资结构研究［M］．北京：北京大学出版社，2005.

［20］李悦，赵锐．资本市场融资条件与产品竞争双重约束下的中国上市企业融资行为研究［J］．中央财经大学学报，2005（5）.

［21］黄伟彬．中国上市企业融资偏好问题的重新审视［J］．当代财经，2006（11）.

［22］王玉荣．中国上市企业融资结构与企业绩效［M］．北京：中国经济出版社，2005.

［23］王啸峰．通信设备行业上市企业股权融资偏好的实证分析［D］．长春，2005.

［24］冯根福，吴林江，刘世彦．我国上市公司资本结构形成的影响因素分析［J］．经济学家，2008（5）：59－66.

［25］洪锡熙，沈艺峰．我国上市公司资本结构影响因素的实证分析［J］．厦门：厦门大学学报，2002（3）：114－120.

［26］吕长江，韩慧博．上市公司资本结构特点的实证分析［J］．天津：南开管理评论，2007（5）：26－29.

［27］陈湘永．上市公司股权结构与经营绩效关系的实证研究［J］．证券市场导报，2008（5）：34－41.

［28］沈华珊，张晓顺，郑得程．股权结构的理论、实践与创新［M］．北京：经济科学出版社，2008.

专题八

林业资源型城市经济转型策略与公共政策选择研究

摘要：我国森林资源主要分布在东北、内蒙古以及西南、西北地区，呈现出明显的地区特征。受森林资源分布的影响，我国的林业资源型城市也具有明显的区域特征。同时，东北、内蒙古林区的开发是先有林业后有城市，因此，我国的林业资源型城市基本分布在黑龙江省、吉林省和内蒙古自治区这三省（区）。在资源枯竭地区，林业资源型城市同其他资源型城市一样，经过长期超负荷承担国家木材生产和上缴任务、对森林资源的高强度掠夺式开发，目前林业资源型城市表现出诸多矛盾和问题。其兴衰明显表现出受森林资源状况所决定的典型特征，"越砍越穷、越穷越砍"的恶性循环，使传统经济走入了死胡同，并由此引发了一系列矛盾和危机。针对上述情况我们在深入分析伊春市经济转型策略及产业升级中的公共政策问题的基础上提出了林业资源型城市转型的公共政策及措施。

一、林业资源型城市经济转型背景

（一）林业资源型城市内涵和空间分布

1. 林业资源型城市的内涵

林业资源型城市是指国家行政管辖县以上的、林业经济占主导地位、林业人口占城市人口三分之一以上的城市。这种城市是伴随着国有林区丰富的林业资源禀赋和森林资源的不断开发利用而逐步建立和形成的。林业资源型城市赖以存在的基础是森林资源，森林资源的主体是林木资源，由于长期以木材生产和木材采运为主营业务，形成了高度木材依赖型的单一产业结构，三大产业产值比例严重失调。

同为资源型城市，但林业资源型城市不同于矿业资源型城市，在经济转型过程中也呈现不同的特点。首先，森林资源是可以再生性资源，虽然这种再生性在跨度上可能很长，甚至是上百年，而且也会受到很多不确定性因素的影响，但根据自然条件和人工林、次生林发育状况，经过一段时间可恢复一定规模的采伐能力；而与资源密切相关的林木采伐、林下采集、林下栽培、林产品加工和综合利用是林业资源型城市具有长期竞争力的产业，它们并不一定因为可采资源的不足而丧失生产能力。其次，林业资源型城市生态环境压力源于森林资源破坏而引发的森林生态功能弱化，而不是矿业生产而引发的高碳排放、水土污染等环境污染，城市生态环境问题也没有矿产资源型城市突出。由于地处林区，生态环境良好，林业资源加工和利用过程中污染相对小，是林业资源型城市经济转型的天然优势。最后，其经济转型路径侧重于林业接续替代产业、林业特色优势产业等多维林区资源的开发利用等，而不是矿业资源型城市的清洁能源开发、低碳技术创新和文化创意产业开展等。当然，林业资源型城市和矿业资源型城市也会呈现某些共性，如都是因资源掠夺式开发利用而陷入“资源诅咒陷阱”，诸多资源性、社会性、结构性与体制性矛盾突显，使资源型城市面临单一资源主导产业衰退、一元经济结构失衡、社会经济发展速度缓慢、地区人民收入水平与生活质量低下等问题，这也是资源型城市经济转型的共同原因。

2. 林业资源型城市的空间分布

我国森林资源主要分布在东北、内蒙古以及西南、西北地区，呈现出明显的地区特征。受森林资源分布的影响，我国的林业资源型城市也具有明显的区域特征。同时，东北、内蒙古林区的开发是先有林业后有城市，因此，我国的林业资源型城市基本分布在黑龙江省、吉林省和内蒙古自治区这三省（区）。

根据相关学者的定量、定性分析与判断，我国目前已确定的资源型城市中森工类城市为21座，占全国118座资源型城市的18%，典型的资源型城市60座，10座典型森工类城市（见表8－1）。东北振兴规划的实施，使推进资源型城市转型发展进入实践阶段，截至目前，国家发改委东北司相继确定了69座资源枯竭转型试点城市，其中林业资源枯竭转型试点城市为16个，占试点城市总数的23.2%（见表8－2）。映射到地理空间上，可以看出，我国林业资源枯竭型城市基本分布在东北地区的大小兴安岭及长白山地区，并且其中一个显著特征是资源枯竭型城市行政区域范围内均存在一个或多个与地方政府权限“平级”的国有林业局。

表 8－1　　我国森工类资源型城市数量及分布

森工类资源型城市（21 座）	典型森工资源型城市（10 座）	森工类资源型城市分布
牙克石、根河、阿尔山、白山、敦化、珲春、桦甸、蛟河、松原、舒兰、临江、和龙、伊春、黑河、铁力、五大连池、尚志、海林、宁安、穆棱、虎林	牙克石、根河、阿尔山、敦化、珲春、松原、临江、和龙、伊春、铁力	黑龙江省（9 座）、内蒙古自治区（3 座）、吉林省（9 座）

表 8－2　　国家确立的林业资源枯竭型试点城市

所在省（区市）	第一批（3 座）	第二批（3 座）	第三批（1 座）	大兴安岭林区参照享受政策（9 座）
黑龙江省	伊春市、大兴安岭地区	五大连池市	—	逊克县、爱辉区、嘉荫县、铁力市
吉林省	白山市	敦化市	汪清县	
内蒙古自治区	—	阿尔山市	—	牙克石市、根河市、额尔古纳市、扎兰屯市、鄂伦春旗

（二）林业资源型城市的特征

近代资源型城市是由于生产技术、生产管理、城市基础设施与城市社会结构的现代化共同推动而兴起。我国林业资源型城市基本产生于新中国成立后的计划经济时期，由国家统一计划安排在林业资源丰富的地区，设置行政区划，采用政企合一的组织形式，以林业局为管理主体形成城市，集中分布于国有林区，如东北的大、小兴安岭和张广才岭——长白山林区。国家投入大量的人力、物力和财力建设林业资源型城市的最终目的是让森林资源得以有效输出，而对于城市本身的产业布局、生态利益和是否可持续性，政府在最初进行城市建设的决策时并没有过多考虑。由于这些林业资源型城市的生命周期与资源的耗竭程度紧密相关，因此当可采林木资源几近枯竭时，城市也步入了自己生命的衰退期。虽然“天保”工程、退耕还林工程、京津风沙源治理工程、“三北”防护林工程等重点林业工程实施以来，在一定程度上减缓了林木资源耗竭的速度，但却导致城市主导产业增长放缓，发展受到限制，资源型城市逐渐发展为资源枯竭型城市，城市面临经济转型问题。

1. 资源要素禀赋具有决定性作用

森林资源是林业资源型城市得以建立、存在和发展的物质条件，由于资源丰裕度对林业资源型城市的形成具有决定性的作用，森林资源虽然属于可再生资源，但是由于树种不同，再生周期普遍长达 20～40 年。因此从 20 世纪 80 年代开始到现在的资源型城市研究文献中，大都将森林资源视为不可再生资源，资源的不可再生性和资源枯竭的不可逆转性，以及林业资源型城市产业自身对资源的过度依赖性等问题，决定了林业资源型城市所面临的最大的难题是森林资源的可持续性，因此资源禀赋决定了林业资源型城市的存亡。

2. 生态安全功能重于其他功能

森林生态系统具有维持生物多样性、调节气候和水分循环等重要生态功能，森林是森林生态系统的重要基础，森林本身除了经济功能之外，还承担了维持生态安全的功能，森林生态安全是生态安全的重要组成部分，森林生态系统健康、生态安全是林业产业发展的基础。从经济学的视角来看，森林生态问题是一个无法用单一经济手段解决的外部性问题，政府在适当的时候采取行政管理等综合方法，对森林和森林资源采取保护措施。如我国实行的“天保工程”、全面停伐政策等，都是强制性的对森林资源进行保护，发挥森林的生态功能。因此，在某种意义上说，林业资源型城市的生态安全功能是第一位的。

3. 城市社会职能的企业化管理

林业资源型城市的经济发展大多主要依赖林业产业的发展，其城市的许多社会职能也由森工企业承担，如学校、医院等，形成了林业资源型城市的社会职能的企业化管理。这是因为，一是多数林业资源型城市都是“大企业、小政府”或政企合一的体制，很多城市无力承担更多的社会职能，而将其转嫁给企业承担；二是多数林业资源型城市的成长普遍经历了“先企业、后城市”的演变过程，在企业初建时，大多没有城市依托，而这些森工企业都地处偏远地区，更多、更全的社会职能也就由森工企业承担。

城市社会职能的企业化管理带来了很多不利的因素。首先，它加重了企业的经济负担，造成了企业经济的更加危困；其次，造成社会资源的大量浪费，城市建设的不经济；最后，整个城市化水平低下，城市社会化服务水平难以提高。

4. **城市（人口）规模不等**

林业资源型城市的人口规模有很大差异。按照我国目前的城市划分标准，伊春市 2015 年全市人口 121.98 万人，属于特大型城市，即使去掉 39 万人的铁力市和 6 万人的嘉荫县，人口也达到了 76.98 万人，属于大城市。但整个大兴安岭地区人口为 51.6 万人，只相当于一个中等城市。森林资源在空间上的面状分布，导致林业资源型城市地区的分散性，单位面积人口小于全国中心镇平均人口，林区小镇的镇域大于其他地区小城镇镇域。所以研究林业资源型城市地区经济转型问题，可以抓住更广泛的研究对象，分析林业资源型中小城镇的产业转型。

5. **空间尺度大**

与矿产资源的点状特征不同，森林资源的面状特征决定了研究林业资源发展与产业转型，需要适应研究对象的空间尺度，即以林业资源型城市及其周边地区为对象进行研究。如同属内蒙古呼伦贝尔市的扎兰屯市、牙克石市、额尔古纳市和根河市，行政面积在 2015 年年末分别为 16926.3 平方千米、27590 平方千米、28958 平方千米和 20012 平方千米，其特点是城镇区域大，人口密度小，因此应进行符合空间尺度的产业转型开发，如碳汇项目。碳汇一般是指从空气中清除二氧化碳的过程、活动、机制。它主要是指森林吸收并储存二氧化碳的多少，或者说是森林吸收并储存二氧化碳的能力。开展森林增汇经营是有效挖掘森林生态系统碳汇潜力的重要途径，这已经超出传统意义的地理范围。

（三）林业资源型城市的发展历程——以黑龙江省为例

《全国资源型城市可持续发展规划（2013—2020 年）》确定了黑河市、伊春市、铁力市、尚志市、五大连池市为森工城市，即林业资源型城市。综合研究这些城市的发展过程，可以做如下总结，资源型城市的生成发展呈现为显著的生命周期特征，其演化多历经生成、发展、转型、振兴与可持续发展等过程，黑龙江省林业资源型城市的演进历程呈现为林业资源型城市开发期、兴盛期、衰退期和转型期四个阶段性生命周期特征。

1. **开发期（中华人民共和国成立初期—20 世纪 80 年代）**

黑龙江省重点国有林区是林业资源储量最丰富的地区之一。中华人民共和国成立以来，黑龙江省国有林区为国家提供了大量的木材，并以直接或间接的方式为国家提供了相当的资本积累，为国民经济发展和现代化建设做出了卓越的贡献。中华人民共和国成立初期，长期的战争创伤使我国国民经济遭受了极大的破坏，工农业生产都亟须修整和恢复。为了扭转千疮百孔的混乱社会和经济局面，实现我国政治、经济、社会的健康稳固，我国将主要精力用于战后经济重建。木材和林产品在军工、轻工、化工、建筑、矿业、铁路、交通、农业、食品和医药等诸多经济领域得到应用。尤其是木材，是森林资源开发利用的主要产品，是国家经济建设和人民生产生活的重要物资，且对于保证国家工业、建筑、军事用材需要，打破国际经济封锁，恢复和发展经济等方面具有重要作用。

开发初期，黑龙江省重要国有林区的森林面积和可采成熟林蓄积量较大，森林资源禀赋丰富；为满足国家现代化发展需要，我国在黑龙江省国有林区成立哈尔滨和伊春森林工业管理局，构建以木材生产为主营业务的国有森工企业或国有林场，以营林造林，木材采运、锯材生产，胶合板、纤维板和刨花板等人造板生产为主要产业项目，林区人口以林场和森工林业局职工及其家属为主，初步形成了“因林而生”的林业资源型城市雏形。

2. 兴盛期（20 世纪 80 年代—20 世纪 90 年代）

20 世纪 80 年代后期，国有森工林业局在黑龙江省国有林区生产经营和社会发展中的主体地位不断凸现，并通过林区经济结构和林业产业结构的调整，不断优化林业生产技术要素、不断调整国有林资源开发经营机制、不断转变林业经济发展重心和林区经济增长方式，探索建立具有现代企业制度的国有森工企业，并逐渐形成了龙江森林工业集团公司、吉林森林工业集团公司、内蒙古大兴安岭森林工业集团公司和大兴安岭林业集团公司四大国有森工集团，形成了以四大森工集团为核心主体的国有林区生产经营主体。

以黑龙江省伊春市为例，1964—1979 年，伊春林业资源型城市的辖区及主管单位几经调整，直至 1979 年恢复伊春地级市建制，辖 15 个市辖区、1 个县，代管 1 个县级市，其中 13 个区分别与所在地林业局实行政企合一体制。伊春市形成市政府和伊春林业管理局（龙江森林工业集团四大林管局之一）的“政企合一”体制，接受“双层领导”。伊春市以林业产业为支柱产业，国有林场和林业局职工及其家属、外来临时务工人员等人口基数不断增加，林业经济发展活力与产业规模不断扩大。因此，作为经济重心的国有林业企业，国有森工林业局是黑龙江省林业资源型城市社会经济发展的绝对动力，使林业资源型城市“因林而兴”。

3. 衰退期（20 世纪 90 年代—21 世纪初）

长期依托国有林木资源的开发利用，伊春市、尚志市等黑龙江省林业资源型城市形成了高度木材依赖型的林业产业体系，林业产业成为其经济发展的主导产业。由于森林资源的破坏性开发和利用，黑龙江省国有林区木材产量自 1988 年逐年递减；经济林产品种采集、花卉种植、野生动植物繁育等多种经营尚未形成明显的产业优势，产业规模偏低；由于木材产量的降低，锯材产量也呈现下降趋势；由于林木采伐限额制度的实施，胶合板、纤维板和刨花板等人造板的技术创新水平得以提升，人造板产量呈现稳步增长态势。由于国有林区森林生产经营机制和微观主体的特殊性，国有森工企业的现代企业制度实践尚未取得明显的发展优势，国有森工集团的管理制度、经营体制和发展机制的不适宜性日益暴露。在社会经济大发展、大变革、大调整的关键时期，在循环经济、可持续发展经济和低碳经济的发展理念下，在林区经济危困、可采森林资源危机和环境危机的不利局面下，单纯木材依赖型的传统林业产业体系的组织惯例使林区经济陷入了厄运桎梏。伊春市等林业资源型城市建立的相对成熟的经济发展模式因资源供给矛盾而陷入困境，长期形成的林业资源惯例依赖使黑龙江省林业资源型城市发展的路径突破阻碍重重。黑龙江省林业资源型城市仍未能摆脱“资源诅咒陷阱”，而面临“因林而衰”的消极局面；林业资源型城市在产业架构、人口牵引、社会进步等方面的发展活力受到了极大制约，科学的经济转型决策关乎黑龙江省林业资源型城市存续发展，反之则是止步不前甚至消亡。

4. 转型期（21 世纪初至今）

黑龙江省林业资源型城市的发展形成了高度依赖林木资源的“链条”式的直线递进产业结构，可采林木资源枯竭使产业体系的上游环节断裂，使林业产业产生了难以短期逆转的资源危机，使林业资源型城市主导产业陷入结构性衰退。一段时间以来，黑龙江省国有林区可采林木存量急剧减少；其中，伊春林木蓄积和可采成熟林蓄积由开发初期的 4.28 亿立方米和 3.2 亿立方米下降到 2.27 亿立方米和 680 万立方米，分别下降 47% 和 98%，所属的林业局（其中 13 个政企合一局）已有 13 个林业局无林可采，其余林业局也严重过伐；且林业企业债务和社会负担沉重，林区基础设施建设和社会事业明显滞后，森工企业职工收入偏低。因此，经济转型是加快黑龙江省林业资源型城市经济社会发展的必然选择，是加强生态建设的迫切需要，是实现国有林区可持续发展的必由之路。

（四）林业资源型城市经济转型动因

结合林业资源型城市产业转型的具体情况，从林业资源型城市理论和现实两个方面对林业资源型城市产业转型的动因进行分析。

1. 林业资源型城市经济转型动因的理论分析

（1）资源产品生产的局限性。以不可再生资源和再生周期较长资源为对象的生产终究因为资源的有限性等原因有一天会停止生产或进入长期资源短缺的状况，这一特征称为生产的时限性。一般来说，生产时限性的长短取决于两个主要因素：一是资源储量，储量大则开采的时限长；二是开采强度，开采强度大则生产时间短。但不论资源储量如何丰富，开采强度如何低，从理论上讲，总有一天资源会被全部开采出来，生产被迫停止。从外部看，资源间的相互替代，也将导致现有资源开采不经济，资源被停止生产的可能性较大。比如在法国，核能的大规模应用使煤炭作为能源生产的经济性不断下降，最终被迫停止生产。

（2）资源性产业生产成本呈不断上升趋势。资源性产业受自然条件影响大，随着不可再生资源和再生周期较长资源被生产和消耗，资源产品生产成本将会不断上升。从社会角度看，资源生产总是先开采资源丰厚的中心地带，而后向周围其他区域发展。这种先中心后腹地、先优后劣、先易后难的开采也使资源的生产成本呈不断上升趋势。

因此，资源开采业和制造业有着不同的成本变动规律，由此带来的结果是资源型城市和制造业城市之间的差距越来越大。随着资源开采的不断深入，原有的资源优势将会逐渐消失，从而制约相关产业的发展，最终导致城市经济的衰退。因此资源型城市在资源优势得到发挥的同时，便存在地区衰退的因素，资源型城市产业转型由于资源产业的特点而不可避免。

（3）资源型产业呈现一定的发展规律。资源产业的特点决定了资源产业发展必然经历一个从资源的勘探开发、扩大生产、高产稳产、衰退直到资源枯竭的过程。按照美国地质学家胡贝特（M. K. Hubbert）的概括，一般矿业生命周期分成四个阶段：预备期（即资源开发前准备阶段），成长期（即从全面投产到达到设计规模阶段），成熟期（即生产达到设计规模阶段后继续发展，利用主导产业的前向后向和旁侧的联系发展相关联的产业，使资源产业综合区域发展程度逐步提高，规模逐步扩大），转型期（即以资源为主体的产业地位下降，如果有新的产业兴起，资源开采区域会演变为综合性中心城市。

没有新的产业兴起，开采区域开始衰退、消失)。

所以说，资源型城市产业自身能力状况是影响产业转型进展的直接原因，是产业转型中至关重要的因素，结合林业资源型城市的自身特点，其内部因素主要体现在三方面：一是资源型城市的产业技术能力，包括资源型城市备选产业研发能力、技术储备能力、人员及信息情报能力、产业组织协调能力和资源型城市的资金支持能力等。高新技术是改造提升传统产业和培育新兴支柱产业的必要条件，是产业转型的动力。二是产业自身状况，包括资源型城市的行业状况和主导企业的市场地位。三是资源型城市产业主导企业文化与组织结构，体现在主导企业文化的兼容性与开放性和组织结构的国际适应性。良好的企业文化和组织结构也是产业转型的影响因素。

2. 林业资源型城市经济转型动因的现实分析

(1) 解决林业资源型城市的突出矛盾。资源型城市问题是一个世界性的难题。林业资源型城市同其他资源型城市一样，经过长期超负荷承担国家木材生产和上缴任务、对森林资源的高强度掠夺式开发，目前林业资源型城市表现出诸多矛盾和问题。一是经济方面，表现为经济结构单一、所有制结构单一、产业结构单一、规模企业较少。二是社会方面，政企合一、体制严重刚性、下岗失业严重、职工生活困难、社会不稳定因素增加。三是生态环境方面，森林生态功能减弱、局部地区生态环境严重恶化。

面对目前林业资源型城市出现的经济、社会、环境、资源等方面的诸多矛盾与问题，在目前森林资源已濒枯竭、可用资源非常有限、国家实施天然林资源保护工程后减少森林采伐量，在一定程度上减少城市的经济来源情况下，使得林业资源型城市必须寻找新的发展出路，以解决当前面临的突出问题。因此，林业资源型城市经济转型成为历史的必然。

(2) 实现林业资源型城市的全面可持续发展。林业资源型城市的经济、社会发展主要依靠林业产业的发展，而当前林业产业群的构建方式多是链条式的、直线递进式的。即其支柱产业是由前后关联密切的产业构成，如加工产业等，这些产业环环相扣，形成了产业群。但是这种产业的构建是以充足的资源量为基础的，一旦资源枯竭或减少就会造成整个产业链条的中断。从目前的林业产业发展来看，实际情况也正是如此。所以，森林资源减少引发了林业经济的危机，从而造成了整个城市经济、社会的危机，给城市可持续发展带来了严重的压力。

可持续发展要求各种自然资源的数量和质量在经济发展过程中不能出现

下降，如果某种资源出现下降，将要由其他资源来补偿。目前林业资源型城市的林木资源已出现下降，因此，从城市可持续发展的角度，必须由其他资源综合利用来代替林木资源的利用。也就是说，为保持城市可持续发展，必须进行城市经济转型。

（3）增强林业资源型城市的综合竞争力。所谓竞争力是指竞争主体（国家、地区、城市、企业等）在市场竞争中表现出来的综合实力及其发展潜力的强弱程度。城市竞争力是指一个城市在全球经济一体化的背景下，与其他城市比较，在要素流动过程中抗衡甚至超越现实的和潜在的竞争对手，以实现城市价值所具有的各种竞争优势的系统合力。

城市竞争力的基础是主导产业的竞争力。林业资源型城市的主导产业仍是林业产业，但随着目前林业产业竞争力由强变弱，也使得林业资源型城市的竞争力发生了较大变化，即由盛转衰，使得林业资源型城市竞争力下降。但城市毕竟与人不同，城市无论如何“萧条”，真正“死亡”的可能性不大，城市可以通过培育新的经济增长点，重新获得竞争优势。所以，林业资源型城市竞争能力的提升，关键是主导产业的转型。

资源型产业处于整个社会产业链的上游，产品附加值小，利润率低，因而资源型城市长期存在着利润流出的现象，这必然造成城市积累能力的相对不足。随着资源的逐步减少，地区内生产成本呈上升趋势，这导致城市积累能力弱化。结果是，资源型城市在市场中所处的地位低，创新能力弱，在社会产业分工中只能承担初级产品的生产，对于森林资源有着强烈的依赖，产业结构升级困难。在以森林资源开采利用为主导产业的林业资源型城市中，当森林资源逐步减少后，这一产业也就失去了原有的竞争优势，林业资源型城市的竞争优势也就会明显下降。所以，尽快实现林业资源型城市经济转型，重新确立新的主导产业，是提升城市竞争力的必然选择。

二、伊春市经济转型策略分析

（一）伊春市概况

伊春市位于黑龙江省东北部，地处东经127°37′～130°46′，北纬46°28′～49°26′，所辖1县级市、1县、15个市辖区（其中13个区与所在林业局合署办公）、16个林业局，总人口约120万人，面积3.64万平方千米。北部以黑龙江中心航线为界，与俄罗斯隔江相望，边境线长246千米，是中国东北边疆的重要门户。市辖区南北长 329 千米，东西宽 125 千米。全市行政区划面积 3.3 万平方千米，林业施业区划面积 386 万公顷，森林茂密，树种较多。

伊春市是在 1948 年开始大规模开发建设的。1952 年建立伊春县，1958 年设置伊春市，1964 年改设伊春特区，1970 年改称伊春地区，1980 年恢复伊春市。2007 年，伊春市辖 2 县，15 个区，16 个林业局，11 个县团级木材加工企业，下属 218 个林场（经营所），还有 8 个中央属和省属企业单位。全市总人口 132 万人。现有全民职工 22.1 万人。伊春区是伊春市委、市政府所在地，是全市政治、经济、文化中心。伊春市是以伊春区为中心，由 21 个卫星城组成的林业资源型城市，地域辽阔。

伊春市有林地面积 300 多万公顷，森林覆被率为 82.2%，活立木总蓄积 2.2 亿立方米。伊春拥有亚洲面积最大、保存最完整的红松原始林，森林类型是以红松为主的针阔叶混交林，蓄积量较多的树种有红松、云杉、冷杉、兴安落叶松、樟子松、水曲柳、黄菠萝等，藤条灌木遍布整个施业区，各种珍惜名贵的针阔叶树种达 110 余种。

伊春市自然资源十分丰富，是一个富饶美丽的林区。其矿产资源丰富，地貌景观奇特。据初步勘探，有金、银、铁、铅、锌、铝、铜等金属矿藏 20 多种，已探明的金属矿床、矿点达 100 多处，黄金储备量居全省首位。非金属矿产资源分布更为广泛。有石灰石、大理石、水晶石、玛瑙石、花岗岩、珍珠岩、紫砂陶土、褐煤等 25 种，矿点 140 多处。小兴安岭经过亿万年的地质变迁，在大森林中形成了千姿百态的奇岩怪石。汤旺河兴安奇石、红星火山地质公园、朗乡石林、嘉荫茅兰沟、南岔仙翁山已成为中国北方罕见的地质奇观。

伊春市动植物资源极为丰富。小兴安岭的森林中，栖息着东北虎、马鹿、黑熊、犴、猞猁等 60 多种珍稀野生动物，260 多种鸟类。小兴安岭特殊的地理位置和生态环境，孕育了种类繁多、分布相对集中、疗效显著、质量好、经济价值高和独具特色的 300 多种野生药材。总蓄积量 200 多万吨，年允收量 20 万吨，年有收量约为 5000 吨。伊春市药材资源在黑龙江省所占比重为 35% 左右，其中鹿茸、熊胆、麝香、獾油、林蛙油、人参、刺五加等十分名贵。伊春市境内水力资源丰富，水系发达，有大小河流 702 条，总蓄水量 102 亿立方米，其中河流分属黑龙江、松花江水系。汤旺河为伊春的主要河流，境内流长 443 千米，注入松花江下游。

伊春林区自开发建设以来，由于长期受计划经济体制的束缚以及林业经营思想的偏差，同时也是为了支援国家建设，重采轻育，重取轻予，长期超负荷承担国家木材生产任务，最高时年产量达到 750 万立方米，年均消耗蓄积 800 万立方米，消耗量超过生产量。特别是进入 20 世纪 80 年代中后期，林业陷入了“两危”境地。活立木蓄积量 2005 年为 2. 27 亿立方米，这比 1953 年第一次森林资源调查时的 4. 3 亿立方米下降了 47. 21% 。可采成过熟林蓄积仅有 1072 万立方米，全市所属 17 个林业局中已有 12 个无林可采，其余 5 个林业局也严重过伐。目前采伐的林木中有相当一部分是中龄林。由于可采林木资源的枯竭，同时也由于天然林保护工程的实施，木材产量逐年调减，2005 年年生产木材只有 130 多万立方米，目前基本保持在这个水平上。木材产量的大幅下降已经使那些单纯依靠林木资源的产业陷入了困境。伊春市的情况是林业城市中比较典型的，其他林业城市的情况大同小异，如大兴安岭的加格达奇市、内蒙古的牙克石市和根河市等。城市发展陷入困境，原因是多方面的，也是比较复杂的，如历史的原因、政策的原因等，其根本原因都是由于资源的枯竭，而结论只有一个，就是必须实现经济转型。

（二）伊春市经济转型策略

1. 伊春市存在的主要问题

林业资源型城市其兴衰明显表现出受森林资源状况所决定的典型特征。“越砍越穷、越穷越砍”的恶性循环，使传统经济走入了死胡同，并由此引发了一系列矛盾和危机。

（1）四大矛盾突出。伊春市因林而生，因林而兴，也因林而衰。虽经多年调整，经济结构得到一定改善，但仍未从根本上转变资源性、体制性、结构性、社会性四大矛盾交织并存的局面：木材产量大幅度调减，使主导产业急剧萎缩，经济结构严重失衡，经济发展速度明显滞后；地方财力拮据，城市基础设施建设欠账过多，各项社会事业发展缓慢；森工企业富余人员持续增加，就业再就业压力增大；职工群众收入偏低，总体上仍处于贫困状态。伊春林区长期沿袭的政府和林业管理局合一的特殊行政体制，决定了伊春市森工企业生产经营与林区社会建设的双重主体身份。企业在担负创造经济效益任务的同时，还承担着办社会的职能，难以成为真正的市场主体；政府过多干预企业生产经营，存在着越位、缺位、错位现象，有利于产业发展的政府调控机制和社会化服务体系还没有很好地建立起来。诸多矛盾和现实困境，已经使经济转型到了刻不容缓的地步，早转则早受益，否则积重难返，将导致林竭城衰。

（2）生态危机严重。随着经济发展、社会进步和人民生活水平的提高，人们对加快林业改善生态状况的要求越来越迫切。作为三江平原天然屏障、在全国生态系统中处于重要地位的伊春市，由于长期过量采伐，森林蓄积和可采成过熟林蓄积比开发初期分别下降了 55.01% 和 98.02%，以及原有的天然林生态系统涵养水源、消洪补枯、保护土壤的功能大为降低、水土流失面积不断扩大、旱灾水患频繁发生等原因的存在，不但其作为三江平原的天然屏障的作用大大减弱，而且其自身也面临着前所未有的生态危机。加快生态建设，维护生态安全，不但是整个社会对伊春林区的要求，也是林区自身发展的迫切需要。实践表明，生态建设与经济发展，既存在现实发展的矛盾对立性，也体现出长远发展的统一性。生态建设和经济发展是林区发展不可偏废的双重任务，二者缺一不可。这就要求伊春林区必须摆脱“一切向林木资源伸手”的思维定式，通过推进经济转型，突出特色产业定位，最终形成生态建设和经济发展共生双赢的局面，从而真正走上以生态建设为主的林业可持续发展道路。

（3）林业资源衰竭。对于一个林业资源型城市而言，自开发初期就高度依赖森林资源，对其造成过大压力。2008 年，伊春市被确立为首批资源枯竭型城市，其森林可采资源面临枯竭，传统的以采伐林木为主的林业经济已经不能满足当前城市发展的需要。“十一五”期间，由于未对天然林保护工程实施方案及时做出调整，国家仍按原天保工程实施方案确定的产量下达采伐限额，相比合理水平的618.4 万立方米仍高出439.6 万立方米。据国家林业局测算，大兴安岭林业集团公司目前的年木材实际产量超出了森林资源承载能力的1.3 倍，若包括伊春林区的龙江森工集团公司的年木材产量，实际产量则超出了森林资源可承受能力的3.1 倍之多。超量采伐已导致成熟林和过熟林蓄积量急剧减少。如何在林业资源逐步枯竭的情况下实现资源型城市的产业转型，是关系到众多资源型城市的一个不可回避的问题。这就从外部对资源型城市产业转型提出了要求。

（4）产业发展滞后。由于长期以来受计划经济的影响，伊春形成了单一木材生产、单一林业经济、单一全民所有制的经济格局，对木材的刚性依赖是其产业痼疾的明显特征。虽然近几年加快了改革调整步伐，但结构性矛盾仍未从根本上得到解决：传统林业经济仍然比重过大，主导产业没有明显改变；非林和高新技术产业比重偏小，无法形成带动作用；新兴接续产业规模太小，形不成规模效应；非公有制经济发展层次和水平较低，难以对全市经济发展起到拉动作用。综观伊春现有产业，普遍存在着规模总量小、发展层次低、产品科技含量和附加值低等诸多问题。伊春森工战线从1989年出现全行业亏损，到目前已累积亏损5.3亿元，历史挂账32.5亿元，负债总额达78亿元；企业信用等级普遍偏低，融资渠道狭窄，缺少必要的技术改造和开发新项目的资金；域内达到国际国内先进水平的企业很少，产品科技含量低，产业外向度严重偏低。在发展替代产业上，市属各县（市）区（局）产业趋同化、小型化、分散化的现象突出，且生产同类产品的企业缺乏专业化互补合作，缺少统一品牌，没有形成应有的集群优势，缺乏市场竞争力。

2. 林业资源型城市经济转型的模式选择

伊春经济转型期确定为15年，分两个阶段进行。第一阶段从2006—2010年，用五年时间，创造性地实施好“天保工程”，大力度调减木材产量，集中解决生态建设中存在的突出问题，资源性矛盾得到缓解。第二阶段从2011—2020年，用十年时间，全面停止天然林采伐，森林资源得到全面恢复，接续和替代产业规模进一步壮大，国民经济快速健康增长，建成比较完备的森林生态体系和比较发达的林业产业体系，实现资源的接续、产业的置换、城市经济多元化、人口充分就业、生态环境良性循环，成为全国林业城市经济转型的示范市。

（1）以发展林业碳汇为核心发展替代产业的模式。森林碳汇是指森林植物通过光合作用将大气中的二氧化碳吸收并固定在植被与土壤当中，从而减少大气中二氧化碳和浓度的过程。林业碳汇是指利用森林的储碳功能，通过植树造林、加强森林经营管理、减少毁林、保护和恢复森林植被等活动，吸收和固定大气中的二氧化碳，并按照相关规则与碳汇交易相结合的过程、活动或机制。1997年通过的《京都议定书》承认森林碳汇对减缓气候变暖的贡献，并要求加强森林可持续经营和植被恢复及保护，允许发达国家通过向发展中国家提供资金和技术，开展造林、再造林碳汇项目，将项目产生的碳汇额度用于抵消其国内的减排指标。

我国开展森林碳汇相对较晚，但发展势头较好。我国政府于2001年启动了全球碳汇项目，对开展造林再造林碳汇项目及其相关工作给予了充分重视和积极支持。2003年年底国家林业局成立了国家林业局碳汇管理办公室。2007年颁布的《中国应对气候变化国家方案》强调，植树造林、保护森林、最大限度地发挥森林的碳汇功能等是应对气候变暖的重要措施。国家发改委和国家林业局等部门积极组建碳汇信息交流平台，组织实施全球第一个清洁发展机制（林业碳汇项目）和多个林业碳汇试点项目。由中国国家林业局与意大利环境和国土资源部签署的中国第一个林业碳汇项目已落户内蒙古自治区赤峰市敖汉旗。双方约定，在第一个5年有效期内，意大利投资153万美元，在敖汉旗荒沙地造林3万公顷，项目产生的可认证的二氧化碳减排指标将归意大利所有。通过该项目的碳汇交易筹集了生态补偿资金，减轻了财政补偿公益林的压力。以中国科学院为首的一些科研院所，也对全国森林生态系统的碳循环和碳储量以及碳汇功能等进行了初步观测和研究。国家林业局、中国石油天然气股份有限公司及中国绿化基金会等已联合发起了中国绿色碳基金，以促进吸纳民间资金开展以固定大气中二氧化碳为目的的造林、森林经营及能源林基地建设，鼓励企业减少碳排放，并投资森林碳汇项目进一步降低“碳足迹”。北京市将建立中国绿色碳基金北京专项，专门管理北京市企业、社会团体以及个人为林业碳汇造林所捐赠的资金。

伊春市处于小兴安岭生态功能区的核心地带，是功能区建设的主体，而功能区建设与林业碳汇的目标指向是一致的，都是森林资源的增加。如大小兴安岭生态功能区建设的目标之一就是到2050年，大小兴安岭生态功能区生态面貌恢复到20世纪50年代大开发前的状态，把大小兴安岭生态功能区建设成为经济发展与人口资源环境相协调，经济社会永续发展的现代林区。森林覆盖率达到75%以上，其中大兴安岭林区达到80%，小兴安岭林区达到85%，黑河市达到55%；每公顷蓄积量达到115立方米，其中大兴安岭林区达到120立方米，小兴安岭林区达到135立方米，黑河市达到90立方米；新增林木蓄积量11亿立方米，超过开发初期水平，每年可稳定提供600万立方米左右的商品木材，实现长消平衡、良性发展、循环利用。

伊春市计划到2015年，林木年生长量由913万立方米增加到1000万立方米，森林总蓄积量由2.47亿立方米增加到2.75亿立方米，森林覆被率达到82.60%。森林培育的增长空间巨大，因此可以借助林业碳汇项目大力发展森林培育产业，由过去的以森林采伐为主转变为森林培育为主，既可以保证生态建设目标的实现，又能够解决林业发展所需资金问题，同时为经济转型和未来发展打下基础。

（2）以发展循环经济为核心的产业延伸模式。林区发展循环经济是从根本上贯彻以生态建设为主的林业发展方针的有效途径。目前我国解决环境问题的重要方式是末端治理。这种治理方式难以从根本上缓解环境压力。一方面，投资大、费用高，建设周期长，经济效益低，企业缺乏积极性，难以为继；另一方面，末端治理往往使污染物从一种形式转化为另一种形式，如废气治理产生废水、废水治理产生污泥、固体废物治理产生废气等，不能从根本上消除污染。因此必须大力发展循环经济，从源头上推行清洁生产，解决污染问题，以最少的资源消耗、最小的环境代价实现经济的可持续增长，从根本上解决经济发展与环境保护之间的矛盾。

林区发展循环经济就是在林区范围内，以循环经济的理念为指导，按照循环经济的要求，遵循循环经济的原则，在健全的支撑体系作用下，构建发展循环经济的多种模式，组织各种生产经营和生活活动，最终建立起相对独立，又对外开放的林区经济。

这种设计理念是从林区的实际出发产生的，一方面由于林业资源具有多元化的特点，这也导致另一方面林业的产业也具有多元化。这里以剩余物的利用为例进行说明。众所周知，由于森林采伐的生产特点，在生产过程中天然地产生剩余物，如枝丫、树梢、树皮、树叶、树根及藤条、灌木等。据统计，我国林区每年产生的采伐剩余物总量超过1000万立方米，同时在造材过程中也必然产生诸如造材截头等剩余物。由于体制的原因，林区各个企业的建设都是大而全、小而全，几乎每个企业都有锯材加工、人造板、木材精深加工等，因此大量的加工剩余物（板皮、板材、木竹截头、锯末、碎单板、木芯、刨花、木块、边角余料等）的产生也是不可避免的。这样就产生了大量而分散的剩余物，因此设计以这些剩余物为主要利用对象的产品生产，整合各个林业局的企业和资源对剩余物进行利用。以剩余物为中心，辐射产生以它们为原料的企业。这样不但可以建立林木（锯材等）到剩余物，再到人造板等其他林产品的循环过程，也可以避免每个林业局都对这些剩余物的开发利用，因缺乏积聚效应而产生的不经济。

从图8－1可以看出从三剩物（加工剩余物、造材剩余物、采伐剩余物）出发可以辐射产生的以它们为原料的部分生产企业。这里只说明了循环链产生的第一个环节，更进一步的循环将在接下来的企业生产过程中设计，例如，从造纸业延伸到有机肥料、热电等。其他企业也可以形成自身的循环过程。它们彼此相连，互为利用，形成一个复杂的你中有我、我中有你的网络结构。

伊春市郎乡林业局早在2007年就被列为国家第二批循环经济试点单位，近年来以“龙乡”品牌为依托，走品牌经营之路，积极构筑“工业兴局”的

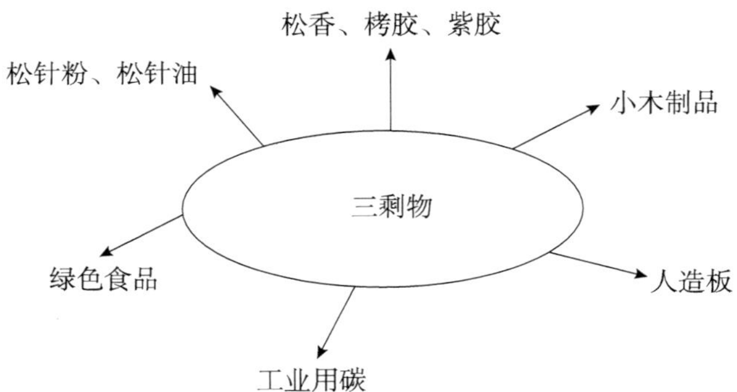

图 8－1　以剩余物为中心循环利用的产业延伸模式

发展模式，打造“生态工业”。该局以人造板业为建设主体，逐步建立起“资源—产品—废弃物资源化—再利用—产品—资源”的循环发展模式，最终形成“以板促林、以林促板、林板一体化”的生态型林产工业循环经济产业链。从未来发展的角度看，郎乡林业局应以本局为中心，辐射周边地区，吸引并利用外埠资源，完善产业链的构建，并致力于整个伊春市的循环经济化。

（3）以发展森林旅游为核心的产业复合模式。对于林业资源型城市而言，发展森林旅游业具有得天独厚的优势，而且在人们越来越注重户外运动和野外休憩的今天，发展旅游业更是恰逢其时。发展旅游业，不但可以在保护的基础上实现替代产业的发展，而且可以极大地带动相关产业的发展，实现产业链的延伸，如饭店、房地产、医疗、康体、体育、游乐等，可使现代服务业得到迅速发展，如信息业、金融业、保险业、物流配送、中介服务、基础设施建设等。

伊春市很早就提出了生态立市的发展战略，这为适应生态功能区建设和实现顺利转型提供了动力。伊春市把森林生态旅游作为接续产业中最优先发展的产业，设计了以“中国森林之都——伊春”为整体形象，以“森林避暑养生度假”为主打产品，积极开发界江边境游、俄罗斯跨境游、森林自然水域游、湿地和冰雪游等为主体的旅游产品和旅游线路。坚持“生态优先，整体开发，突出重点，循序渐进”的原则，并计划有效整合旅游资源和要素，打造国家级和世界级旅游精品，高档次、高水平地建设汤旺河国家公园、桃山国际狩猎场、五营国家森林公园、嘉荫恐龙国家地质公园等重点景区。发展综合型旅游和特色旅游，全面启动小兴安岭风景观光道建设，突出抓好旅游综合服务区建设。丰富旅游文化内涵，充分挖掘和展示小兴安岭森林生态文化、历史文化、民俗文化和饮食文化，大力推出一批特色鲜明的文化旅游项目。在巩固夏季旅游的基础上，谋划林都影视娱乐城项目，大力开发秋冬季旅游产品，同时加大宣传力度，强化旅游市场营销，培育“中国林都”“红松故乡”等国内外知名生态旅游品牌。

近年来，伊春市旅游业发展速度很快，这是注重宣传和硬件建设的结果，但仍有不足之处：一是与其他林区的旅游景点比较，特色不够明显，比较优势不是很突出。二是旅游业创造的经济效益在 GDP 中所占的比例还比较小（约 12. 12%），虽然同比增长明显（31. 60%），但实际所占比例与生态城市建设和生态功能区建设相差甚远，因此所形成的带动效益不是特别明显。集中注重发展了游览环节，对住宿、购物环节重视不够，对景区周边经济发展的带动作用没有完全体现出来。三是森林旅游没有形成常态化。经常是旅游旺季景点人头涌动，交通堵塞，住宿紧张；旅游淡季门可罗雀。因此应在不同季节开发不同的旅游品种，使淡季不淡。

（4）以木材精深加工业为龙头，实现产业优势再造。优势再造主要是在调整产业结构的同时，改变经济增长方式，通过集约化经营使原本具有增长优势的产业迅速发展。如木材精深加工业，始终是林区的优势产业，只是由于经营上的缺欠，没有得到大的发展。目前由于受原材料短缺的制约，发展受到限制，但笔者认为原材料问题是完全可以得到解决的。即使全面禁伐，也仅限于天然林部分，还有很大比例的商品林；即使天然林部分，也不能避免疏伐。再者，即使是林区也可以考虑其他地区的输入和进口。总之，原料问题是可以解决的。林区具有产业优势再造潜力的还包括特色种养和加工业等。

伊春市比较重视发展木材精深加工业，已经拥有朗乡板业集团、双丰家具集团、侨艺集团等企业，但需要打造一批更加具有先进生产工艺和先进技术装备、国内知名品牌的企业集团。应鼓励国有、民营大中型人造板企业积极参与林权制度改革，建立自有原料林基地，推动林板一体化发展，以及重点谋划建设木制工艺品综合加工项目，带动木材精深加工业的更大发展。伊春已经计划到 2020 年，实现增加值 60 亿元，年均增长 8. 00%。但这样的增长速度还是不能完全满足城市转型的需要，应该在此基础上大力发展外向型经济。

依托小兴安岭丰富的林下资源和土地资源，伊春市对特色种养和加工业具有得天独厚的条件。可以通过龙头企业建设，在目前的基础上，重点打造“小兴安岭大森林”和“林都北药”品牌，实现森林特色产品的产业化发展。一是林下种植业。突出发展山野菜、山野果、食用菌等主导产品，建设野生经济植物采集经营和人工栽培基地，巩固壮大伊春原生态食用菌生产基地，提高山特产品集约化生产程度。二是以绿色食品业为主的现代农业。建设全省最大的绿色食品、有机食品及山特产品生产、加工和销售基地。坚持“打绿色牌，走特色路”，发展特色栽培和有机绿色水稻、大豆等特色种植。大力扶持和培育黑龙江翠花蔬菜集团、兴安红酒业、铁力九河泉米业等一批具有规模优势的绿色食品加工龙头企业，不断扩大小兴安岭绿色食品的知名度和市场占有率。三是生态畜牧业。建设全省重要的畜牧养殖和产品加工基地。积极发展奶牛、生猪养殖和以獭兔、貉、狐等珍贵皮毛动物为主的特色生态养殖业。以翔宇集团为龙头，不断扩大肉制品深加工规模，拉动特色种养及加工业的发展。四是北药业。在合理开发利用中药野生资源的同时，大力发展黄芪、刺五加、五味子、人参、防风、龙胆草以及鹿、蜂等的种植（养殖），大力扶持葵花药业、伊春药业、南岔格润药业等龙头企业，扩大“康妇消炎栓”“芩暴红系列”“北豆根胶囊”等产品的市场占有率，开发水针剂、粉针剂产品，提升北药业的市场竞争力。伊春市计划到2020年，特色种养及加工业实现增加值67亿元，年均增长7.00%。

产业再造一方面体现在产业产品本身的开发上，另一方面也体现在品牌的重新树立上。伊春市在经济转型过程中应在品牌塑造上下功夫，形成品牌效应，在紧抓产品质量、增加科技含量和附加价值的同时，把创品牌作为产品开拓市场的重点。笔者认为品牌的塑造应该具体于“伊春”上，“小兴安岭”“大森林”或者“林都”，往往大而广之，甚至有些泛化，使消费者形不成具体概念，也容易为同质性产品所仿冒，应该把“伊春”打造成“绿色”“健康”“天然”的代名词。

（5）以矿产资源开发为核心，实现产业优势挖潜。林区矿产资源丰富，包括煤、铁、锡、金等金属和非金属。过去因为行业特点的限制，并没有作为开发的重点。当可采的林木资源接近枯竭时，矿产资源的开发应该摆上工作日程，并在经济转型过程中承担重要角色。

伊春林区矿产资源丰富，其中西林铁矿已经开采多年，近年来本着“科学勘查、系统规划、集约开发、综合利用、稳步推进”的原则，开展了科学有序适度的矿产资源开发。应不断加大铁、铅、锌、铜、钼等开发力度，并争取开发鹿鸣钼矿，走钢钼联合之路。适应经济转型的要求，大力培育和引进矿产品精深加工大型企业集团，提高矿产资源开发规模化、集约化和综合利用水平。对市场、资源和机制好、经济贡献大的西钢、浩水、浩化等骨干企业在贯彻落实节能减排要求的前提下，争取钢材达到1000万吨，水泥达到500万吨、铅冶炼达到8万吨、尿素达到82万吨、甲醇达到10万吨。在经济转型过程中，矿产资源的开发应该承担本应该承担的责任。要大力开发，但也应该有规划地开发。对开发过程中可能产生的环境问题，对生态的影响，对人们生活的影响，要未雨绸缪，甚至于矿产资源枯竭时的对策也应早做规划。

三、伊春市经济转型中产业升级公共政策分析

（一）中央出台的资源型城市转型的相关配套政策

资源型城市转型是一项系统工程，所以资源型城市推进经济转型不能完全依靠城市自身力量来完成，还需要国家的政策扶持，这也得到了党中央、国务院的高度重视。2005年，国务院把伊春确定为林业资源型城市经济转型试点市。2006年1月，国务院决定在伊春开展国有林区林权制度改革试点工作。当年6月，国家林业局批复伊春林权制度改革试点实施方案，标志着国有林区林权制度改革试点工作启动。2007年12月，国务院发布《国务院关于促进资源型城市可持续发展的若干意见》（国发〔2007〕38号文件），指出中央和省级财政要进一步加大对资源枯竭城市的一般性和专项转移支付力度，在2007—2010年，设立针对资源枯竭城市的财力性转移支付，增强其基本公共服务保障能力，重点用于完善社会保障、教育卫生、环境保护、公共基础设施建设和专项贷款贴息等方面。2008年3月，国家发改委、国土资源部和财政部确定了第一批资源枯竭城市，加大财政等相关政策支持力度，推进这些城市加快经济和社会转型。国家发展改革委在2008年国务院机构改革中专门在东北振兴司内设立了资源型城市发展处，负责推动全国资源型城市可持续发展工作，这在国家机关机构设置中还是第一次。根据《大小兴安岭林区生态保护与经济转型规划》，国家发改委、财政部确定了大小兴安岭林区9个县级单位参照执行资源枯竭城市财政转移支付政策，包括了内蒙古的牙克石市、额尔古纳市、根河市、鄂伦春旗、扎兰屯市和黑龙江的逊克县、黑河市爱辉区、嘉荫县、铁力市。

2013年国务院发布《全国资源型城市可持续发展规划（2013—2020年）》，这是指导全国各类资源型城市可持续发展和编制相关规划的重要依据。

1. **资源开发补偿政策**

资源开发补偿政策是以资源型城市的可持续发展为宗旨，在资源开采的不同阶段，遵循市场价值规律，“采取法律、经济和必要的行政措施，引导和规范各类市场主体合理开发资源，承担资源补偿、生态环境保护与修复等方面的责任和义务”。它分为两个层次：第一，“要按照‘谁开发、谁保护，谁受益、谁补偿，谁污染、谁治理，谁破坏、谁修复’的原则，明确企业是资源补偿、生态环境保护与修复的责任主体。对资源已经或濒临枯竭的城市和原中央所属矿业、森工企业，国家给予必要的资金和政策支持，帮助解决历史遗留问题，补偿社会保障、生态、人居环境和基础设施建设等方面的欠账”。第二，进行生态补偿。通过国家实施财政转移支付，加强专项转移支付力度和税收返还等措施，解决计划经济时期该补偿而尚未补偿的历史欠账问题。通过改革资源税制度，完善资源税计税依据，调整资源税负水平，加强资源税的征收管理，增加资源开采地的财政收入，从而增强林业资源型城市的公共服务设施建设和保障民生的能力；“鼓励金融机构在防范金融风险的前提下，设立促进资源型城市可持续发展专项贷款，加大对资源型城市和资源型企业的支持力度，积极为资源型城市各类企业特别是中小企业提供金融服务”。从现实需求层面看，第二种层次的补偿对解决林业资源型城市的经济转型问题更为重要。

（1）设立森林生态效益补偿基金。为充分发挥林区的森林生态功能，建议国家设立生态效益补偿基金，对林区已消耗和将要消耗的森林资源给予补偿。

（2）“三林”流转收益全部留给林区。目前国家已正式批准在伊春进行国有林区林业产权制度改革试点。按照取之于林、用之于林的原则，建议将森林、林木、林地使用权流转的收益全部留给伊春林区用于偿还历史欠账、培育森林资源、发展接续产业、建立社会保障体系等方面，使森林资源开发得到相应的补偿。

（3）对木材双轨制价格影响的企业收入给予补偿。在计划经济时期，木材销售由国家统一安排，价格也由国家制定，建议国家对减少的收入给予相应的政策补偿。

2. 衰退产业援助政策

衰退产业援助政策指国家从区域经济协调发展的角度，通过财税扶持、资金和项目支持、减轻企业负担等方式，对伴随着资源的减少而走向衰退的产业进行直接援助，或通过政策引导和支持发展接续产业、积极转移剩余生产能力，完善社会保障体系，加强各种职业培训，促进下岗失业人员实现再就业，解决资源型企业历史遗留问题，保障资源枯竭企业平稳退出和社会安定。对资源已经或濒临枯竭的城市，各级人民政府要有针对性地出台扶持政策，帮助解决资源枯竭矿山、森工企业破产引发的经济衰退、职工失业等突出矛盾和问题。林业资源型城市产业衰退主要是指可再生资源由于过度采伐，资源型城市陷入资源和经济双重危机。这种产业衰退导致资源型城市经济社会发展日趋落后，需要国家通过公共财政给予援助。

（1）设立林区发展接续替代产业专项资金

林业资源型城市的经济转型要“以市场为导向，以企业为主体，大力培育发展接续替代产业”。由于历史问题，90%以上的森工企业信用等级都比较低，所以贷款就相对艰难。因此，国家可以通过设立林区发展接续替代产业的专项资金，以及一些政策性贷款项目，使这部分资金主要用于支持木材精深加工业、森林生态旅游业、绿色食品业、北药开发业和建材等具有比较优势的特色产业的转型项目建设中去，以此解决林业资源型城市的“有心无力”的尴尬境地。

（2）转变管理模式，剥离企业办社会的职能

伊春市自建市以来就实行政企合一的管理模式，由绝大多数国有大中型企业，尤其是森工企业来独立承担办社会的角色。企业需要建设社会基础设施，建立公安、消防、政法等部门，办社会问题十分突出。“近年来，通过大力推进产权制度改革，促进主辅分离，分离了一部分经营性的社会职能，但文教卫生、公检法司、公益事业等职能一直未能剥离出去。这些办社会职能交给政府无钱接，交给社会无钱办，严重影响了改革和发展的进程。为从根本上解决企业办社会问题，国家应将企业办社会费用纳入财政基数，逐年拨付，促进伊春林区政企分开。”

（3）加大基础设施投入

林区由于过去实行“先生产、后生活”的经济建设方针，加之20世纪80年代后期进入“两危”，已无力投入，导致基础设施欠账较多，能源、交通、城市基础设施和公共服务设施发展滞后。经济转型期间，地方财政收入增长

需要一个过程，交通、供水、供热、森工企业职工住房等问题自身无力解决。建议国家比照西部开发的优惠政策，加大对伊春市基础设施项目的投入，同时对林场（所）危房改造给予政策性支持。

（二）伊春出台的林业资源型城市转型的公共政策

1. 产业发展政策

大力发展接续替代产业，加快主导产业换位，产业结构优化升级。大力发展木材精深加工业，建设全国知名的人造板、家具、小木制品生产基地，人造板业重点抓好北部板业集聚区和朗乡林业局人造板集团建设。家具业重点抓好双丰等龙头企业，以产品订单为纽带联结相关企业，共闯国际家具市场。木制品业重点扶持艺达等龙头企业向专业化、集团化发展，实行扩散式生产；大力发展生态旅游业，建设中国森林生态旅游胜地，以“中国森林之都——伊春”为整体形象品牌，分南部、中部、北部三个集合区整合旅游资源，把伊春建设成为4万平方千米的森林大公园。春天有杜鹃花海，夏天有金河漂流，秋天有五花山色，冬天有滑雪溜冰；大力发展以绿色食品业为主的现代农业，建设黑龙江省最大的绿色食品、有机食品、山特产品生产加工基地，坚持“打绿色牌，走特色路”，以整体打造纯天然、无公害的“小兴安岭大森林”品牌为目标，发展菌类、山野菜、山野果等特色栽培和有机绿色水稻、大豆等特色种植。建设绿色、无公害农产品优势产业带，加快推进绿色水稻生产基地、绿色大豆生产基地和无公害蔬菜生产基地的建设；大力发展生态畜牧业，建设全省重要的畜牧养殖和产品加工基地，继续按照“南牛北羊，中部鸡兔，遍地蛙鹿”的规划布局，因地制宜确定区域发展项目。大力发展北药产业，建设兴安北药开发基地培育林都北药集团，壮大龙头企业实力。巩固提高GMP（药品生产质量管理规范）认证成果。大力发展重化工业，建设全省最大的钢材、水泥生产基地和较大的化工基地，重点围绕冶金、建材、化工三大工业建设，支持西林钢铁集团加快技术改造，优化工艺设备结构。大力发展风电、水电工业，建设“中国绿色能源之乡”。大力支持科学有序地开发矿产资源，在伊春境内建设几个具有拉动地方经济发展能力的矿山企业，形成一个较大的矿山企业集群，为西钢集团提供原料保证。

由单一林业经济向复合型林区经济转型，大力发展接续和替代产业，建立比较发达的林业产业体系，全面构建优势特色经济新格局。

调整产业结构。在继续做大做强木材精深加工、森林生态旅游、绿色食品、生态畜牧、北药“五大优势特色产业”的同时，加快发展以钢铁、水泥、甲醇为主的重化工业和以风电、水电为主的绿色能源工业，努力形成布局合理、竞争有力、效益显著的接续产业体系。经过努力，把伊春建设成为全省乃至全国知名的木材精深加工基地、森林生态旅游休闲度假基地、绿色食品生产基地、畜牧产品养殖加工基地、兴安北药开发基地、重化工业基地和绿色能源基地。大力发展现代服务业。围绕提高城市综合服务功能，优先发展信息服务、金融保险、物流配送、中介服务、社区服务等现代服务业，促进现代服务业与优势特色产业协调发展。加快产业集聚。充分发挥市场调节和政府宏观调控的作用，优化配置资源、产品、技术、运输等生产要素，加快建设“南东北中”四大产业集聚区，通过产业集聚，促进接续产业优化升级。

2. **投融资政策**

加大招商引资力度，大力发展开放型经济，不断提高对外开放水平。林业资源型城市转型具有一定的特殊性，单靠其自身的力量是无法实现的，必须结合城市转型过程中的体制改革，调整投融资政策，加大对城市发展的资金支持。伊春市政府除了不断调整招商引资策略、创新招商引资方式、掀起招商引资热潮外，还拓展了网上招商、广告招商、上门招商、中介招商等新形式，利用省和国家的有关网站推介招商项目 100 多个，使招商引资的渠道进一步拓宽。加大招商引资力度。充分利用经济转型试点城市的“名片效应”，加大外宣力度，探索新形势下招商引资的方式和途径，打好“改革牌”“转型牌”“生态牌”“特色牌”，多路并进，多策并举，借助外力推进经济转型。

为给投资者提供优良的投资发展环境，伊春市切实加强了服务环境的建设。积极营造宽松的招商、亲商、安商、富商的政务环境。对来投资的重大项目在政策允许范围内简化相关审批手续，对国有土地的税费减免、项目建设等方面给予一定的政策性优惠和扶持外，还加快城市基础设施建设，实现向生态园林城市转型。坚持经济转型与城市发展相结合，加快基础设施建设，完善公路主骨干网架，建设汤嘉铁路、城市轻轨铁路和伊春支线机场。

此外，在对外贸易方面，伊春市在森林采伐和木材加工、农业开发、口岸建设、旅游合作、开展边境贸易等方面签订了一系列的合作协议。目前，已在俄犹太自治州设立了商务代表处，伊春市政府成立了对俄采伐办、对俄综合办，并将嘉荫口岸办升格为伊春市口岸办，进一步强化了对俄经贸合作的组织领导和推进力度。伊春市政府还拿出资金设立了伊春市对俄经贸合作专项发展基金。同时，伊春市也积极拓宽国内招商引资渠道，利用推介会、洽谈会、招商团等形式增强招商引资声势，扩大招商引资规模。

3. 科技创新政策

强化自主创新。重点围绕主产业链中的关键技术开展攻关，力争在全国率先出台蓝莓等种植加工行业技术标准。建设小兴安岭蓝莓博物馆，用文化引领森林食品产业发展。启动实施工信部“绿色伊春”区域品牌培育试点，大力研发新品、多出优品、打造精品，着力刻画代表城市形象的主体产品，提升“伊春制造”的品质和“伊春创造”的影响力。

释放科研机构活力。建立与贡献相匹配的股权激励、科技成果处置权、收益权自主支配等创新收益制度，激活各类科技研发资源。鼓励支持伊春市林科院、带岭林科所及双丰农科所等科研机构积极与企业对接，通过“产学研用”协同创新，将先进的科技成果推广应用到产业提档升级中。依托黑龙江省林下资源协同创新中心，深化与东林、东农的研发合作，用新技术、新成果推动产业向价值链中高端跃进。

实施人才兴安岭工程。把发挥人的创造力作为推动科技创新的核心，加大人才培养力度，使各类创新型人才脱颖而出。完善用人机制，按照有利于发挥科技人员积极性的要求，改进科研管理方式，鼓励人才自由流动和组合。出台更具吸引力的聚才纳智政策，推进落实万名大学生引进计划，吸引各类人才到伊春创新创业。健全人才向企业、基地等生产一线流动的激励机制，为基层科技创新“施肥增养”，促进增长模式由要素推动向创新驱动转变。

一是整合科技资源。采取区域内外科技力量联合，多种方式组建技术创新团队。

二是谋划科技园区建设。培育优势创新集群和特色产业集群，使其成为技术创新、技术引进、技术扩散、人才汇集、资金吸纳的骨干基地，成为加快新型工业化进程的先导区和示范区。

三是成立科技研发机构。指导帮助大中企业成立技术研发机构，引导支持其广泛进行产学研联合，促进创新能力的提高。

四是实施激励机制。多方面调动企业进行技术创新和科技进步的积极性，推动企业进入技术创新主体地位。

4. 人才就业政策

为加快转型发展，伊春市先后出台了《关于加强人才队伍建设的若干意见》《伊春市人才队伍建设中长期规划纲要（2010—2020 年）》等十余项政策性文件，积极创新人才工作机制，大力实施人才强市战略，努力营造人才成长环境，不断优化人才管理与服务水平。伊春市立足于林区经济社会发展的需求，通过“柔性引才”等方式，积极吸纳林区建设和发展所急需的各类优秀人才，解决了发展中的人才瓶颈问题。为支撑产业发展，实现产业创新，伊春市在合理调配内部人才的同时，着眼于“引外智，借外力”，科学配置人才资源，提升了吸附引进高层次人才的能力，为优势特色产业的发展提供了人才保障。同时依托伊春林管局博士后科研工作站平台，积极与省内外专家联系，进行技术合作攻关。积极实行“产学研”联合引才，搭建合作平台，聘请多名黑龙江省博士后创新团队成员为伊春 CDM 发展战略专家委员会首批特聘专家，为发展循环经济、碳汇经济提供技术支撑，研究、开发和推广新能源和清洁能源技术。强化教育培训，以黑龙江省内外知名学者、教授为主要师资力量，大力开展优势特色产业急需的数字林业、生态旅游、风能发电和北药开发等方面人才的专业技术培训。以培养高层次人才为目的，选拔一些政治素质好、文化层次高、年轻有为的中青年党政后备干部到省内、国内对口重点院校学习或出国深造。以培养有一技之长的专业技术型人才为目的，选送业务骨干到省内高等院校进修学习。

此外，对于林区众多失业者再就业这个重要问题，伊春市坚持实施积极的就业政策，采取劳动者自主择业、市场调节就业、政府促进就业等多种措施，多渠道扩大就业。伊春市就业部门积极鼓励发展林下经济，引导更多的职工通过参与林下经济拓宽就业领域。充分发挥旅游业就业门槛低、关联带动性强、劳动力需求大的特点，引导劳动者在旅游交通、旅游餐饮、旅游商品、旅游景区、旅行社和导游等领域就业。落实税费减免、场地安排、资金支持等优惠政策，鼓励劳动者在不同产业、不同领域利用各种优势条件和资源开展不同规模的创业活动，不断提升创业者的创业能力和经营能力，充分发挥创业带动就业的倍增效应。依托林区得天独厚的自然资源，大力发展种、养、采、加、商、服等项目，扩大职工自营经济规模，拓展就业渠道，为转岗职工就业提供平台。

5. 环境政策

2011 年 2 月，伊春市人民政府在制定的《伊春市国民经济社会发展及生态建设第十二个五年规划纲要》（以下简称《纲要》）中，突出了生态和环境保护内容，强调生态是伊春的“根”和“魂”，并在《纲要》的题目中加上了“生态建设”的内容。在加强生态环境治理中，伊春市建设水土保持工程，做好矿山区生态环境治理与恢复建设，做好节能减排工作，加强企业和行业节能减排管理，下达节能指标，实行目标管理。强化节能减排监察，加快淘汰落后产能。对新上项目实行节能评估和审查制度，实行污染物排放总量控制，大力发展循环经济。在产业发展上，发展清洁工业，走新型工业化道路，主要发展冶金建材和矿产开发业、绿色能源业、木材精深加工业、纺织、酿酒、战略性新兴产业（电子信息、生物制药、新能源、新材料、先进装备制造）、特色种养及加工业（林下种植业、绿色食品业、生态畜牧业、北药业）等产业，大力发展低碳服务业，加快以森林生态旅游业为主的第三产业发展步伐。“十二五”时期，伊春市经济社会发展及生态建设的指导思想中提出以生态保护为前提，以实施国家大小兴安岭林区生态保护与经济转型和转变经济发展方式为主线，深入实施“生态立市、产业兴市”战略。努力实现“在保护中加快发展，在发展中兴市富民”的目标，促进林区生态、经济、社会全面协调可持续发展。伊春市的区域发展定位为国家重要的生态功能区、国家生态产业示范区、国际森林生态旅游度假区、国家碳权交易试点区，突出生态保护，加强和完善生态体系建设。继续实施“严管林”方针，着力巩固和扩大生态保护成果，努力建设资源节约型、环境友好型社会。2014 年，伊春市被国家发改委、国土资源部、国家林业局等六部门批准为国家生态文明先行示范区建设地区（第一批）。在城市建设上，伊春市站在改善投资环境、实现可持续发展的高度，围绕创建“世界知名、中国一流、中等规模、生态园林”发展定位，坚持“城在山中、城在林中、城在水边、城在景中”的建设理念，突出“欧风林色、山水交融、布局新颖、清新秀美”的建设风格，城市功能和品位显著提升，城市建设实现重大突破，极大地改变了城市面貌，有效拉动了经济增长，为伊春市加快发展、促进和谐发挥了重要作用，先后被联合国有关组织和国家建设部评为“城市森林生态保护和可持续发展范例”“国家园林城市”“中国人居环境范例奖”，荣获“绿色伊春”“世界十佳和谐城市”等荣誉称号。

四、完善黑龙江省森林资源生态补偿机制财税政策研究

（一）生态补偿机制含义的界定

近年来，生态补偿（ecological compensation）成为国内外学者的研究热点之一，尽管已有一些针对生态补偿的研究和实践探索，但目前仍未达成共识

的定义。国际上比较通用的生态补偿概念是“生态或环境服务付费”（payment for ecological/environmental services），即消费自然资源和使用生态系统服务功能的受益人，在有关法规和制度的约束下，向提供上述服务的地区、机构或个人支付费用的行为。其引申含义还包括对生物物种及其生态环境破坏后的恢复性行为，强调可以通过异地保护和恢复的办法来补偿破坏。国内目前对生态补偿较为规范性的定义为：生态补偿是指国家或社会主体之间约定对损害资源环境行为向资源环境开发利用主体进行收费或向保护资源环境的主体提供利益补偿性措施，并将所征收的费用或补偿性措施的惠益通过约定的某种形式送达到因资源环境开发利用或保护资源环境而自身利益受到损害的主体的过程，达到保护资源的目的，维护生态平衡与安全，实现生态价值，达成经济效益、社会效益与生态利益一致的生态正义，对一切有损生态利益的行为进行校正与弥补的活动。

综合国内外学者的研究，生态补偿是以保护和可持续利用生态系统服务为目的，以经济调节为主要调节手段，合理协调相关者利益关系的制度安排。更详细地说，生态补偿机制是以保护生态环境、促进人与自然和谐发展为目的，根据生态系统服务价值、生态保护成本、发展机会成本，运用政府和市场双重手段调节生态，协调利益相关者之间利益关系的公共规制。主要包括以下内容：一是对生态系统本身保护（恢复）或破坏的成本进行补偿；二是通过经济手段将经济效益的外部性内部化；三是对个人或区域保护生态系统和环境的投入或放弃发展机会的损失的经济补偿；四是对具有重大生态价值的区域或对象进行保护性投入。

广义的生态补偿不仅包括由生态系统服务受益者向生态系统服务提供者给予的补偿，还包括由生态环境破坏者向生态环境破坏受害者支付的赔偿。狭义的生态补偿则主要是指前者。本文主要研究是基于生态补偿机制的狭义概念。

（二）黑龙江省森林资源生态补偿机制的现状及问题

1. 黑龙江省实施森林资源生态补偿机制的现状

新中国成立以来，黑龙江省累计生产木材6亿多立方米，约占全国的1/8，上缴利税150多亿元，为国家经济建设和社会发展做出了重要贡献。然而，由于半个多世纪的过量采伐，全省森林可采资源已几近枯竭。中龄林采伐占总采伐比重的70%～80%，致使国有林分质量日趋下降，极大地影响了林业资源地区生态环境建设，不利于林业资源的可持续开发和利用。2001 年，黑龙江省作为全国 11 个试点省份之一，率先进行了森林生态效益补偿试点工作。本着“进一步提高试点区域水源涵养林、防风固沙林、自然保护区等的质量，充分发挥森林资源的生态功能。探索重点防护林和特种用途林保护的经营管理模式，找到切实可行的管理措施。总结有效的资金投入机制。探索在社会主义市场经济条件下，处理好资源的保护同社会稳定和区域经济协调发展的关系”的试点目标，试点工作在全省的边境及松花江干流的 34 个县 43 个单位展开，试点面积 2500 万亩，年投入试点资金 1.25 亿元。

试点工作开展后，黑龙江省全省森林资源保护明显加强，截至 2010 年，全省重点公益林内基本上杜绝了火灾，林政案件下降了 90%，病虫害发生率降低了 20%，防治率提高了 10%；全省森林面积提高到 2007 万公顷，活立木总蓄积 15 亿立方米，森林蓄积 14.32 亿立方米，森林覆盖率达到 43.6%；森林经营水平明显提高，试点单位全部应用微机等现代化设备进行管理，同时林区优良路况由原来的 1904 千米提高到 2397 千米；减少了木材采伐量，试点区内的木材产量由 118.8 万立方米调减到了 71.2 万立方米，并有部分县（市）停止了森林采伐；增加了造林面积，试点单位全区实际落实管护面积 135.9 万公顷，完成规划管护面积的 102%，其中个人承包管护面积 119.8 万公顷，专业管护面积 16.1 万公顷。全区参加管护 1.7 万人，其中，个人管护 1.5 万人，专业管护 2230 人。参加管护经营的总户数为 1.1 万户，其中典型示范户为 217 个。

2. 黑龙江省森林资源生态补偿机制实施过程中存在的问题

（1）资金补偿主体单一。目前实行的生态补偿，资金大多数来自国家财政，再由地方财政配套负担一部分。通过财政拨款来扶持生态林的建设与维护，固然可以起到很好的促进作用，但是作为经济欠发达的黑龙江省地方财政资金也十分有限，一旦政府财政状况出现起伏波动，承诺的资金就得不到保障。同时，补偿需要的资金数额大，单纯依靠政府则会因政府投入资金数额有限而导致补偿标准偏低或补偿不能及时兑现，从而不能充分反映生态效益应有的价值，损害了经营者的利益。此外，在政策的执行过程中，森林生态补偿金基本上演变成了林业部门、林场、保护站等林业职工人员工资和日常运行开支的主要资金渠道，林农最后得到的补偿金可能只是其中的小部分，这也极大地挫伤了当地群众保护森林生态环境的积极性，直接影响到森林资源保护的效果。

（2）补偿标准缺少动态调整。目前黑龙江省森林资源生态补偿中资金补偿的客体仅仅是管护费用和基本防护费用等一些刚性开支，只能是一种补助，很难达到营造和防护森林真实的成本水平，更不用说对森林的生态效益和林农发展的机会成本进行补偿。而且，我国现行的森林生态补偿采用一刀切的形式，没有根据黑龙江省的实际情况确定合理的补偿标准体系和价值核算体系。与南方经济较发达的地区相比，经济较为落后的黑龙江省获得的补偿资金并不能满足森林资源生态补偿的要求，且一些本省独有的经济林作物也没有得到特殊的补偿，起不到保护稀缺林木的作用。

（3）资源税亟待改革。税收作为有效的经济调控手段，在控制环境污染、保护生态环境方面具有重要的杠杆效应。我国同生态环境关系最为密切的一个税种是 1984 年开征的资源税，在设计之初，其宗旨是调节级差收入，但自 1994 年税制改革后，资源税被划分为地方税，在实际中很难达到调节级差收入的作用。因此，我国目前不存在纯粹意义上的生态税收。目前我国资源税主要还是应用于矿产资源，森林资源尚未纳入资源税征收范围，而且，现行资源税税率较低，相对于资源开发的高利润而言，很难合理地起到引导资源开发可持续的作用。

（4）林业资源型城市居民生活水平受到影响。森林是林农家庭经济收入的主要来源，他们对森林具有高度的依赖性。同时，林业也是当地政府财政收入的主要来源。限制森林采伐，尤其是经济林采伐，不仅直接减少了林农的收入，而且会影响当地林业相关产业的发展，减少了林农的间接收入。所以实施森林生态补偿应该充分考虑当地群众的需求，通过优惠政策帮助其改变经济结构、经济增长方式，并积极寻求森林多效综合利用途径，实现经济、社会、生态效益的最佳结合。

（三）完善黑龙江省森林资源生态补偿机制的财税政策

第一，继续加大中央及地方政府的财政扶持力度。鉴于黑龙江省国有森林资源占极大比重，中央及地方政府直接的资金扶持仍然是黑龙江省森林资源生态效益补偿的主要手段。在生态补偿资金来源上，应该由中央和黑龙江省政府按比例承担，同时清理、整合、规范专项转移支付项目，调整或取消各类专项投资的地方配套比例，缓解市县财政压力。但仅依靠政府的财政补偿不能解决森林生态效益补偿长期性问题，地方政府还应最大化地利用权限，积极挖掘企业资金，不仅为生态补偿提供资金来源，而且有助于引导企业生产时外部效用内部化，降低对生态环境的破坏。

第二，发展多元化的补偿资金融资渠道。在市场经济体制的环境下，应当考虑建立森林资源生态效益补偿交易市场，拓宽森林生态效益补偿的资金来源，在财政补偿机制的基础上，逐步发掘建立市场补偿机制。建立黑龙江省森林生态服务市场，能将较大份额的生态服务供给成本转移给非政府部门，缓解国家和地方政府财政压力。

第三，强化生态补偿的税收调节机制。调整和完善现行资源税，拟申请在黑龙江全省试点开征森林资源税和草场资源税，以避免和防止生态破坏行为；对稀缺性经济林资源的开发要逐步提高税率；发挥消费税在环境保护方面“寓禁于征”的调节作用。

第四，开征生态建设费。根据不同行业对生态资源的利用和破坏的不同，建立资源开发生态补偿机制，包括资源开发补偿、资源利用补偿和资源受益补偿三种类型。资源开发补偿是指开发商对水能等自然资源开发造成的局部生态环境的破坏而支付的生态补偿；资源利用补偿是指对利用自然资源进行生产的企业而支付的生态补偿；资源受益补偿是指由于资源开发使水库、电站和旅游等行业受益而支付的生态补偿。

第五，重点扶持林下经济发展。建立政府专项财政补助资金，引进先进技术和高科技人才，对现有人员进行再培训，提高林下经济的科技含量；发展林下经济前期投入较大，对于资金有困难的个人或企业，可以通过林业企业技改资金和财政贴息贷款等予以帮助。

参考文献

[1] 李雨停. 林业资源枯竭型城市转型机制研究 [J]. 生态经济，2014 (1)：26－27.

[2] 宏观经济研究院课题组. 我国资源型城市的界定与分类 [J]. 宏观经济研究，2002 (11)：37－40.

[3] 王晓光. 林业资源型城市产业转型思考 [J]. 南京林业大学学报，2013 (6)：90.

[4] 刘玉杰. 对林业资源型城市伊春实施经济转型的思考 [J]. 黑龙江金融，2005 (7)：21.

[5] 陈岩，付存军，等. 黑龙江省林业资源型城市的演进历程与发展特性研究 [J]. 中国林业经济，2014 (2)：7－8.

[6] 任建熊. 资源型城市产业转型的有序演化与治理对策 [J]. 生态经

济，2007（11）：65－66.

［7］邹蓝．论矿山林业等单一资源型城市的经济转型［J］．经济界，2004（5）：87.

［8］李建华．资源型城市可持续发展研究［M］．北京：社会科学文献出版社，2007：26－29.

［9］李尔彬．林区发展循环经济的模式及支撑体系研究［D］．哈尔滨：东北林业大学，2008.

［10］赵兴武．资源型城市经济转型需要处理好的几个关系［J］．理论前沿，2004（6）：38－39.

［11］周德群，龙如银．我国矿业城市可持续发展的问题与出路［J］．中国矿业大学学报：社会科学版，2001（3）：76－82.

［12］许兆君．国有林权制度改革，重在激活林区经济发展格局［J］．中国林业产业，2009（6）：18－21.

［13］武春友，叶瑛．资源型城市产业转型问题初探［J］．大连理工大学学报：社会科学版，2000（3）：6－9.

［14］夏永祥，沈滨．我国资源性开发企业和城市可持续发展的问题与对策［J］．中国软科学，1998（7）：115－120.

［15］李尔彬，等．林业资源型城市经济转型策略选择——以伊春市为例［J］．林业资源管理，2011（10）：14.

［16］金德刚．林业资源型城市经济转型扶持政策研究［J］．中国林业经济，2008（5）：36－37.

［17］刘力刚，罗原文．资源型城市可持续发展战略［M］．北京：经济管理出版社，2006：54－58.

［18］王雅丽，唐德善，刘洋．基于和谐发展观的资源开发生态补偿机制研究［J］．科技管理研究，2009（9）．

［19］柳长顺，刘卓．国内外生态补偿机制建设现状及其借鉴与启示［J］．水利发展研究，2009（6）．

［20］刘学，王思彤．黑龙江省森林生态补偿市场化机制初探［J］．宁夏农林科技，2011（4）．

［21］孔微巍．完善黑龙江省森林资源生态补偿机制的财税政策研究［J］．商业经济，2012（4）．

专题九
黑龙江省资源枯竭地区经济转型中的就业问题研究

摘要：由于依托资源发展产业的单一性，决定了黑龙江省资源型城市在转型过程中的就业问题尤为突出。其表现：在转型中再就业人数偏多，且转型困难；就业弹性整体水平较低；下岗失业人员主要集中在煤炭行业等。就业问题阻碍了黑龙江省典型资源型城市的社会稳定和经济转型与产业升级的进程。我们试图从积极发展特色现代农业、大力发展现代服务业、鼓励扶持创业、加强再就业职业技能培训、重点健全小微企业公共服务体系等途径，解决好典型资源型城市经济转型中的就业问题；大庆市近年来服务外包产业发展较快，如何更好地推动就业已成为我们必须面对的现实。发展服务外包产业对于提高国际竞争力，促进就业具有积极的推动作用。对此，本书以大庆市服务外包产业园为研究对象，从服务外包产业园产值与就业人数的相关性上入手，使用计量经济模型对2007—2013年大庆市服务外包产业园的相关数据进行实证分析，在深层剖析服务外包产值与就业相关性后，提出了完善大庆市服务外包产业带动就业的具体对策。

一、黑龙江省典型资源型城市经济转型中的就业政策选择

（一）黑龙江省典型资源型城市经济转型中的就业结构及就业难点

1. 典型资源型城市就业结构特征

（1）就业结构以第二产业的从业人员比例占绝对优势。黑龙江省资源型城市中第二产业的就业比例占绝对优势，这是与其产业结构相对应的。由于资源产业的单一性特点，决定了资源型城市中失业者的再就业相对困难，极大地影响了资源型城市的社会稳定和经济转型。第二产业中采掘业职工数所占比例因为资源型城市类型不同而有所不同，具体情况如表9－1、表9－2所示。

（2）下岗失业人员主要集中在煤炭行业。国有企业、困难企业比较多，国企改革后，下岗失业人员相对集中。庞大的资源型工业企业引起下岗失业人员的增长集中在煤炭行业。如鹤岗、鸡西、双鸭山、七台河四大矿区。随着经济结构转型及产业结构升级，这些资源面临枯竭，导致大批的工人变得无工可做，这样的情形集中出现在20世纪90年代的中后期。由于就业空间狭窄，下岗失业表现出长期化的特点。

表9－1　2011年黑龙江资源型城市三大产业从业人员结构情况　单位：万人

	第一产业		第二产业		第三产业	
城市	全市	市辖区	全市	市辖区	全市	市辖区
大庆	0.32	0.07	29.68	27.51	25.50	21.00
鸡西	6.55	0.07	11.28	9.13	9.65	4.45
鹤岗	8.74	0.19	10.38	8.34	7.06	3.25
双鸭山	0.90	0.30	7.02	5.97	7.03	3.12
七台河	0.50	0.33	9.82	9.02	3.75	2.80
伊春	10.54	7.91	4.19	3.57	4.30	3.13

数据来源：《中国城市统计年鉴（2012）》。

表9－2　2013年黑龙江资源型城市三大产业从业人员结构情况　单位：万人

	第一产业		第二产业		第三产业	
城市	全市	市辖区	全市	市辖区	全市	市辖区
大庆	0.30	0.06	27.72	26.16	25.12	20.47
鸡西	1.28	0.06	9.71	8.71	8.01	4.83
鹤岗	5.20	0.19	9.65	8.04	7.60	3.87
双鸭山	0.65	0.25	7.85	7.32	7.66	3.43
七台河	0.46	0.31	8.13	7.73	4.09	3.17
伊春	10.02	7.27	3.86	3.30	5.45	4.21

数据来源：《中国城市统计年鉴（2014）》。

2009年全省规模以上工业增加值中国有及国有控股工业占88%（比全国平均水平高出35个百分点）。因此导致国有企业下岗失业的问题比较突出。从下岗失业的规模来看，截至2009年年底，全省国有一级企业数量2269家，所属三级以上企业 2973 户，从业人员总数 90.9 万人，而相应的下岗职工 19.9 万人，占全部国有企业职工的 22%。从下岗人员分布的行业看，主要集中在煤炭行业：一是部分企业转制，二是由于金融危机对就业形势的影响，部分竞争力差的企业破产、倒闭、停产、减产等所致，如齐齐哈尔黑龙集团倒闭造成 1300 人失业；三是国有企业优化组合、兼并重组。特别是几大煤矿企业整合中出现的失业问题，如鹤岗矿业集团拆分为龙煤集团股份有限公司鹤岗分公司和鹤岗矿业集团有限责任公司，鹤岗分公司旗下的九个小煤矿归属龙煤集团，鸡西矿业集团归并到龙煤集团并精减部分从业人员等，致使国有单位从业人员大幅减少。另外，不堪重负的龙煤集团关闭了四个矿井，并出台了安置富余人员的相关措施，双鸭山七星煤矿 3000 多名工人以各种形式“下岗”。

2. 黑龙江省资源型城市经济转型中的就业难点

（1）转型中的再就业人数偏多。黑龙江省资源型城市失业人员偏多的主要原因有三点：一是由于资源枯竭或资产重组而造成的资源型企业减员；二是因资源型企业的萎缩而萧条的关联企业和缺乏竞争力的其他企业所产生的失业人员；三是因城市经济缺乏新的增长点而形成的新增劳动力的失业。因此转型带来的再就业人数偏多。

由图 9 - 1 可以清晰地看出，黑龙江省城镇失业率较全国平均失业率偏高，近几年来普遍高于全国平均失业率 0.3 个百分点。例如，2010 年全国城镇登记失业率是 4.0%，黑龙江为 4.3%，高于全国平均水平。资源型城市失业尤为突出，有些城镇的失业率在转型初期已达到 10% 以上，远远超过了 7% 的警戒线，如到 2005 年年底，“四煤城”（鸡西、鹤岗、双鸭山、七台河）的下岗职工达到 11 万人，再就业率仅为 11.4%。

（2）劳动力供求矛盾突出，失业人员“转型”困难。资源型城市的主导产业部门大都是国有资源型大企业，在就业方面面临着双重压力。一方面，在计划经济体制下国有企业承担了解决就业问题的社会责任，吸纳了大量的人员就业，造成了大量隐性失业。资源型城市转型期形成的大量失业人员，大都具有年龄偏大、技能单一、知识水平低的特点，因此其“转型”尤为困难。另一方面，在资源枯竭的城市，资源开采加工企业面临停产、转产甚至破产的困境，企业开工不足，对劳动力的需求直线下降，许多职工下岗、失业。因此，资源枯竭型城市面临双重就业压力。

（3）就业弹性整体水平较低。资源型城市在黑龙江省占有很大的比重，占县级市以上 35.48%。资源型城市的就业状况对黑龙江省总体就业状况有着

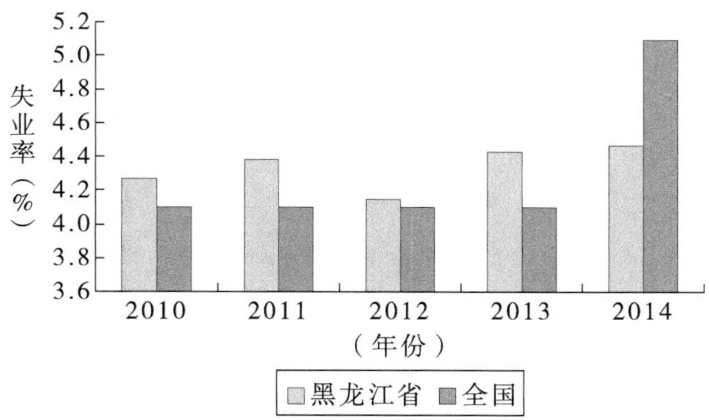

图 9-1 城镇登记失业率比较

数据来源：国家统计局和人社部统计数据。

较大的影响，使得黑龙江省的总体就业状况与资源型城市的就业状况呈现出一定的相似性。研究黑龙江省的就业弹性的趋势变动对解决资源型城市的就业问题有着十分重要的指导作用。

通过就业弹性的定义我们可以比较容易的计算出就业弹性。表 9-3 是根据黑龙江省的历年统计年鉴中的相关数据计算得出的。

表 9-3 黑龙江省 2000—2010 年三大产业的就业弹性

年 份	总弹性	第一产业	第二产业	第三产业
2000	-0.06	0.01	-0.03	-0.01
2001	0.07	0.04	-0.02	0.25
2002	0.07	0.24	-0.62	0.27
2003	0.41	-0.18	1.21	1.24
2004	0.36	-0.16	1.05	0.79
2005	0.35	-0.08	0.26	1.08
2006	0.17	0.02	0.18	0.36
2007	0.20	-0.08	0.45	0.42
2008	0.12	0.05	-0.22	0.40
2009	0.41	0.16	-0.06	0.14
2010	0.14	-0.13	-0.13	0.6

数据来源：根据历年来黑龙江省统计年鉴整理。

从表 9－3 中可以看出，黑龙江三大产业就业弹性在 2003 年之前均呈现出较低的水平，2003 年，除第一产业之外，第二、第三产业的就业弹性值都有非常大的提高，这也直接导致了总就业弹性的提升。2003 年黑龙江省的就业弹性均有不同程度的提高，这主要是与国家实行振兴东北老工业基地的战略有着直接的关系。此外，黑龙江省的就业弹性近几年呈现出下降的趋势，而且从整体变化趋势来看，黑龙江省的就业弹性都处在一个较低的水平，此现象应该引起政府的高度重视，解决就业问题势在必行。

（4）专业技术人才匮乏，阻碍新兴产业发展。黑龙江省典型资源枯竭型城市是以煤、石油、森林开采等为主导产业发展起来的，资金、技术、人才等生产要素明显倾斜于处于主导地位的资源型产业。在这些城市中，专业技术人才主要集中于传统资源型产业领域，而新兴产业发展的专业人才出现断层。如在七台河市煤化工企业中，2010 年从业人员约为 26000 人，其中专业技术人员仅 550 人，约占从业人数的 2%；五大连池风景区建设中，现有专业人才也满足不了景区发展的需要，具体情况见表 9－4。

表 9－4　五大连池风景区人力资源规划　单位：人

人才类型	数　量	备　注
高级管理人才	10～15	可担任管理局主任，旅游集团公司 CEO 等职
风景旅游高级人才	20～30	可担任景区管理、旅游市场拓展、旅行社经理等职
中高级建筑师、规划师、园林景观设计师	4～5	可担任风景区规划建设绿化等方面的职务
中高级环保工程师	5～8	可担任风景区环境保护方面的专业技术与管理工作
科研保育人员	15～20	保护区内火山地质，动植物种群监测人员
特级、一级、二级厨师	80	担任星级饭店厨师职务
中高级饭店管理人才	30～50	可担任星级饭店中层以上管理职务
设备管理工程师、技师	10	担任风景区基础建设方面的职务
医疗人员	70～80	担任风景区内医疗救护或疗养指导人员
美容师、保健师	30～50	担任保健美容指导的职务
国际国内导游及英、俄、日、韩语种翻译	15～20	可担任各类翻译及导游

资料来源：根据《五大连池风景区总体规划（2002—2020 年）》整理。

（二）黑龙江省典型资源型城市就业问题产生的原因

1. 经济增长缓慢且不稳定

黑龙江省资源型城市特别是矿业城市多数是依矿而建，其经济发展状况与资源有着密切的关系。一旦资源性行业亏损，整个城市经济就会萎缩，发展速度减慢，甚至引发一系列的社会问题。有的城市新产业部门出现后发展一直较为缓慢，无法与传统产业部门相抗衡、相衔接，使得新旧产业链没有得到合理有效的衔接，最终陷于困境。有些城市由于转型开始时间较短，任务较重，在接续产业的选择上不尽合理，取得的效果也不理想。在典型城市中传统产业比重大，高新技术产业比重小，新兴接续产业规模不大，正处于艰难的转型过程之中。我们以近年来各城市的 GDP 增长率的指标统计看，2004—2012 年经济增长稳定，从 2013 年以来，经济下滑明显，如表 9 - 5、图 9 - 2 所示。

表 9 - 5　　黑龙江省典型资源型城市 GDP 增长率　　单位：%

	2000 年	2004 年	2008 年	2011 年	2012 年	2013 年	2014 年
鸡　西	3.32	14.96	12.3	13.8	23.9	4.8	-11.3
鹤　岗	0.64	18.98	12.3	19.6	27.2	10.7	-34.6
伊　春	7.24	14.83	12.4	13.3	14.7	9.4	-8.0
七台河	6.04	21.33	26.1	12.1	-12.6	-19.4	-8.2
黑龙江	12.27	19.71	17.6	21.3	8.8	5.0	4.6

数据来源：根据《2001—2014 年黑龙江省统计年鉴》整理。

从表 9 - 5 和图 9 - 2 中我们可以看到，除个别城市外，黑龙江省资源型城市的 GDP 增长率都要低于黑龙江省的平均增长率。虽然较之 2000 年，2004 年、2008 年、2011 年黑龙江省资源型城市 GDP 增长率有了显著地提高，但仍落后于黑龙江省的增长率。

根据凯恩斯有效需求的就业理论我们得知，有效需求的扩大可以推动经济的增长，进而可以拉动就业的增加，经济增长的乘数效应对就业有着拉动作用；相反有效需求规模小，经济增长缓慢，对就业的拉动能力也相应减缓。这是造成黑龙江省典型资源型城市就业困难的主要原因。另外，资源型城市的地理位置不佳，影响了经济的发展。资源型城市的兴起与工业化进程密不

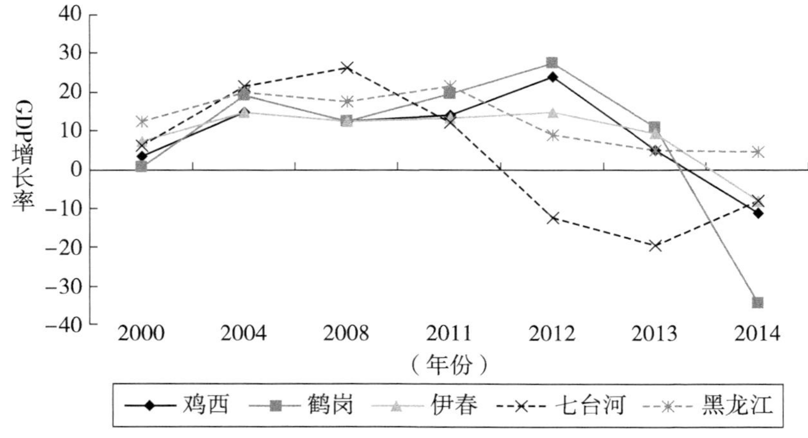

图 9-2　2000—2014 年黑龙江省典型资源型城市 GDP 增长率

可分，是在资源大规模开发利用的基础上形成和发展起来的，资源的分布状况决定了城市的地理位置，这就导致许多城市是在穷乡僻壤或戈壁荒滩上建立起来的。这种情况对城市发展相当不利，难以接收经济中心的辐射，接受从发达地区流出的资金、人才和技术等生产要素。最后，我国的大多数资源型城市，是在国家政策支持下，集中大量人力、财力、物力而发展起来的。这种机制下建成的城市，被动性和突发性特征明显，一开始就缺乏比较完善的城市规划，城市功能分区不合理，市政基础设施建设滞后，公共服务设施不健全，并且产业结构单一，没有培育和发展新的替代产业，一旦资源枯竭，城市也就会随之转为衰败。以上种种状况导致与一般城市相比，资源型城市再就业和投资方面缺乏吸引力，在经济发展上面临更多的困难，尤其是在市场经济条件下更是如此。

2. 资本密集型产业比重偏高

从产业结构看，与一般城市相比，黑龙江省典型资源型城市的第二产业比重普遍明显偏高，第三产业比重则普遍偏低。从产业结构的变动趋势看，近几年来，部分资源型城市出现第二产业比重不断上升、第三产业比重持续下降的趋势，如鹤岗、双鸭山等城市。从工业内部的结构看，一些资源型城市的重工业比重很高而且还在不断上升，轻工业比重较低而且在不断下降。第二产业尤其是第二产业中的重工业，具有资本密集度高的特点，同样的资本投资投在这些产业只能吸纳较少的劳动力就业。第二产业、重工业比重高并且不断上升，对资源型城市吸纳就业非常不利。由此可见，一些资源型城市的就业困境，主要是由产业结构导致的，资本密集度高的产业比重高且持续上升，劳动密集度高的第三产业比重低且持续下降。

3. 从业人员再培训机会少，失业风险大

在传统经济粗放型的增长方式下，一方面，由于生产技术装备差，劳动强度高，从而对职工的体力要求高于对技术能力的要求；另一方面，则是由于粗放型的经营管理方式忽视科学技术进步和劳动力素质在经济增长中的作用，使广大职工长期得不到学习、培训、提高科学文化知识与技术水平的机会，这些都造成了职工文化素质低，技术水平差。这样使他们既不适应向高技术含量的企业流动，又在劳动密集型企业与农民工、临时工竞争没有优势。黑龙江省作为资源型城市最多的省份，资源型城市转型所造成的失业风险更大。一方面，由于资源型城市劳动力大部分都从事与资源开采有关的简单劳动，整体的素质不高，这就导致了适合其工作的岗位越来越少；另一方面，由于劳动力自身素质不高，掌握的技能的限制，大都无法适应新的工作而失业。例如，鸡西市矿业集团曾实行矿工转业从事农牧业生产的办法，先后有七八千职工保留了工作关系，拿着企业发给的5000元无息贷款自谋生路，由于矿工们没有掌握农牧业生产技术和经商的要领，在两年后超过80%的矿工创业失败。

（三）解决黑龙江省典型资源型城市就业对策

1. 积极发展特色现代农业

在综合考虑自然地理环境、区位优势及经济发展水平的基础上，按照合理分工、突出优势原则，调整区域布局。第一，积极发展现代农业。抓住国家实施振兴东北老工业基地的机遇，继续有原则、有步骤地进行工业改造，大力发展特色农业、高附加值农业、高科技农业和出口创汇农业，发挥粮食生产优势，优化粮食品种结构，发展加工转化和产业化经营，实现农业增效和农民增收的目标。第二，大力发展农产品加工业，推动劳动力向第二、第三产业转移，鼓励发展蔬菜、花卉、畜禽等劳动密集型农产品加工，加大下岗职工的劳动力转移。扩大农民就业和增收的空间。第三，进一步完善农业科技推广服务体系，稳定农业科技队伍。要建立农业科研机构、高等院校、各类技术服务机构和涉农企业在内的农业科技推广服务网络。要打破行政地域界限，积极发展“农业龙头＋中介服务＋农户”的农业技术推广模式，充分发挥农业科技企业，尤其是高科技企业对科技成果转化、农业生产发展和传统农业改造的特殊作用，推进农业现代化发展。

2. **大力发展现代服务业**

围绕发展现代农业和安置就业，大力推行连锁经营、超级市场、物流配送和电子商务等现代流通方式。按照“公司＋农户＋现代销售”模式大力引进、发展中介公司，培育城乡经纪人队伍，用现代流通、大规模流通带动现代农业生产。坚持用现代服务技术改造商贸流通、交通运输、市政服务等传统服务业。积极发展信息、咨询、旅游、房地产、社区服务和社会化服务等第三产业。

3. **鼓励扶持创业**

发展现代农业，不是简单地鼓励人们分散地到第一产业去就业，更不是走传统耕作模式，而是把下岗职工组织起来，到现代农业园区和农业产业化的龙头企业去就业。在观念创新的引领下，积极推广“龙头企业＋下岗职工”“科技园区＋下岗职工”等经营模式。引导矿区下岗职工从事现代农业、现代服务业、社区服务业，到民营企业就业或自谋职业，到劳动密集型中小企业就业和组织劳务输出。加强劳动力市场建设，完善就业服务体系，落实促进就业优惠政策，推动下岗职工再就业。

4. **加强再就业职业技能培训**

资源型城市的下岗失业人员，往往思想观念保守，对市场经济适应能力差。计划经济模式造成了企业职工对企业的强烈依赖，也造成了资源型企业职工对矿区有着强烈依赖感和归属感。加上再就业的实际收入往往过低，而机会成本过高，一部分职工即使下岗失业也不愿意去寻找新的就业岗位，成了自愿失业者。因此，只有转变下岗人员落后的就业观念，把再就业培训作为扩大就业、促进再就业的重要环节，帮助失业人员掌握转岗和重新就业的本领，使劳动者的职业技术素质适应就业岗位的素质要求，把职业培训作为促进城乡劳动者就业的重要手段和长效措施。应建立以就业需求为导向的职业教育培训机构指标体系，形成以高级技工学校、职业教育学院为龙头，重点技工学校为骨干，各类技工学校、职业培训机构为主体，公办、民办职业培训机构共同发展的劳动者培养体系，不断提高劳动者的素质，才能使资源型城市实现顺利转型。

5. **重点健全小微企业公共服务体系**

建立健全小微企业服务体系，落实各项支持小微企业发展的政策。具体应做到：大力发展具有增长潜力的服务业新领域和新门路；为小微企业的发展构建良好的政策环境和实施条件，如降低税费、放宽贷款申请条件、设立专项基金扶持小微企业发展等政策；政府应建立小微企业服务体系，对专门发展小微企业的个人或团体进行计划性培训，帮助他们了解经济发展最新动态，尽量规避在市场中不必要的经营风险。小微企业具有很强的活力，可以为实现扩大就业注入新鲜动力。

二、大庆市服务外包产业带动就业的实证研究

大庆市作为资源型城市正面临经济结构调整和产业升级的转型期，就业问题已成为政府着手解决的重点问题之一。从大庆市近年来的发展实践看，寻找新的就业模式、降低失业率、发展服务外包产业已经成为了推动就业的积极引擎。服务外包产业具有吸纳就业能力强、资源消耗低、科技含量高等明显优势。大庆服务外包产业园位于大庆高新区，毗邻东北石油大学和黑龙江八一农垦大学，总规划占地面积 60 万平方米，建筑面积 100 万平方米。于 2007 年 5 月启动建设。截至 2012 年，园区已入驻企业 496 家。其中，经黑龙江省科技厅认定的高新技术企业 71 家（含国家新认定的 23 家）、技术先进型服务企业 33 家。67 家企业通过国家软件企业认定，134 个软件产品通过国家软件产品认定，实现就业人数 3 万余人。

（一）文献综述

国外学者对服务外包产业与就业关系的研究起步较早，涉及面较广，对服务外包产业与就业的关系大致分为服务外包产业与就业之间并无明显联系和服务外包产业是就业的积极因素的两种观点。

例如，丹尼尔（Daniel Trefler，2008）指出，美国转移到国外的服务岗位只占总就业总量的一小部分，长期看来，服务外包不会降低美国的就业和生产率；相反，若工人能转移到新的工作岗位，其生活水平则会提高。同样，罗萨里奥（Rosario C，2010）通过对管理咨询行业的调研，指出在正常经济周期内，就业数量的减少相对整个就业情况来说所占份额非常小。罗纳德（Ronald Bachmann）和赛巴斯蒂安（Sebastian Braun，2011）认为服务外包所产业的就业对制造业的就业会产生一定的影响，不过这种影响很小，甚至微乎其微。布拉德福等人（J. Bradford Jensen，LoriG. Kletzer，Nana Bourtchouladze，2007）认为服务外包会显著降低小公司对劳动力的需求，然而服务外包对于大公司劳动者需求的影响则不是十分明确。

然而，也有部分学者认为服务外包产业的发展能够促进就业，对就业有积极效应。例如，菲奥娜（Fiona Tregenna，2010）的研究表明，外包可以增加对高技能劳动力的相对需求，但降低了发包国低技能劳动力的需求。随着全球市场整合的发展，离岸外包造成的需求转移趋势可能进一步加剧。罗萨里奥（Rosario C，2010）实证研究了服务外包对白领就业的影响，结果表明服务外包产业能够增加高技能劳动力的就业，并且加快中、低技能劳动力向服务外包产业转移。Fiona Tregenna（2010）分析了南非从1997—2007年的劳动密集部门间活动外包的程度。结果表明，发展服务外包产业能够带动当地劳动力的就业，特别是加快了传统制造业劳动力向服务外包产业的流动。马修等人（Matthew Dey，Susan N. Houseman，Anne E. Polivka，2012）通过总结1989—2009年服务外包产业就业人数的变化，认为由于服务外包产业的发展使约9.2%的制造业劳动力转移到服务外包产业。

国内学者对服务外包产业与就业关系的研究起步较晚，大多集中在影响服务外包产业的因素、完善我国服务外包产业发展对策等方面的研究。因为我国在服务外包产业中大多以承接国的身份出现，国内学者在针对服务外包产业与就业关系的问题普遍认为服务外包产业发展有利于就业人数的增加。

例如，任志成和张二震（2008）分析指出，劳动力差异引起的劳动力套利与全球就业格局的调整是服务外包产生的动因，并进一步分析了承接服务外包所引起的就业效应，主要包括促进承接国的就业扩张和劳动者薪酬的提高以及促进劳动者技能的升级。因此，我们应该加强对国际服务外包就业效应的重视，以使促进就业和劳动力素质的提高。然而，对于就业效应的衡量主要集中在定性衡量方面，没有多少定量的衡量。陈银娥和魏君英（2010）分析了对外服务承接和对外服务发包对中国就业结构及工资水平的影响，发现总体上服务外包对就业结构和工资水平存在正的净效应，其中对外服务承接影响更为明显。国际服务外包对各产业就业与工资水平的影响存在较大差异，这可能会制约国际服务外包的就业扩展效应。笔者认为，只有消除劳动力产业间自由流动的各种制约因素，才能更好地发挥国际服务外包的就业扩展效应。陈菲（2009）从国际服务外包发包国和承接国两个角度，采用服务业失业人数和失业率、服务业各行业失业人数和失业率等指标，对国际服务外包的就业效应展开分析。研究结果表明，国际服务外包会导致发包国部分行业的失业比重增加，从而令服务业就业人数的增加速度放慢，但不会导致发包国服务业就业比重的下降；同时，国际服务外包能够带来承接国服务业的整体就业人数和就业比重的明显上升。

综上所述，国内外学者的研究基本都集中在服务外包产业的就业的效应，提高劳动力素质和劳动技能，加快劳动力向服务外包产业转移及服务外包产业发展的方向等方面的分析，大多采取定性分析的方法，而运用定量分析方法实证研究服务外包产业带动就业方面的相关文献较少。

（二）大庆市服务外包产业园区就业的实证分析

1. 模型选择与数据来源

本书运用 VEC 模型对服务外包产业与就业之间的关联程度进行实证分析。事实上，VEC 模型是包含协整约束条件的 VER 模型。VER 模型的一般表达式为：

$$y_t = \Phi_1 y_{t-1} + \cdots + \Phi_p y_{t-p} + H x_t + \varepsilon_t \tag{9-1}$$

式中，y_t 是 k 维内生变量列向量，x_t 是 d 维外生变量列向量，t 是样本个数，p 为滞后阶数。利用格兰杰因果检验可以判断非平稳的 VAR 的变量之间是否存在协整关系，进而可以建立如下的向量误差修正模型（VER）：

$$\Delta y_t = \alpha\beta' y_{t-1} + \sum_{i=1}^{p-1} \Gamma_i \Delta y_{t-i} + H x_t + \varepsilon_t \tag{9-2}$$

如果不包含外生变量，我们可以把式（9－2）表示为：

$$\Delta y_t = \alpha\beta' y_{t-1} + \sum_{i=1}^{p-1} \Gamma_i \Delta y_{t-i} + \varepsilon_t \tag{9-3}$$

式中，Δ 为变量的一阶差分，p 是滞后阶数，$\beta' y_{t-1}$ 是误差修正项，反映变量之间的长期均衡关系，系数向量 α 反映变量之间的均衡关系偏离长期均衡状态时，将其调整到均衡状态的调整速度。所有作为解释变量的差分项的系数反映各变量的短期波动对作为被解释变量的短期变化的影响。Γ_i 反映各变量的短期变化对作为被解释变量的短期变化的影响。

本书以大庆市服务外包产业园区就业人数和大庆市服务外包产业园产值作为样本，时间跨度为 2007—2013 年，具体数据见表 9－6。

2. 平稳性检验

如果直接运用回归的方法研究大庆市服务外包产业园的产值和就业人数之间的关系，虽然具有较高的拟合度以及比较显著的时间统计量，但是我们根据这些统计量计算得到的推断也可能是不准确的。因为在传统的经济计量方法中，如果直接运用变量的水平值去研究社会经济现象之间的均衡关系是很可能导致错误结论的。如果对数据进行差分变化后再进行回归却又有可能丢失长期信息。因此，近年来发展起来的处理平稳数据的方法——协整分析法，可以检验经济时间序列变量水平数据是否存在长期均衡关系，利用格兰杰因果检验则可以确定经济时间序列变量之间是否存在因果关系，二者均要求经济时间序列变量具有平稳特征。因此，首先要进行经济时间序列变量的平稳性检验。

表 9－6　2007—2013 年大庆市服务外包产业园产值与就业人数统计

年　份	大庆市服务外包产业园产值（亿元）	大庆市服务外包产业园就业人数（万人）
2007	37. 194	0. 98
2008	45. 478	1. 29
2009	52. 314	1. 78
2010	68. 416	2. 16
2011	81. 137	2. 51
2012	117. 124	3. 15
2013	158. 711	3. 41

注：数据根据《2007—2013 年大庆市统计年鉴》《2007—2013 年黑龙江省统计年鉴》整理而得。

（1）单位根检验。在进行协整分析以前，必须先对变量检测以确定变量是否平稳。本书运用 ADF 检验方法，对大庆市服务外包产业园产值（ln*Fcz*）和服务外包产业园内就业人数（ln*Frs*）以及一阶差分 Δln*Fcz*、Δln*Frs* 进行平稳性检验，结果如表 9－7 所示。

表 9－7　大庆市服务外包产业园产值和就业人数的单位根检验

变　量	ADF 值	1% 临界值	5% 临界值	是否平稳	检验类型（C，T，L）
ln*Fcz*	2. 230167	－2. 692638	－1. 960171	否	（0，0，1）
ln*Frs*	2. 394230	－2. 692638	－1. 960171	否	（0，0，1）
Δln*Fcz*	－2. 584564	－2. 679735	－1. 607830	是	（0，0，1）
Δln*Frs*	－1. 796138	－1. 958808	－1. 607830	是	（0，0，1）

注：检验类型中的 C、T 和 L 分别表示单位根检验方程包括常数项、时间趋势项和滞后阶数，0 表示不包括 C 或 T。1 表示进行检验，Δ 表示差分算子。

通过表 9 - 7 可知，虽然时间序列变量在大庆市服务外包产业园产值（lnFcz）和服务外包产业园内就业人数（lnFrs）是非平稳的时间序列，但是其各自的一阶方差 $\Delta\ln Fcz$ 和 $\Delta\ln Frs$ 在 5% 的显著性水平下是平稳序列。因此可知，原序列是存在单位根的，大庆市服务外包产业园产值和服务外包产业园内就业人数均为一阶单整 I（1）序列。这就满足了协整检验的前提。

（2）协整检验。本书运用 Johansen 协整检验法对 2007—2013 年大庆市服务外包产业园产值（lnFcz）和服务外包产业园内就业人数（lnFrs）的协整关系进行检验。第一阶段是协整回归，第二阶段是对 ε_t 进行 ADF 检验，结果见表 9 -8。

表 9 -8　　第一阶段 ln*Fcz*、ln*Frs* 的协整检验结果

特征值	似然比统计量	1%临界值	5%临界值	零假设（H_0）
0.605971	27.21108	20.08	15.49	没有协整关系
0.024939	0.530655	6.29	3.84	至少有一个协整关系

从表 9 - 8 中可以看出，1% 临界值为 20.08，而似然比统计量为 27.21108，因为 20.08 <27.21108，这就表明原假设不存在协整关系不成立，即大庆市服务外包产业园产值和服务外包产业园内就业人数之间存在协整关系。在表 9 -8 第二行中，1% 临界值为 6.29，而似然比统计量为 0.530655，因为 6.29 >0.530655，说明原假设成立，即二者至少存在一个协整关系。综上所述，大庆市服务外包产业园产值和服务外包产业园内就业人数存在协整关系且至少存在一个协整关系。因此能够判断，大庆市服务外包产业园产值（lnFcz）和服务外包产业园内就业人数（lnFrs）之间存在长期稳定关系。

（3）向量误差修正模型（VEC）。经过上述检验，2008—2012 年大庆市服务外包产业园产值（lnFcz）和服务外包产业园内就业人数（lnFrs）之间存在长期协整关系，因此可以建立 VEC 模型。建立 VEC 模型如下：

$$\Delta y_t = \alpha\beta' y_{t-1} + \sum_{i=1}^{p-1} T_i \Delta y_{t-i} + \varepsilon_t$$

利用 Eviecvs 6.0 对向量误差修正模型（VEC）进行估计，得到：

$$\begin{aligned}\Delta\ln Frs = & -0.076851\ln Frs(-1) - 0.200841\ln Fcz(-1) + 0.300412 \\ & \Delta\ln Frs(-1) - 0.064545\Delta\ln Frs(-2) + 0.067106\Delta\ln Fcz - \\ & 0.063952\Delta\ln Fcz(-2)\end{aligned} \quad (9-4)$$

从式（9 -4）中误差修正项的系数来看，当短期波动偏离长期均衡时，将以 0.076851 的调整力度将非均衡状态拉回到均衡状态。也就是说当 $t-1$ 期

时误差修正项 >0，亦即 $t-1$ 期的劳动力在服务外包业就业量上偏离长期均衡时，调整系数会以 0.076851 的速度减少 t 期其他经济的增量，从而调整 t 期的劳动力在服务外包业就业量向长期均衡靠近，反之亦然。基于前面估算出来的 VEC 模型，我们对回归系数进行约束检验，结果见表 9 - 9。同时也说明了服务外包产业对劳动力就业量的吸纳和调整具有长期性。

表 9 - 9　　　　VEC 模型下的格兰杰因果检验

原假设	Chi - sq	Prob.
lnFcz 不是 lnFrs 的 Granger 原因	4.69878	0.0124
lnFrs 不是 lnFcz 的 Granger 原因	1.60968	0.7146

从表 9 - 9 的因果检验结果可以看出，在 95% 的置信水平下，lnFcz 不是 lnFrs 的 Granger 原因的概率是很小的，应该拒绝原假设；lnFrs 不是 lnFcz 的 Granger 原因的概率较大，可以接受原假设。因此可以认为，服务外包产值对服务外包产业就业人数存在单向的反馈关系，也就是说服务外包产值的增长促进了服务外包产业就业人数的增长，而服务外包产业人数的增长并不能直接导致服务外包产业产值增加。

（三）基本结论和建议

通过以上的格兰杰因果检验，基本可以证明如下结论：服务外包产业就业人数的增长并没有引起服务外包产值的增长，而服务外包产值的增长却可以带动服务外包产业就业人数的增长。也就是说，服务外包产业以其规模的扩大和产值的增长可以长期吸纳劳动力就业。因此我们可以提出几点建议。

1. 政府应采取优惠政策大力发展服务外包产业创造更多的就业岗位

从大庆发展实践看，大庆市政府出台了许多相关的公共政策，重点扶持大庆市服务外包产业园项目。如，入驻园区并经认定的服务外包企业，三年内可享受“一免六奖六补”政策，即免房屋租金，给予技术创新（年营业收入超 1000 万元的企业上缴税收高新区留成部分予以奖励）、服务出口（按创汇额度奖励 10 万 ~50 万元）、企业上市（上市成功后奖励管理团队 100 万元）、品牌建设（按级别奖励 10 万 ~50 万元）、原创作品播出（中央台播出每分钟奖励 1000 元）和高级人才奖励（个人所得税地方分成部分给予奖励），给予通信专线（补贴 30%）、资质认证（补贴 50%）、人才培训（符合条件的每人4500元）、展会宣传、知识产权（补贴50%）和贷款利息（补贴20%）补贴。在现有的公共政策的基础上，政府各部门要加大相关政策的落实力度。同时要针对服务外包企业建立高效的投融资管理体系。支持鼓励金融机构开发有针对性的服务外包企业的金融产品，开发债务、融资等更多的金融衍生工具，加大力度支持有能力的服务外包企业上市融资，可以扩大服务外包产业发展，以便创造更多的就业岗位。

2. 重视中高端人才的引进和培养

正如Rosario C的研究结果表明，服务外包产业能够增加高技能劳动力的就业，同时能够促使中、低技能劳动力不断提高劳动技能，加快向服务外包产业的转移。因此，高质量的服务外包人才是发展服务外包产业最重要的因素。目前大庆市服务外包产业的软件外包人才呈现出结构性失衡。一方面，能够掌握软件工程方法和先进的软件体系构架技术，既能从事系统分析设计，又能编码和测试的中高级软件人才仍然十分紧缺；另一方面，符合从事服务外包工作的专业人员也相对不足。因此，政府应当给予人力资本投资政策，企业应当加强对员工的职业技术培训，重视双语人才、软件出口人才的培养。同时，大力引进国内外现代服务外包方面有经验的高级管理人才，鼓励海外留学生回国创业，注重以参股或期权的方式激励高端人才发挥更大的作用。企业既要提高吸引人才待遇，同时要为高技术人才提供良好的工作环境和晋升机会，也要完善人才流动机制、完善企业内人才管理机制，使更多的高技术人才流向本土企业，使服务外包产业成为拉动就业的稳定行业。

参考文献

［1］李东阳. 资源枯竭型城市经济转型研究——以辽源市为实例的分析［D］. 吉林大学，2009（3）.

［2］李敏. 中国就业问题研究［J］. 华中科技大学学报，2009（6）.

［3］李春莲. 龙煤集团关闭四个矿井　工人“被下岗”煤城遭遇煤矿资源枯竭危机［N］. 证券日报，2014-7-17.

［4］姚静. 七台河市煤炭深加工企业专业人才状况调研［J］. 煤炭加工与综合利用，2011.

［5］胡术阁. 黑龙江省资源枯竭型城市下岗失业人员灵活就业问题研究［J］. 哈尔滨市委党校学报，2009（5）.

［6］李瑞芳．资源型城市产业转型的模式选择［J］．中国商界（上半月），2009（10）．

［7］董金涛．大庆服务外包产业园区运行机制设计［J］．创新科技，2013（8）：55－57.

［8］任志成，张二震．承接国际服务外包的就业效应［J］．财贸经济，2008（6）：26－28.

［9］魏君英，谭露．国际服务外包对承接国就业的影响——以印度为例［J］．江苏商论，2012（3）：38－42.

［10］陈菲．国际服务外包就业效应分析口［J］．特区经济，2009（6）：36－38.

［11］何书元．应用时间序列分析［M］．北京：北京大学出版社，2003，55－100.

［12］张秋菊，朱钟棣．跨国外包的承接与我国技术进步关系的实证分析——基于 VECM 的长、短期因果关系检验［J］．世界经济研究，2008（6）：39－40.

［13］RUNJUAN LIU，DANIEL TREFLER. Much ado about noting：American jobs and the rise of service outsourcing to China and India［J］. Nber Working Paper Series，2008（6）：167－176.

［14］ROSARIO C. Service Offshoring and White－Collar Employment［J］. Review of Economic Studies，2010（2）：46－59.

［15］RONALD BACHMANN，SEBASTIAN BRAUN. The impact of international outsourcing on labor market dynamics in Germany［J］. Ruhr Economic Papers，2008（6）：34－41.

［16］FIONA TREGENNA. How significant is intersectoral outsourcing of employment in South Africa［J］. Industrial and Corporate Change，2010（6）：164－179.

［17］MATTHEW DEY，SUSAN N. HOUSEMAN，ANNE E. POLIVKA. Manufacturers' outsourcing to staffing services［J］. Industrial and Labor Relations Review，2012（3）：124－132.